Deutschunterricht konkret

Herausgegeben von Johannes Anderegg und Klaus Gerth

Funktionaler Grammatikunterricht

(Sekundarbereich I)

Tempus, Genus, Modus: Wozu wurde das erfunden?

Wilhelm Köller

Schroedel Schulbuchverlag

CIP-Kurztitelaufnahme der Deutschen Bibliothek

Köller, Wilhelm:
Funktionaler Grammatikunterricht: Tempus, Genus, Modus: Wozu wurde das erfunden? / Wilhelm Köller. –
Hannover: Schroedel Schulbuchverlag, 1983.
(Deutschunterricht konkret)
ISBN 3-507-**39203**-8

ISBN 3-507-**39203**-8

3. Auflage 1991

Gesamtherstellung:
Druckerei Hans Oeding, Braunschweig 915

Inhaltsverzeichnis

Vorwort der Herausgeber

Warum schon wieder eine neue Reihe und warum unter dem Namen „Deutschunterricht konkret"? Herausgeber und Verlag glauben, daß es trotz der vielen Veröffentlichungen zu unserem Fach eine Lücke gibt, nämlich zwischen umfassenden didaktischen Entwürfen, die die Realisierung vernachlässigen, und Unterrichtsmodellen für die einzelne Stunde, denen es an fachlicher und didaktischer Reflexion fehlt oder die nicht über die Einzelstunde hinausblicken. Diese Lücke will die Reihe ausfüllen und dabei auch einen Mittelweg zwischen theoretischer Reflexion und lernzielorientierter Gängelung suchen.
Dazu wählt der einzelne Band jeweils ein Teilgebiet des Deutschunterrichts und stellt es für die Arbeit einer Schulstufe dar. Es kommen immer drei Aspekte zur Sprache: die fachwissenschaftliche Beschreibung oder Erörterung des Gegenstands, Überlegungen zur Didaktik (Auswahl, Ziele, Lernsituation) und Arbeitsvorschläge für den Unterricht. Jeder Band will dem Lehrer ein Programm mit Modellen für die Arbeit auf der angegebenen Schulstufe zur Verfügung stellen, das ihm einerseits die Orientierung über größere fachliche und didaktische Zusammenhänge erlaubt, ihm andererseits aber auch konkrete Realisierungsvorschläge macht.

Vorwort

Der Begriff *Grammatik* konkretisiert sich in der Vorstellung von Schülern und Lehrern normalerweise in Form von *grammatischen Regeln.* Auf diese Konkretisationsform des Grammatikbegriffs kann realistischerweise kein Grammatikunterricht ganz verzichten, dennoch ist diese Vorstellungs- und Erfahrungsform von Grammatik weder zwingend noch grundlegend. Sie ist nur eine von vielen Möglichkeiten, sich das Phänomen *Grammatik* theoretisch zu vergegenständlichen, und möglicherweise nicht einmal die sinnvollste.
Auf eine sehr viel fruchtbarere Weise können wir das Phänomen *Grammatik* kennenlernen, wenn wir als strukturierenden Ordnungsrahmen nicht den Begriff der *grammatischen Regel*, sondern den des *grammatischen Zeichens* benutzen. Diese Betrachtungsweise hat den Vorzug, daß unser Erkenntnisinteresse nicht von vornherein auf eine ganz spezifische Sichtweise eingeengt wird, die bestimmte Erfahrungsmöglichkeiten ausschließt. Wenn man so ansetzt, dann läßt sich die Frage nach der Grammatik durch die Frage konkretisieren, was wir in sprachlichen Äußerungen als *grammatische Zeichen* bzw. als *grammatische Ordnungsformen* ansehen wollen und welche *kognitiven* und *kommunikativen Funktionen* mit diesen Zeichen bzw. Formen verbunden sind.
Ein solcher Ansatz, der natürlich auch einen ganz anderen Grammatikbegriff einschließt, ist primär *beschreibend* orientiert. Er schließt aber natürlich nicht aus, daß man auch *normative Konsequenzen* aus seinen Beobachtungen zieht. Er ist sicher nicht für alle grammatischen Problembereiche gleich gut verwendungsfähig, für die Behandlung der Tempus-, Genus- und Modusproblematik scheint er aber besonders sinnvoll zu sein.
Die Beschäftigung mit *Tempus, Genus* und *Modus* gehört üblicherweise zum Programm des Grammatikunterrichts auf der Sek. I. Deshalb sind die Unterrichtsvorschläge auch auf diese Schulstufe zugeschnitten. Im Prinzip läßt sich diese Thematik aber auch auf der Sek. II behandeln, da sie bei jeder *Sprachproduktion* und *Sprachinterpretation* aktuell wird. Um Gelegenheit zu geben, sich möglichst umfassend über diesen Themenbereich zu informieren, geht die Sachdarstellung deshalb bewußt weit über das hinaus, was auf der Sek. I thematisiert werden kann und soll.

Dank für Anregung und Kritik zu den unterrichtspraktischen Teilen schuldet der Verfasser vor allem Volker Neubert, der in seinen Klassen die Vorschläge in individuellen Abwandlungen geprüft hat und der in vielerlei Hinsichten ein unersetzlicher Gesprächspartner war.

A GRAMMATIK UND GRAMMATIKUNTERRICHT

I. DER PROBLEMZUSAMMENHANG

Das Merkwürdige am Grammatikunterricht ist, daß es ihn immer noch gibt. Obwohl die Mehrzahl der Schüler und Lehrer ihn eher zu hassen als zu lieben scheint, hat ihn noch nicht überall der Auszehrungstod ereilt. Das ist umso erstaunlicher, weil man bei den vielen Rettungsversuchen, die seinetwegen schon unternommen worden sind, oft den Eindruck haben kann, daß sie ihm eher den Todeskuß geben als ihm neues Leben einhauchen. Warum überhaupt diese vielen Rettungsversuche? Warum auch hier wieder einer?

Für alle, die sich einmal intensiver auf die Beschäftigung mit der Grammatik eingelassen haben und diese nicht von Anfang an als des Teufels Nachgeburt betrachten, entwickelt sie eine eigentümliche *Faszinationskraft*. Diese schimmert oft auch im Haß auf sie durch als eine Form enttäuschter Erwartung. Die Ursache dieser Faszinationskraft ist nicht leicht zu fassen, sie ist aber wohl philosophischer Natur. Ebenso wie die philosophische Neugier hat auch die *grammatische Neugier* den Charakter der *Nachträglichkeit*. Sie richtet sich nicht auf etwas völlig Neues und Fremdes, sondern auf etwas längst Bekanntes, wenn auch noch nicht zureichend Begriffenes. Sie setzt ein, wenn die im praktischen Umgang vertrauten Phänomene plötzlich zu Problemen werden und zum Staunen Anlaß geben, sei es darüber, daß es sie überhaupt gibt, sei es darüber, daß es sie so gibt, wie es sie gibt.

Auf den ersten Blick scheint diese Argumentation etwas überhöht zu sein und die konkreten Probleme des Grammatikunterrichts in Hans-Guck-in-die-Luft-Manier zu übersehen. Konkrete Probleme scheinen zu sein: Wie erkennt und demonstriert man, was grammatisch falsch und richtig ist? Was muß man im muttersprachlichen Grammatikunterricht behandeln und was nicht? Welche Terminologie und welches Grammatikmodell soll man dem Grammatikunterricht zugrunde legen?

Solche Fragen sind unbestreitbar wichtig, sie dürfen aber nicht am Anfang der didaktischen Überlegungen zum Grammatikunterricht stehen. Sie müssen sich einem Denken unterordnen, das sich nicht mit der Ordnung von Phänomenen zufrieden gibt, sondern sich noch über die Existenz von Phänomenen wundern kann. In den Fachwissenschaften ist es zwar weithin anachronistisch geworden, *Wesensfragen* zu stellen, weil sie sich nicht abschließend beantworten lassen. In der Fachdidaktik lassen sich solche Wesensfragen aber nicht so leicht methodologisch eliminieren und aufs philosophische Abstellgleis schieben. Die Schüler stellen in ihrer wissenschaftstheoretischen Unschuld Wesensfragen immer wieder, und auch der Lehrer muß sich mit ihnen beschäftigen, um Distanz zu den fachwissenschaftlichen Moden und Partialaussagen zu finden.

Obwohl die Fachdidaktik ständig in Wesensfragen verwickelt ist, ist sie keineswegs zur Wesenserkenntnis prädestiniert. Sie kann und wird die Welträtsel nicht lösen, obgleich manche ihrer Verlautbarungen das nahezulegen scheinen. Mit den Fachwissenschaften muß sie eine problematisierende Einstellung zu den wissenschaftlichen Denkmodellen entwickeln und fruchtbare Ordnungsbegriffe und Fragestellungen für ihre Aufgabenbereiche ausarbeiten.

So gesehen führt deshalb auch die Unterscheidung von *wissenschaftlichen* und *didaktischen* Grammatiken bzw. Grammatikbegriffen zu sinnlosen und unfruchtbaren Frontstellungen. Viel hilfreicher ist die Unterscheidung zwischen *fundamentalen* und *speziellen* Grammatikbegriffen, weil didaktisch sinnvolle Grammatikbegriffe auch wissenschaftlich sinnvoll sein müssen, während wissenschaftliche Grammatikbegriffe nicht unbedingt auch didaktisch sinnvoll zu sein brauchen. Zu berücksichtigen ist dabei, daß fundamentale Grammatikbegriffe notwendigerweise ihre Komplexität mit einer gewissen Vagheit erkaufen und spezielle Grammatikbegriffe ihre Genauigkeit mit einer Reduktion ihres Erkenntnisinteresses.

Ein didaktisch sinnvoller fundamentaler Grammatikbegriff muß plausibel, fruchtbar und komplex sein. *Plausibel* ist er, wenn er den Schülern hinsichtlich seiner Struktur und Funktion unmittelbar einleuchtet und nicht der Rechtfertigung durch eine bestimmte Sprachtheorie bedarf. *Fruchtbar* ist er, wenn er hilft, Erfahrungen als Wissen zu ordnen und neue Erfahrungen zu machen. *Komplex* ist er, wenn er möglichst wenig Fragen verstellt und zu möglichst vielen Fragen anregt. Diese Überlegungen zeigen, daß die Konstitution eines didaktisch und wissenschaftlich sinnvollen Grammatikbegriffs nicht problemlos ist, weil in ihm auf komplizierte Weise *normative Setzungen* und *empirische Erfahrungen* miteinander verschränkt werden müssen. Am besten läßt sich ein solcher Grammatikbegriff konstituieren, wenn man die *Form-Funktion-Korrelation* in den Mittelpunkt des Interesses stellt.[1] Das bedeutet, daß man einerseits das Interesse auf das Inventar grammatischer Formen lenken muß und andererseits auf die Frage, welche Funktionen diesen Formen zukommen. In dieser Perspektive verliert dann auch die Alternative von *deskriptivem* und *normativem* Grammatikunterricht ihre Bedeutung und Schärfe, da sich aus der Kenntnis der Funktionen grammatischer Formen zwanglos Konsequenzen für die *Sprachproduktion* und *Sprachinterpretation* ergeben. Eine Verbindung des Grammatikunterrichts mit den beiden anderen großen Aufgabenfeldern des Deutschunterrichts ist deshalb auch ohne didaktische Verrenkungen möglich. Nach diesen Überlegungen stellen sich für die Konstitution eines didaktisch sinnvollen Grammatikbegriffs für den muttersprachlichen Grammatikunterricht zwei zentrale Fragen:

1. Was hat man unter einer grammatischen Form bzw. einem grammatischen Zeichen zu verstehen?
2. Was hat man unter der Funktion einer grammatischen Form bzw. eines grammatischen Zeichens zu verstehen?

Beide Fragen lassen sich praktisch nicht so säuberlich trennen wie theoretisch. Gleichwohl soll angestrebt werden, sie in gesonderten Ansätzen zu beantworten. Zunächst wird versucht, *Umfang* und *Inhalt* eines didaktisch brauchbaren Grammatikbegriffs festzulegen. Das bedeutet einerseits, daß geklärt werden muß, auf welche *sprachlichen Phänomene* der Begriff Grammatik überhaupt anwendbar sein soll und was als grammatisches Zeichen zu gelten hat (Umfang). Das bedeutet andererseits, daß geklärt werden muß, welche *Problemstrukturen* mit dem Begriff Grammatik thematisiert werden sollen bzw. welcher Typ von Informationen mit grammatischen Zeichen verbunden ist (Inhalt). Anschließend soll dann darauf eingegangen werden, unter welchen Aspekten man die pragmatischen Funktionen grammatischer Zeichen am besten analysieren kann.

II. KONSTITUTION EINES DIDAKTISCH SINNVOLLEN GRAMMATIKBEGRIFFS

1. Umfang und Inhalt des Grammatikbegriffs

Pointiert und paradox formuliert kann man sagen, daß das Auffälligste an grammatischen Zeichen das ist, daß sie *unauffällig* sind. Im Vollzug von Kommunikation haben wir weder als Sprecher noch als Hörer ein explizites Bewußtsein von ihrer

Existenz und ihren Funktionen. Wir werden erst dann auf sie aufmerksam, wenn sie fehlen oder anders erscheinen, als wir es erwarten, oder wenn das Sprechen und Verstehen ins Stocken gerät. Sprachpsychologisch gesehen lassen sich deshalb grammatische Zeichen unter normalen Kommunikationsbedingungen *vorbewußten* Planungs- und Verstehensprozessen zuordnen, die zwar normalerweise vor der Bewußtseinsschwelle ablaufen, die aber dennoch *bewußtseinsfähig* sind.

Bewußtseinsfähig werden grammatische Zeichen, wenn wir unser Interesse nicht mehr auf ausgesagte Sachverhalte richten, sondern gleichsam eine logische Stufe höher auf die sprachlichen Mittel, mit denen wir uns solche Sachverhalte zu repräsentieren und zu objektivieren versuchen. Erst auf einer solchen *Metaebene* als einer Bewußtseinsebene zweiter Ordnung können grammatische Zeichen und Funktionen ins Licht unseres expliziten Bewußtseins treten. Vorher sind uns grammatische Zeichen nur über ein etwas amorphes, aber doch recht zuverlässiges *Sprachgefühl* zugänglich, das Ausdruck unseres intuitiven Wissens von der Sprache ist.

Ein zweiter Charakterisierungsansatz für die Klasse der grammatischen Zeichen läßt sich gewinnen, wenn man sie in Opposition zu der Klasse der *lexikalischen Zeichen* setzt (Substantive, Verben, Adjektive, Teile der Adverbien). Grammatische Zeichen sind dann solche, deren Form und Semantik uns in aktueller Kommunikation psychisch nicht präsent werden, weil sie vorbewußt wirksame Information vermitteln. Demgegenüber sind lexikalische Zeichen dann solche, deren Form und Semantik uns psychisch präsent sind, weil wir mit ihnen Referenzbezüge zu außersprachlichen Sachverhalten herstellen bzw. mit ihnen einfache oder komplexe Vorstellungsinhalte verbinden können. Während die lexikalischen Zeichen die thematische Basisinformation in einer Äußerung liefern und gleichsam als Bausteine zum Aufbau komplexer Vorstellungen angesehen werden können, vermitteln uns die grammatischen Zeichen Informationen über die Korrelationen zwischen lexikalischen Zeichen bzw. über die Art und Weise, wie wir diese verstehen sollen. Die grammatischen Zeichen bilden also gleichsam den Mörtel zwischen den lexikalischen Bausteinen, weil wir erst mit ihrer Hilfe komplexe Gefüge vom Satzglied über den Satz bis zum Text herstellen können. Während lexikalische Zeichen semantisch als *repräsentierende Zeichen* angesehen werden können, lassen sich die grammatischen Zeichen als *organisierende Zeichen* klassifizieren.

Aus diesen Überlegungen ergibt sich, daß grammatische Zeichen einen Typ von Informationen vermitteln, der sprachlogisch einer anderen Ebene zugeordnet werden muß als der, den lexikalische Zeichen vermitteln. In Relation zu den lexikalischen Zeichen lassen sich grammatische Zeichen als *metasprachliche Zeichen* klassifizieren, weil sie in einer organisierenden und interpretierenden Verbindung zu jenen stehen. Von hier aus wird dann auch verständlich, warum grammatische Zeichen sowohl sprachgeschichtlich als auch beim Spracherwerb der Kinder erst nach den lexikalischen Zeichen entwickelt bzw. verwendet werden. Je mehr sich die Sprachverwendung aus der Situation und der Verschränkung mit Gestik, Mimik und Intonation löst, desto notwendiger wird es, grammatische Zeichen als Organisations- und Interpretationsmittel einzusetzen.
Im Zeitalter der *Schriftkultur* verstärkt sich die Tendenz, die Sprache als autonomes Informationsmedium auszubauen, weil nun Kommunikationssituationen möglich sind, die durch extreme zeitliche, räumliche und intentionale Distanz zwischen Sprechern und Hörern gekennzeichnet sind. Dazu muß die Menge der grammatischen Zeichen klar systematisiert werden. Gleichzeitig muß streng auf die konventionsgemäße Verwendung dieser Zeichen geachtet werden, weil Unklarheiten nicht mehr durch Situationskontexte oder Rückfragen beseitigt werden können. Es überrascht deshalb auch nicht, daß im Rahmen der Schriftkultur das Bedürfnis nach expliziten grammatischen Kenntnissen ansteigt, weil die Sprecher beim Schreiben Sprache nicht mehr spontan benutzen, sondern in einer wirkungspsychologisch reflektierten Einstellung, die der verlangsamte Sprachproduktionsprozeß ermöglicht. Da auch der Leser seinen Verstehensprozeß zeitlich dehnen kann, vermag auch er sein Interesse an der Informationskraft grammatischer Zeichen explizit zu thematisieren. Obwohl die Schriftkultur die Reflexion auf die Existenz und Funktion grammatischer Zeichen erleichtert, ändert sich grundsätzlich aber nichts an der Tatsache, daß wir sie in der Regel erst dann erfassen, wenn wir eine besondere reflexive Einstellung zur Sprache realisieren, die sich als *metasprachliche Reflexion* bezeichnen läßt.
Das mangelnde Bewußtsein von grammatischen Zeichen in der aktuellen Kommunikation hat auch *morphologische* Gründe. Die meisten grammatischen Zeichen sind morphologisch nicht selbständig, sondern sitzen gleichsam huckepack auf lexikalischen Zeichen und können nur durch methodische Operationen bewußtseinsmäßig von ihnen abgelöst werden. Besonders deutlich zeigt sich das beispielsweise bei den Kasus-, Tempus- und Moduszeichen.

Allerdings ist die morphologische Unselbständigkeit kein durchgängiges Kriterium für grammatische Zeichen, weil man sonst Konjunktionen, Partikel und Präpositionen aus dieser Klasse ausklammern müßte, obwohl sie unter informationstypologischen und funktionalen Gesichtspunkten dazugehören. Nicht die morphologische, sondern die *semantische Unselbständigkeit* ist deshalb ein durchgängiges Klassifikationskriterium für grammatische Zeichen. Nur in Verbindung mit lexikalischen Zeichen können wir ihre organisierende Funktion und ihren semantischen Sinn zureichend erfassen.

Im Gegensatz zu den lexikalischen Zeichen bilden die grammatischen Zeichen eine *geschlossene* Klasse, die sich in recht stabile Subklassen und Paradigmen aufgliedern läßt. Wir sind frei, spontan neue lexikalische Zeichen für neue Begriffe einzuführen, wir sind aber nicht frei, spontan neue organisierende grammatische Zeichen einzuführen, weil sonst ein kommunikatives Chaos entstünde.

Das heißt natürlich nicht, daß sich grammatische Paradigmen nicht historisch verändern können, aber das erfordert immer lange Eingewöhnungsphasen. Trotz der stabilen paradigmatischen Ordnung grammatischer Zeichen und trotz ihrer zahlenmäßigen Begrenztheit ist es nach den hier verwendeten Kriterien kaum möglich, eine *vollständige* Liste aller grammatischen Zeichen anzufertigen. Die Tatsache, daß wir für bestimmte grammatische Bereiche recht geschlossene Formparadigmen aufstellen können, heißt noch nicht, daß wir schon alle grammatischen Ordnungsstrukturen der jeweiligen Sprache erfaßt haben. Möglicherweise hat unser intuitives grammatisches Wissen von unserer Muttersprache noch längst nicht eine befriedigende Form gefunden. Vielleicht gibt es noch grammatische Zeichen, die noch gar nicht identifiziert und thematisiert worden sind.

Bei den bisherigen Überlegungen und Festsetzungen zum *Umfang* des gesuchten Grammatikbegriffs wurden zwangsläufig schon Hinweise auf seinen *Inhalt* gegeben, d.h. auf die begrifflichen Grundkategorien, die bei der Analyse von grammatischen Zeichen eine wichtige Rolle spielen sollen (vorbewußtes Verstehen, organisierende Funktion, metasprachlicher Status, semantische Unselbständigkeit). Diese Hinweise lassen sich noch durch weitere Gesichtspunkte ergänzen.

Von zentraler Bedeutung für den hier konzipierten Grammatikbegriff ist die These, daß grammatische Zeichen ebenso wie lexikalische Zeichen *Werkzeugcharakter* haben, wenn auch jeweils auf einer anderen Ebene. Daraus ergibt sich zwingend, daß die grammatische Analyse nicht bei der *Formanalyse* stehenbleiben darf, sondern auf die *Funktionsanalyse* ausgedehnt werden muß. Die Formanalyse bleibt gleichwohl ein zentraler Aspekt der grammatischen Reflexion. Jedes grammatische Zeichen braucht eine faßbare morphologische Basis, einen *Zeichenträger,* um wirksam werden zu können. Die Zeichenträger für grammatische Zeichen können sehr unterschiedlich sein. Sie können sich repräsentieren durch unselbständige grammatische Morpheme (Kasusmorpheme), durch selbständige grammatische Morpheme (Konjunktionen), durch Intonationskurven (Frage), durch Stellungspositionen (Subjektposition) usw. Die Realisationsformen von grammatischen Zeichen sind sehr vielfältig, und ihre Wirksamkeit wird auch dadurch bedingt, wie deutlich sie sich morphologisch identifizieren lassen und wie klar sie in einem Paradigma verankert sind.

Bei komplexen Zeichen lassen sich oft die Form- und die Funktionsanteile der grammatischen Einzelzeichen nicht immer klar voneinander trennen, weil sie sich manchmal in einer kaum zu entwirrenden Weise überlagern. So können wir bei einer einzelnen Verbform, die wir auf den ersten Blick als *ein* sprachliches Zeichen ansehen, allein auf der grammatischen Ebene mindestens *fünf* unterschiedliche Zeichen voneinander isolieren, die sich auf die Differenzierung von Person, Numerus, Tempus, Genus und Modus beziehen.

Bei der Funktionsanalyse von grammatischen Zeichen lassen sich methodisch zwei ganz unterschiedliche Fragestellungen in den Mittelpunkt des Interesses rücken, nämlich die Frage nach ihren *organisierenden* bzw. *instruktiven Funktionen* und die Frage nach ihren *kognitiven Funktionen* bzw. ihrem *kognitiven Gehalt.* Obwohl beide Fragen eng miteinander zusammenhängen, repräsentieren sie doch zwei ganz unterschiedliche Sichtweisen auf das Phänomen Grammatik. Bei der Frage nach den organisierenden und instruktiven Funktionen grammatischer Zeichen betrachten wir diese gleichsam *physiologisch* im Vollzug ihres Gebrauchs. Bei der Frage nach ihren kognitiven Funktionen betrachten wir sie gleichsam *anatomisch* als historisch ererbte Muster zur Differenzierung von grundlegenden Ordnungsformen des Denkens und Wahrnehmens. Diese beiden Fragestellungen, die zugleich eine *praktische* und eine *philosophische* Betrachtungsweise von Grammatik implizieren, sind für den hier zu konstituierenden Grammatikbegriff so zentral, daß sie in einem eigenen Ansatz weiter präzisiert werden sollen.

2. Die instruktive und kognitive Funktion grammatischer Zeichen

Die organisierenden und instruktiven Funktionen grammatischer Zeichen bei der Bildung komplexer Zeichen bzw. bei der Bildung komplexer Vorstellungen lassen sich ganz gut im Rahmen des von Harald Weinrich[2] entwickelten Konzeptes einer *Instruktionssemantik* beschreiben. Die Instruktionssemantik, die sowohl für die Analyse lexikalischer als auch grammatischer Zeichen gedacht ist, geht von einer handlungstheoretischen Grundlage aus. Sie interessiert sich nicht für das, was Zeichen repräsentieren, sondern für das, wozu Zeichen auffordern. Jedes sprachliche Zeichen wird als eine *Anweisung* des Sprechers an den Hörer verstanden, sich auf eine bestimmte Weise zu verhalten. Während der Hörer von den lexikalischen Zeichen dazu aufgefordert wird, sich bestimmte *Referenzobjekte* vorzustellen, wird er bei den grammatischen Zeichen dazu aufgefordert, den *Verstehensprozeß* von lexikalischen Zeichen auf eine bestimmte Weise zu organisieren. Nach Weinrich sind grammatische Zeichen bzw. grammatische Morpheme gleichsam *Orientierungssignale* und *Verkehrszeichen*, die der Sprecher laufend setzt, damit sich der Hörer im komplexen Geflecht der sprachlichen Zeichen nicht verirrt und damit er Informationen richtig aufeinander bezieht. Grammatische Zeichen lassen sich demnach als *implizite Imperative* für die Organisation des Verstehensprozesses auffassen. Ihre instruktive Kraft läßt sich am besten über operative Verfahren klären, in denen man sie entweder streicht oder durch verwandte Zeichen ersetzt.

Die instruktive Kraft grammatischer Zeichen darf nicht nach einem einfachen Reiz-Reaktions-Modell beschrieben werden, weil sie meist ein sehr differenziertes *Instruktionspotential* haben, das in konkreten Äußerungssituationen in unterschiedlicher Weise aktiviert werden kann. Je nach Kontexten können sich deshalb auch ganz unterschiedliche Instruktionsprofile für die einzelnen grammatischen Zeichen ergeben. Der tatsächliche *Instruktionseffekt* eines grammatischen Zeichens muß von seinem *Instruktionspotential* unterschieden werden. Gleichwohl ist die instruktive Kraft grammatischer Zeichen konventionell relativ klar geregelt, um ihre pragmatische Wirksamkeit zu garantieren. Sie stabilisiert sich außerdem noch dadurch, daß die grammatischen Zeichen relativ fest nach Feldern bzw. Paradigmen geordnet sind, in denen sie sich möglichst eindeutig von ihren Konkurrenten abzusetzen versuchen.

Eine ganz andere analytische Einstellung zu grammatischen Zeichen wird notwendig, wenn wir nach ihren *kognitiven* Funktionen bzw. ihrem kognitiven Gehalt fragen. Um die kognitive Leistung grammatischer Zeichen zu bestimmen, müssen wir uns von konkreten Kommunikationsakten lösen und uns die Frage stellen, warum es die jeweiligen grammatischen Zeichen überhaupt gibt und welche Motive zu ihrer Ausbildung geführt haben. Grammatische Zeichen lassen sich in dieser Perspektive dann als *Indizien* für die grundlegenden Differenzierungsbedürfnisse einer Sprachgemeinschaft betrachten.

Da grammatische Zeichen normalerweise auf einer vorbewußten Ebene wirksam sind und nur in metasprachlichen Reflexionsprozessen präsent werden, stellt sich auch die Frage, wie weit wir außerhalb solcher Reflexionsprozesse Gefangene der grammatischen Ordnungsmuster unserer Muttersprache sind, ohne es recht zu wissen. Möglicherweise impliziert das Beherrschen der Muttersprache zugleich auch ein Beherrscht-Werden durch die Muttersprache. Diese philosophische und erkenntnistheoretische Betrachtung von Grammatik hat eine lange Tradition von der Antike über Humboldt bis zur Metalinguistik in unserem Jahrhundert. Jean Paul hat ihr Ausdruck gegeben, als er schrieb: „Jeder gute Grammatiker ... ist ein partieller Philosoph; und nur ein Philosoph würde die beste Grammatik schreiben"[3].

Wenn man dieser Sichtweise folgt, dann ist die grammatische Aufklärung immer ein Stück *Selbstaufklärung* des sprachlich verfaßten Denkens und ein Versuch, an die Substrukturen des Denkens heranzukommen, die allem Gegenstandsdenken präformierend vorausgehen. Die Einlösung einer solchen Zielsetzung ist nicht leicht und bedarf sehr sorgfältiger methodischer Operationen.

Besonders schwer ist die Aufklärung der instruktiven und kognitiven Funktionen grammatischer Zeichen auch deswegen, weil die grammatischen Paradigmen keine logisch *konsistenten Systeme* sind, sondern historisch *gewachsene Gebilde* mit all den logischen Widersprüchlichkeiten und Inkonsequenzen, die solchen Gebilden eigen sind. Aber gerade diese Besonderheit macht die Beschäftigung mit der Grammatik auch spannend, eben weil dabei mehr herauskommt als die Rekonstruktion eines logischen Kalküls. Auf welche Weise man sich solche historisch und evolutionär bedingten Widersprüchlichkeiten in grammatischen Systemen vor Augen führen kann, soll im folgenden Kapitel kurz dargestellt werden.

3. Sektormodell und Sproßmodell

Bei der systematischen Analyse grammatischer Formen liegt es nahe, sich methodisch vom *Feldgedanken* leiten zu lassen, der exemplarisch in der Wortfeldtheorie ausgearbeitet worden ist. Der Feldgedanke gründet sich auf die Überzeugung, daß sich die Leistung einzelner sprachlicher Elemente nur befriedigend im Kontext ihrer möglichen Konkurrenten beschreiben läßt bzw. im Vergleich mit den anderen Gliedern desselben Feldes. So hat beispielsweise die Note ‚gut' einen anderen Stellenwert, je nach dem ob sie in einem Feld von fünf oder sechs Noten verwendet wird.

Der Feldgedanke hat sich in vielen Bereichen der Sprachwissenschaft als fruchtbar erwiesen, aber er hat auch seine Grenzen, weil er zu rein logisch und systematisch orientierten Betrachtungsweisen verführt. Deshalb hat Trier auch immer wieder betont, man dürfe den Feldgedanken nicht statisch nach dem Modell eines *Mosaiks* umsetzen, wo jedes Element eines Feldes gleichbleibende Grenzen zu seinen jeweiligen Nachbarn habe. Statt dessen müsse man sich am Bilde vom Feld der Pferde in einem Rennen orientieren, wo sich die Feldordnung in Korrelation mit der Zeit ständig ändere.[4]

Diese Dynamisierung des Feldgedankens wird in der systematisch orientierten Grammatikforschung meist unzureichend berücksichtigt. Gerade weil sich grammatische Formen in der Regel in gut überschaubare Paradigmen bzw. Felder ordnen, lag der Gedanke nahe, die einzelnen grammatischen Felder als logisch durchstrukturierte Systeme anzusehen, in denen jede einzelne Form ihren abgegrenzten Funktionssektor hat. Der Feldgedanke reduzierte sich so oft unter der Hand zu einem *Sektormodell*, ohne daß man sich die Frage stellte, ob ein solches Sektormodell die Ordnungsstruktur grammatischer Felder in natürlich gewachsenen Sprachen überhaupt angemessen repräsentieren kann.

Unbefriedigend ist das Sektormodell für natürliche Sprachen deshalb, weil es die Ordnungsstruktur eines grammatischen Systems bzw. das Funktionspotential einer grammatischen Form nur unter logisch-systematischen Gesichtspunkten zu erfassen versucht und dabei übersieht, daß manche Ordnungsstrukturen eines grammatischen Systems nur erklärbar sind, wenn man auch die *Entwicklungsgeschichte* dieses Systems im Auge hat. Oft wird nur aus dieser Perspektive verständlich, warum die gleiche sprachliche Form aus evolutionären Gründen in manchen Verwendungsweisen in einer ausschließenden

Relation zu ihren jeweiligen Feldnachbarn stehen kann und in anderen in einer einschließenden, was logisch-systematisch betrachtet eigentlich untragbar ist.
Solche logischen Inkonsequenzen lassen sich am leichtesten auf der lexikalischen Ebene exemplifizieren, sie treten aber auch auf der grammatischen Ebene auf. So bezeichnen wir beispielsweise mit ,Hund' einerseits einen geschlechtsdifferenzierenden Oppositionsbegriff zu ,Hündin' und andererseits einen übergeordneten Gattungsbegriff, den wir sektoral nach ,Hund' und ,Hündin' aufgliedern. Da diese Vermischung logischer Abstraktionsstufen leicht zu Mißverständnissen führen kann, wird in der Fachsprache der Hundezüchter klar zwischen dem Oberbegriff ,Hund' und den Subbegriffen ,Rüde' und ,Hündin' unterschieden.
Logische Inkonsequenzen dieser Art lassen sich im Bereich der grammatischen Felder längst nicht so leicht erkennen wie im Bereich der lexikalischen. Um die historische Genese dieser Inkonsequenzen zu erklären, empfiehlt es sich, das statisch und systematisch orientierte Sektormodell durch das dynamisch und evolutionär orientierte *Sproßmodell*[5] zu ergänzen. Das Sproßmodell geht von der Überlegung aus, daß sich im Laufe der Sprachgeschichte zu den sehr undifferenzierten universalen Grundformen Sproßformen entwickelt haben, mit denen sich bestimmte Differenzierungsbedürfnisse klarer akzentuieren lassen. Das hat zur Folge, daß man die älteren und die jüngeren Formen in einem grammatischen Paradigma nicht gleichberechtigt nebeneinander stellen kann, weil die älteren Formen in der Regel einen sehr viel weiteren, dafür aber auch sehr viel unspezifischeren Anwendungsbereich haben als die jüngeren Formen. Graphisch kann man sich die beiden unterschiedlichen Ordnungsmodelle für die Strukturverhältnisse in grammatischen Paradigmen vielleicht folgendermaßen verdeutlichen:

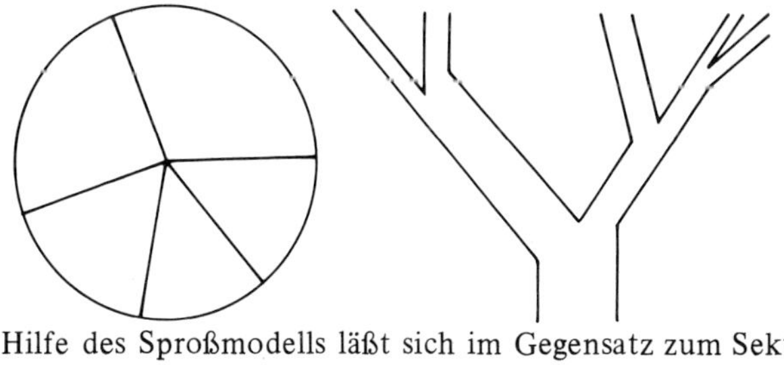

Mit Hilfe des Sproßmodells läßt sich im Gegensatz zum Sektormodell sehr viel leichter zeigen, wo die Ursachen für die *logischen Verwerfungen* in der Systemordnung grammatischer

Paradigmen zu suchen sind. Einerseits ist damit zu rechnen, daß die älteren Formen ihren ursprünglich sehr weiten Anwendungsbereich nicht einfach aufgeben und weiterhin auch dort noch verwendet werden, wo im Prinzip schon spezifischer akzentuierte jüngere Sproßformen verwendet werden könnten. Andererseits führt die Ausbildung jeder neuen Sproßform automatisch dazu, daß sie in ein Oppositionsverhältnis zu einer älteren Form tritt, weil nun die Wahl der einen Form immer auch als Nicht-Wahl der anderen Form aufgefaßt werden kann. Daraus ergibt sich dann die logisch unbefriedigende Situation, daß der Gebrauch der einen grammatischen Form den Gebrauch der jeweils konkurrierenden Form ausschließen kann, aber nicht ausschließen muß.

Da das Sproßmodell im Gegensatz zum Sektormodell sehr klar verdeutlicht, welche Rückwirkungen die *Evolutionsgeschichte* eines grammatischen Paradigmas auf das *Funktionspotential* seiner einzelnen Formen hat, macht es auch verständlich, warum der konkrete informative Effekt einer älteren grammatischen Form sehr viel stärker *kontextabhängig* ist als der einer jüngeren grammatischen Form.

III. DER GRAMMATIKUNTERRICHT

Zu prüfen ist nun, ob der hier entwickelte Grammatikbegriff, der bewußt nicht aus den Modellen der professionellen Grammatikforschung abgeleitet worden ist, das Fundament für einen sinnvollen Grammatikunterricht bilden kann. Um das zu überprüfen, soll er mit Didaktikkonzeptionen[6] konfrontiert werden, die sich primär auf die Ausarbeitung des Bildungs- und Lernbegriffs konzentrieren und erst sekundär auf die Festlegung von Wissensinhalten und Fertigkeiten. Im Anschluß daran sollen Überlegungen zu den konzeptionellen Grundkategorien und den regulativen Prinzipien des Grammatikunterrichts angestellt werden.

1. Materiale Bildungstheorien und Grammatikunterricht

Die *materialen* Bildungstheorien versuchen, die *objektiven* Inhalte und Grundlagen einer Kultur zu thematisieren, um daraus ableiten zu können, was in der Schule vermittelt werden muß, um den Funktionszusammenhang einer Gesellschaft und Kultur zu sichern. Dabei nehmen sie entweder stärker auf die objektiv gegebenen Wissensbestände Bezug oder auf die repräsentativen und klassischen Gehalte einer Kultur, die eine aufschließende Kraft für den ganzen Kulturzusammenhang haben.

Von einer material orientierten Bildungstheorie her fällt es schwer, eine befriedigende Begründung für den Grammatikunterricht zu entwickeln. Aus der bloßen Existenz grammatischen Wissens läßt sich der Grammatikunterricht didaktisch kaum zureichend legitimieren. Außerdem bestünde bei einem solchen Ansatz die Gefahr, daß der Grammatikunterricht ganz ins Kielwasser der *Grammatikforschung* geriete und sich nur noch darum bemühte, grammatische Theorien zu *didaktisieren* und zu *popularisieren.* Problematisch ist es auch, grammatisches Wissen unbesehen den klassischen Bildungsgütern zuzurechnen und die Legitimation des Grammatikunterrichts aus der These abzuleiten, daß bisher noch kein Kulturvolk auf den Grammatikunterricht verzichtet habe. Obwohl diese These empirisch sicher richtig ist und möglicherweise sogar Ausdruck einer verborgenen historischen Vernunft, wirkt sie didaktisch doch etwas hilflos, weil sie nicht klärt, worin denn der Bildungsgehalt grammatischen Wissens besteht.

Eine schon bedenkenswertere Rechtfertigung des muttersprachlichen Grammatikunterrichts dokumentiert sich in der These, daß er eine dienende Funktion für den *Fremdsprachenunterricht* habe und zu einer Verbesserung und Erweiterung der *Sprachkompetenz* führe. Es ist sicher richtig, daß explizite und systematisch geordnete Kenntnisse über die Muttersprache es sehr erleichtern, in die grammatische Struktur einer Fremdsprache einzudringen. Eine solche Argumentation verliert aber leicht andere Probleme aus den Augen. Ein Grammatikunterricht, der sich ganz oder zu wesentlichen Teilen als Dienstleistung für den Fremdsprachenunterricht versteht, muß ständig mit dem Problem kämpfen, daß für einen Funktionszusammenhang gelernt wird, den die Schüler entweder noch gar nicht kennen oder den sie sich nur schwer vergegenwärtigen können. Da grammatische Lernprozesse unter diesen Bedingungen von außen motiviert sind, lassen sie sich meist schwer in Gang setzen und in Gang halten. Wenn im Vordergrund des Interesses die Identifikation und Benennung grammatischer Formen steht, droht auch die Gefahr, daß das grammatische Wissen in der Regel eine additive statt einer konstruktiven Ordnung bekommt. Zu diesen *lerntheoretischen* Schwierigkeiten ergibt sich noch das Problem, daß man ständig die vorschnelle Folgerung verhindern muß, daß die grammatischen Kategorien und Termini in allen Sprachen die gleichen Tatbestände erfassen und *universale* Geltungskraft haben. Dabei läßt sich gerade am Tempussystem exemplarisch aufzeigen, wie unterschiedlich die grammatischen Systeme der einzelnen Sprachen geordnet sind.

Die These, daß der Grammatikunterricht die *sprachliche Kompetenz* der Schüler verbessere, ist sicher nicht falsch, aber in dieser Pauschalität unbefriedigend. Die explizite Kenntnis von grammatischen Formen und Funktionen verbessert nicht automatisch die produktive und rezeptive Sprachbeherrschung. Der mündliche Sprachgebrauch läßt sich sicher kaum oder nur sehr mittelbar über den Grammatikunterricht verbessern, weil sofort massive psychische Hemmungen einsetzen, wenn man sein grammatisches Wissen zur Redeplanung und Redekontrolle einzusetzen versucht. Die mündliche Sprachkompetenz läßt sich sicher nur durch die Herstellung sprachintensiver Situationen wirksam verbessern.

Ein etwas anderes Bild vom Wert grammatischer Kenntnisse ergibt sich im Hinblick auf die *Schriftsprache.* Hier gehen wir produktiv und rezeptiv unter zeitlichen und psychischen Bedingungen mit der Sprache um, die explizite metasprachliche Reflexionen zulassen. Dafür können explizite Grammatikkenntnisse zumindest dann sehr förderlich sein, wenn sie dem *funktionalen* Typ angehören. Bei der Textproduktion können wir die Funktionalität konkurrierender grammatischer Formen gedanklich überprüfen, bevor wir sie verwenden, und bei der Textinterpretation können wir möglicherweise mit Hilfe von Grammatikkenntnissen Sinndimensionen von Texten erschließen, die spontanem Verstehen nur in sehr vager Form über das Sprachgefühl zugänglich sind. Außerdem bieten Grammatikkenntnisse natürlich eine Hilfe, wenn es darum geht, *Verstehenskonflikte* zu lokalisieren und *Interpretationsentscheidungen* zu motivieren.

2. Formale Bildungstheorien und Grammatikunterricht

Aus der Perspektive *formaler* Bildungstheorien ergeben sich für den Grammatikunterricht ganz andere didaktische Problemstellungen. Jetzt steht nicht mehr die Frage nach dem Verwertungszusammenhang von Grammatikkenntnissen im Vordergrund des Interesses, sondern die Frage nach dem Beitrag des Grammatikunterrichts zur Ausbildung der *geistigen Kräfte* der Schüler.

Die funktional und dynamisch akzentuierten formalen Bildungstheorien richten ihr Hauptaugenmerk auf die Ausbildung der geistigen Kräfte der Schüler, gleichsam auf die Ausbildung ihrer ‚geistigen Muskeln'. Die methodisch akzentuierten formalen Bildungstheorien richten dagegen ihre Hauptaufmerksamkeit besonders auf die Vermittlung und Ausbildung von Strategien, mit denen man Probleme bewältigen und Kenntnisse sich aneignen kann. Beiden Ausprägungen ist die didaktische Hoffnung gemeinsam, daß der *Transfer* von Kräften und Methoden ohne größere Schwierigkeiten möglich sei.

Betrachtet man den Grammatikunterricht aus der Perspektive der formalen Bildungstheorien, stellt sich als erstes die Frage, ob man die angestrebten Ziele nicht besser an anderen Gegenständen realisieren kann als ausgerechnet an dem etwas spröden Gegenstand Grammatik, der möglicherweise noch spröder dadurch wird, daß es im Unterricht gar nicht um ihn *selbst* geht, sondern um das, was an ihm geschult werden soll. Wenn es aber nicht um die Grammatik als Grammatik geht, sondern um das Trainieren geistiger Kräfte, dann kann man natürlich auch Gegenstände auswählen, zu denen die Schüler in einer größeren emotionalen Grundspannung stehen. Ein etwas anderes Bild ergibt sich allerdings, wenn man die Grammatik ähnlich wie die Mathematik eben deswegen für einen unverzichtbaren Trainingsgegenstand hält, weil sie nicht zu emotionalem Verhalten und Argumentieren verführt.

Didaktisch sind formale Bildungstheorien problematisch, weil keineswegs so sicher ist, daß geistige Kräfte praktisch an allen Gegenständen gleich intensiv geübt werden können und daß ein Transfer von methodischem Können relativ leicht zu bewerkstelligen ist. Außerdem ergibt sich für den praktischen Unterricht die Gefahr, daß er seine anschaulichen Bezüge verliert und sich auf die Kenntnis und Anwendung von grammatischen Analysemethoden beschränkt. Es kann sich sogar die paradoxe Konsequenz ergeben, daß auf einer höheren Ebene die formale Bildungstheorie wieder in eine materiale umschlägt, in der Sachkenntnisse nur durch Methodenkenntnisse ersetzt werden. Positive Auswirkungen können die formalen Bildungstheorien aber auf den Grammatikunterricht ausüben, weil sie dazu zwingen, *Inhalte* im Kontext der *Methoden* zu sehen, mit denen man sie konkretisiert hat. Im Rahmen der Orientierung an formalen Bildungstheorien ist auch immer wieder das Argument vorgetragen worden, der Grammatikunterricht diene der *Denkschulung*. Diese These ist solange äußerst problematisch, wie man von der Prämisse ausgeht, daß die Grammatik ein logisch *kohärentes System* darstellt, in dem die Logik und ihre Prinzipien gleichsam selbst Gestalt gewinnen. Sicher gibt es in der Grammatik logische Strukturen und sicher kann über den Grammatikunterricht auf logische Strukturen aufmerksam gemacht werden. Es besteht aber die Gefahr, in die Grammatik logische Strukturen hineinzuprojizieren, die es dort gar nicht gibt, und ihre *psychologischen Ordnungsstrukturen* dabei zu übersehen. Ein logisch kohärentes System kann die Grammatik schon deswegen nicht sein, weil sie ein historisch gewachsenes Gebilde mit all den Widersprüchlichkeiten und Inkonsequenzen ist, die solchen Gebilden eigen sind. Wenn man logisches Denken im Umgang mit logischen Systemen schulen will, dann ist die Grammatik dazu denkbar ungeeignet.

Eine andere Dimension des Zusammenhangs von Grammatikunterricht und Denkschulung ergibt sich allerdings, wenn man den *klassischen* Logikbegriff, der durch die Alternative von ‚wahr' und ‚falsch' strukturiert wird, aufgibt und von einer *hermeneutischen* Logik der Interpretation ausgeht. Eine solche Logik konzentriert sich weniger auf lineare Denkprozesse auf einer semantischen Ebene als auf das Zusammenspiel von Denkprozessen auf verschiedenen Ebenen. Sie interessiert sich dafür, wie sich aus unterschiedlichen Zeichentypen komplexe Zeichen bilden, wie sich aus unterschiedlichen Kategorien von Informationen komplexe Gesamtvorstellungen bilden und wie das Denken seinen eigenen Prozeß erhellen kann.

3. Kategoriale Bildung und Grammatikunterricht

Den Begriff der *kategorialen* Bildung hat Klafki eingeführt, um einen Bildungsbegriff zu konstituieren, der die Wahrheitsmomente der materialen und formalen Bildungstheorien aufnehmen soll, ohne ihre Schwächen wirksam werden zu lassen. Er versucht, den Bildungsbegriff so zu dynamisieren, daß die wechselseitige Wirkung der Inhalte auf das Subjekt und des Subjekts auf die Strukturierung der Inhalte in den Mittelpunkt des Interesses rückt. „Bildung ist *kategoriale Bildung* in dem Doppelsinn, daß sich dem Menschen eine Wirklichkeit ‚kategorial' erschlossen hat und daß er eben dadurch selbst – dank der selbst vollzogenen ‚kategorialen' Einsichten, Erfahrungen, Erlebnisse – für diese Wirklichkeit erschlossen worden ist."[7]

Ein solcher Bildungsbegriff erscheint didaktisch fruchtbar, weil in ihm Bildungsinhalte nicht als *autonome* Gegebenheiten

betrachtet werden, sondern als Inhalte, die erst im Prozeß ihrer Aneignung durch das Subjekt und durch den Prozeß ihrer Zuordnung auf andere Gegebenheiten Gestalt und Wert gewinnen. Inhalte werden so gesehen erst dann zu didaktisch relevanten Inhalten, wenn sie eine *Schlüsselfunktion* für die Aneignung und Strukturierung anderer Inhalte übernehmen können.
Aus diesen Überlegungen ergeben sich für den Grammatikunterricht vor allem zwei Konsequenzen. Grammatische Inhalte dürfen nicht als fertige Produkte vermittelt werden, sondern müssen den Schülern im Kontext der Prozesse erfahrbar gemacht werden, in denen sie Gestalt gewonnen haben. Die Schüler müssen dazu angeregt werden, die jeweiligen Inhalte als Erschließungswerkzeuge für andere Inhalte zu benutzen. Welche grammatischen Kategorien solche Schlüsselfunktionen haben können, kann allerdings nicht die Didaktik allein beantworten, sondern eher eine didaktisch sensibilisierte Fachwissenschaft.
Repräsentative und produktive Kategorien der gesuchten Art lassen sich auf verschiedenen Ebenen ansiedeln, im Hinblick auf den Grammatikunterricht überhaupt und im Hinblick auf grammatische Einzelphänomene. Je fundamentaler solche Kategorien sind, desto mehr gewinnen sie den Charakter von *produktiven Thesen* für die Ausarbeitung untergeordneter Kategorien. Möglicherweise lassen sich die Kategorien *Zeichen* und *Reflexivität* als solche regulativen Grundkategorien für didaktische Akzentsetzungen im Grammatikunterricht betrachten, da sie nicht nur erhellende Funktion für das Phänomen *Sprache* haben, sondern darüberhinaus für die Struktur der *geistigen Welt.*

4. ‚Zeichen' und ‚Reflexivität' als didaktische Grundkategorien

In der hier gewählten Perspektive muß der Begriff *Zeichen* zunächst in einem sehr umfassenden Sinn verstanden werden, weil die grammatischen Zeichen nur als eine besondere Klasse von Zeichen überhaupt betrachtet werden sollen. Grundsätzlich läßt sich jedes *relationale Gebilde* als Zeichen ansehen, bei dem wir eine klar identifizierbare *Form* mit einer bestimmten *Funktion* oder einem bestimmten *Sinn* verbinden können. Eine andere Frage ist dann, wodurch die Korrelation von Form und Funktion bzw. Sinn motiviert ist, ob sie bloßen sozialen *Konventionen* entspringt oder sich mehr oder minder kraft *Analogie* oder *Kausalität* aus den spezifischen Charakteristika der Form ergibt.

Dieser noch sehr unspezifische Zeichenbegriff kann didaktisch produktiv werden, weil er zu Präzisierungen in den konkreten Einzelfällen zwingt. Wenn man ihn auf die Sprache anwendet, muß man klären, welchen Komplexitätsgrad das jeweilige Zeichen hat, ob es ein elementares Zeichen ist oder ein komplexes Zeichen, das aus der Kombination von Subzeichen entspringt (Morphem, Wort, Satzglied, Satz, Text). Weiter ist zu klären, wie Zeichen zu identifizieren und zu klassifizieren sind, welchen sprachlogischen Stellenwert sie haben bzw. welcher Typ von Information mit ihnen verbunden ist und unter welchen Gesichtspunkten ihre Funktionen sinnvoll beschrieben werden können.

Die Kategorie der *Reflexivität* kann als eine komplementäre Kategorie zu der des Zeichens betrachtet werden. Durch sie läßt sich die *Metaproblematik* in der Sprache und im Denken thematisieren. Jede explizite Zeichenidentifikation und Zeicheninterpretation ist ein Akt der Metareflexion, weil sich dabei das Denken auf seine eigenen Realisationsbedingungen und Vermittlungsbedingungen zurückwendet. Das bedeutet, daß das Denken bei der Präzisierung des jeweiligen Gegenstandsbewußtseins auch ein Selbstbewußtsein ausprägen muß.

So gesehen sind die Kategorien *Zeichen* und *Reflexivität* nicht nur *Basiskategorien* für die Beschäftigung mit Grammatik, sondern auch für die Beschäftigung mit geistigen Welten schlechthin. Die Welt des Geistes manifestiert sich in Zeichen, und in ihr geht es ständig um die *Stiftung, Entdeckung* und *Interpretation* von Zeichen. Das Denken ist strukturell dadurch gekennzeichnet, daß es jede seiner Manifestationen wieder zum Gegenstand einer neuen Denkanstrengung machen kann und so sich selbst immer wieder reflexiv auf sich selbst beziehen und mit sich selbst vermitteln kann. Grammatische Analysen können deshalb auch auf exemplarische Weise die Prinzipien und Probleme verdeutlichen, die den Aufbau und das Verstehen geistiger Welten bestimmen.

Grammatische Formen erscheinen den Schülern zunächst wie alle Kulturformen gleichsam als *Naturtatsachen,* die man so hinzunehmen hat, wie sie sind. Die Reflexion zeigt dann aber, daß das Selbstverständliche gar nicht so selbstverständlich ist, wie es zunächst erscheint, sondern als ein Ergebnis von kulturellen *Arbeitsprozessen* betrachtet werden kann und damit auch als ein Stück Selbstinterpretation des Menschen. Gerade weil grammatische Zeichen dem Alltagsbewußtsein gar nicht als ordnende Zeichen auffallen, sind sie besonders gut geeignet, den Einstieg in reflexive Denkprozesse einzuüben. Folgt man

dieser Sichtweise, dann hat der Grammatikunterricht auf einer sehr elementaren Stufe auch wichtige wissenschaftspropädeutische Funktionen, insofern er die grundlegenden Formen erhellt, mit denen die Wissenschaft über die Welt verfügt: *Abstraktion, Objektivierung* und *Kommunikation.*[8]
Diese Argumentation setzt die Hoffnung auf einen gewissen Transfereffekt beim Grammatikunterricht voraus. Dabei ist allerdings weniger an einen unspezifischen Transfer im Sinne der allgemeinen Stärkung geistiger Kräfte gedacht als an einen *spezifischen Transfer,* der dadurch gekennzeichnet ist, daß Inhalt und Form eines Lernschritts andere ermöglicht, erleichtert und anregt. Die exemplarische Funktion des Grammatikunterrichts für die Erschließung geistiger Sinngebilde überhaupt realisiert sich natürlich nicht automatisch, sondern ist an bestimmte Realisationsformen gebunden.

5. Lernprozeß und Grammatikunterricht

Der hier projektierte Grammatikunterricht steht und fällt mit der Form, in der Zugang zu grammatischen Phänomenen gesucht wird. Da Schüler in der Regel diesen Phänomenen kein genuines Interesse entgegenbringen, muß der Grammatikunterricht so strukturiert werden, daß er *Neugier* erweckt, was natürlich nicht ganz leicht ist. Den Lernprozessen im Grammatikunterricht ist außerdem noch deswegen besondere Aufmerksamkeit zu schenken, weil die hier ins Auge gefaßten Ziele die Schüler auf den ersten Blick zu überfordern scheinen.
Dazu ist nun allerdings zu bemerken, daß die Überforderungen der Schüler im Grammatikunterricht meist nicht aus den Problemzusammenhängen selbst resultieren, sondern aus deren unzulänglicher Einbettung in Kontexte, Fragestellungen und Operationen. Schüler haben auf allen Altersstufen unmittelbare Erfahrung mit grammatischen Phänomenen. Deshalb lassen sich diese auch auf allen Altersstufen thematisieren, wenn auch nicht in denselben Perspektiven und mit den gleichen Fragestellungen. Man darf sich nur nicht von dem Wahn leiten lassen, einen Problemzusammenhang abschließend behandeln zu wollen. Im Sinne der *Curriculumspirale* kann er auf anderen Reflexionsebenen immer wieder neu behandelt werden.
Außerdem ist zu beachten, daß Lernprozesse immer mehr sind als nur Prozesse zur Aneignung von Sachkenntnissen. Das Lernen muß als eine grundlegende *anthropologische* Kategorie betrachtet werden, als eine Form der *Selbstkonstitution* des

Menschen, die selbst didaktische und nicht nur methodische Aufmerksamkeit beanspruchen darf. Die Lebensformen und Lebensmöglichkeiten der Menschen sind durch Instinkte längst nicht so abgesichert wie bei Tieren. Wenn man das als Mangel interpretiert, muß man den Schluß ziehen, daß der Mensch zum Lernen verdammt ist. Wenn man das als Chance interpretiert, muß man den Schluß ziehen, daß der Mensch im Lernen und durch Lernen sich selbst erst herstellt.

Guyer[9] ordnet das *Lernen* zwischen *Arbeit* und *Spiel* ein als den beiden anderen grundlegenden Aktivitätsformen des Menschen. Mit der *Arbeit* habe das Lernen das Merkmal der *Anstrengung* und der damit verbundenen subjektiven Reaktionen bei Erfolg oder Mißerfolg gemeinsam. Der Lernprozeß unterscheide sich vom Arbeitsprozeß aber dadurch, daß er keinen so planmäßigen Verlauf nehme und daß in ihm die Kategorien der *Möglichkeit,* der *Suche* und der *Sinnstiftung* eine zentrale Rolle spielen. Während es im Arbeitsprozeß primär um die Veränderung der Dinge gehe, gehe es im Lernprozeß primär um die *Veränderung* des Individuums, um die Erweiterung seines Horizontes und um die Präzisierung seines Wissens. Vom Spiel unterscheide sich das Lernen vor allem dadurch, daß es durch das Streben nach einer *finalen Ordnung* mit faktischer Relevanz geprägt sei. Das Spiel und das Lernen brauchten beide einen gewissen *Widerstand* als Stimulanz, aber dieser Widerstand dürfe nicht den Härtecharakter haben, durch den der Widerstand in Arbeitsprozessen gekennzeichnet sei. Das Spiel verändere im Gegensatz zum Lernen das Subjekt auch nur mittelbar, weil sein eigentlicher Entfaltungsraum im Bereich des Fiktiven liege.

Aus diesen Überlegungen ergibt sich, daß sich das Lernen am besten entfalten kann, wenn es die *Balance* zwischen der strengen Zielorientierung der Arbeit und der variablen Freiheit des Spiels findet, wenn es Elemente von beiden Aktivitätsformen in sich aufnimmt, ohne das eine oder andere zu werden. Da im Lernen Beziehungsnetze zwischen Elementen aufgebaut werden, gehört das Wechselspiel zwischen *Synthese* und *Analyse* bzw. zwischen *Konkretisation* und *Abstraktion* zu seinen zentralen Strukturmerkmalen. Das Lernen muß die Freiheit zum Entwickeln und Ausprobieren von Ordnungsmustern und Ordnungsrelationen haben. Es braucht Antizipationen und Hypothesen, damit sich eine Erwartungsspannung aufbauen kann, die als Neugier einen Lernprozeß selbst in Gang zu halten vermag, sofern er einmal gezündet hat.

Wenn es beim Lernen nur um die Aneignung vorgegebener Inhalte und Ordnungsmuster geht, dann degeneriert es zu seiner Schwundform bzw. zur Arbeit. Wenn es beim Lernen nur um Aktion und spontane Beobachtungen ohne Konzentration auf die finale Ordnung eines Problemzusammenhangs geht, dann degeneriert es zum Spiel. Vor beiden Degenerationsformen muß das Lernen bewahrt werden, wenn es seine eigentliche Funktion wahrnehmen soll, die *Subjektwelt* und die *Objektwelt* miteinander zu vermitteln.

Viele Phänomene, insbesondere im Bereich der Grammatik, lassen sich oft nur dadurch in den *Fragehorizont* der Schüler bringen, daß ihnen der Modus der *Selbstverständlichkeit* genommen wird. Deshalb betont Roth auch, daß die erste Hilfe beim Lernen paradoxerweise aus den Schwierigkeiten selbst resultiere, weil ihnen schon ein immanenter Aufforderungscharakter zukomme, der Lernprozesse auslösen und in Gang halten könne.[10] Solche Gegenstandsverfremdungen sind Realisationsweisen des Prinzips der *originalen Begegnung*, die Roth für unabdingbar hält, wenn man Schüler mit einem Gegenstand ins Gespräch bringen will. Jedes produktive Denken sei durch einen Zick-Zack-Kurs gekennzeichnet, in dem es eigentlich keine Fehler gebe, sondern nur korrekturbedürftige Irrtümer.

Ein Grammatikunterricht, der in produktiven Lernprozessen auch reflexives Denken einüben will, wird erst dann in vollem Umfang möglich, wenn die Schüler im Alter von 10–12 Jahren einen spezifischen Denkstil auszuprägen beginnen. Nach dem entwicklungspsychologischen Konzept von Piaget beginnt in diesem Alter das sogenannte *formale Denken* Gestalt zu gewinnen und das sogenannte *konkrete Denken* zu ergänzen. Um die didaktische Tragweite dieses Umschichtungsprozesses zu erfassen, muß man sich die Grundstruktur geistiger Prozesse vergegenwärtigen, wie sie Piaget in sehr überzeugender Weise herausgearbeitet hat.[11]

Geistige Prozesse sind für Piaget Prozesse der *Gleichgewichtsbildung* (Äquilibration), bei denen Prozesse der Aneignung (Assimilation) und der Anpassung (Akkomodation) unterschieden werden können. Bei den *Assimilationsprozessen* konzentriere sich die strukturierende Kraft des Individuums darauf, Erfahrungen in schon vorhandene Ordnungsmuster zu integrieren bzw. von diesen aus zu deuten. Wenn das nicht gelinge, setzten *Akkomodationsprozesse* ein, bei denen das Individuum seine Ordnungs- und Deutungsschemata so verändere und verfeinere, daß es mit ihnen die jeweiligen Erfahrungen kognitiv bewältigen könne.

Didaktisch entscheidend ist nun, daß Kinder in der Phase der *konkreten Denkoperationen* (2–12 Jahre) offenbar Assimilationsprozesse bevorzugen. Erfahrungen würden in der Perspektive der schon vorhandenen kognitiven Muster gemacht und würden in der Regel so hingenommen, wie sie auf den ersten Blick erschienen. Erst in der Phase der *formalen Denkoperationen* (ab 10 Jahre) setze dann ein tiefgreifender Umschwung im Denken ein, der Akkomodationsprozesse begünstige. Die Kinder würden nun hypothesenfreudig und begännen, ihre spontanen Erfahrungen zu problematisieren. Sie nutzten nun die Sprache intensiv für rein hypothetische Denkoperationen, wobei sie sich aus dem Bann konkreter Situationen zuweilen so lösen könnten, daß sie das Wirkliche dem Möglichen unterordneten.

Wenn man diese entwicklungspsychologische Theorie akzeptiert, dann ist offensichtlich, daß ein Grammatikunterricht, der sich auf einer metareflexiven Ebene mit den instruktiven und kognitiven Funktionen grammatischer Formen beschäftigen will, erst dann sinnvoll wird, wenn die Schüler Interesse an formalen Denkoperationen entwickelt haben. Bevor die Schüler kein *genuines* Interesse an der Analyse des scheinbar Selbstverständlichen haben, trägt es nicht weit, sie zu reflexiven Denkoperationen zu ermuntern. Ein solches Verlangen würde die Schüler auch überfordern, da sie in der Phase der konkreten Denkoperationen berechtigterweise mehr an der Einübung sprachlicher Strukturmuster interessiert sind als an deren Problematisierung. Auch in der Phase der formalen Denkoperationen stellt sich das Interesse der Schüler für grammatische Probleme nicht von selbst ein. Es läßt sich aber durch geeignete Verfahren wecken.

6. Prinzipien des Grammatikunterrichts

Im Hinblick auf die Zielsetzungen des hier konzipierten Grammatikunterrichts lassen sich vielleicht folgende Prinzipien formulieren, die bei der Konkretisation methodischer Verfahren zu berücksichtigen sind.

Prinzip der Verfremdung

Da die Schüler im Alter von 10–12 Jahren ein vorbewußtes Wissen von den grammatischen Ordnungsformen ihrer Muttersprache haben und diese auch praktisch beherrschen, müssen grammatische Phänomene verfremdet werden, damit sie ihnen als Phänomene überhaupt erst begegnen können. Das Verfahren, dem praktisch Bekannten durch Isolation, durch überraschende Kontexte, durch ungewöhnliche Gebrauchsweisen oder durch Aufforderungen zur begrifflichen Definition seine Selbstverständlichkeit zu nehmen, ist als *sokratisches* Verfahren didaktisch nicht neu, aber gleichwohl nicht leicht praktisch zu realisieren. Die Kunst der Verfremdung besteht darin, die bisherigen Kenntnisse über ein Phänomen so zu problematisieren, daß sie nicht als falsch, aber als unbefriedigend und vorläufig empfunden werden. Eine solche Verunsicherung und Verwirrung ist didaktisch fruchtbar, weil sie dazu anregt, in Lernprozessen ein neues *Gleichgewicht* wieder herzustellen. Verfremdungen von grammatischen Phänomenen können sich in Form von Mißverständnissen in faktischen Kommunikationssituationen ergeben oder können in fiktiven Kommunikationssituationen experimentell hergestellt werden.

Prinzip der operativen Produktivität

Im Grammatikunterricht soll *produktives Denken* angeregt und praktiziert werden, wenn auch reproduktives Denken realistischerweise nie völlig ausgeschlossen werden kann. Produktives Denken läßt sich am besten über *Operationen* an der Sprache auslösen (Umformungen, Streichungen, Ersetzungen usw.). Solche operativen Verfahren fordern Schüler ständig auf implizite Weise auf, die Ergebnisse ihrer Operationen kognitiv zu bewältigen. Das bedeutet, daß auch unergiebige Operationen produktiv sein können, wenn geklärt wird, warum sie unergiebig waren. Operative Verfahren sind im Grammatikunterricht insbesondere für solche Schüler wichtig, die sich jeden Denkschritt konkret und anschaulich repräsentieren müssen und die Schwierigkeiten haben, Zwischenschritte abstraktiv zu überspringen. Nicht zu Unrecht wird das Denken ja auch immer wieder als ein verinnerlichtes Handeln angesehen.

Das genetische Prinzip

Um die Klärung des genetischen Prinzips, in dem das Prinzip der Verfremdung und der operativen Produktivität auf fruchtbare Weise verknüpft werden, hat sich insbesondere Wagenschein[12] sehr verdient gemacht, der das *genetische Lehren* konsequent vom *darlegenden Lehren* abzugrenzen versucht. Das Fundament des genetischen Prinzips bestehe in der Überzeugung, daß es lernpsychologisch fruchtbarer sei, die Ordnungsstruktur eines Sachverhalts sukzessiv zu entwickeln, als eine von anderen ausgearbeitete Ordnungsstruktur einfach zu übernehmen. Der genetisch orientierte Unterricht verbrauche deshalb auch für die Vermittlung eines Stoffes mehr Zeit als der darlegende Unterricht, weil die Verfremdung, der Umweg und die Verwirrung notwendig zu ihm gehörten. Dennoch habe er zwei große Vorteile. Er schütze vor zu frühen und zu blutleeren *Abstraktionen,* weil Strukturordnungen im Kontext von Erfahrungen entwickelt würden, und er stelle eine *Einwurzelung* des Wissens sicher, weil die jeweiligen Kenntnisse den Schülern im Zusammenhang ihrer *Genese* verfügbar seien. Außerdem sei zu beachten, daß Ordnungsstrukturen, die gegen Schwierigkeiten und Widerstände aufgebaut worden seien, eine besonders große Stabilität hätten. So gesehen gehört zum genetischen Lehren deshalb auch immer ein besonderes Interesse für die Verfahren zur Erzeugung und Ordnung von Wissen. Da die grammatischen Termini und Kategorien den Schülern zunächst von prähistorischer Fremdheit sind, besteht die Kunst des genetisch orientierten Unterrichts vor allem darin, die Schüler gleichsam an den Anfangspunkt der grammatischen Reflexion zurückzuführen. Bevor sie die Antworten kennenlernen, die die Wissenschaft im Laufe der Zeit erarbeitet hat, müssen sie zuerst die Fragen kennenlernen, auf die man Antworten gesucht hat.

Das funktionale Prinzip

Das funktionale Prinzip kann für den Grammatikunterricht auf zwei verschiedenen Ebenen wirksam werden. Zum einen wird es wichtig, wenn man den *Werkzeugcharakter* der Sprache in den Mittelpunkt des Interesses stellt und nach den instruktiven und kognitiven Funktionen grammatischer Formen fragt. Zum anderen wird es wichtig, wenn man nach der *Einbettung* des Grammatikunterrichts in den allgemeinen Unterricht fragt.

In dem letzten Zusammenhang wird zuweilen zwischen dem Konzept eines *systematischen* Grammatikunterrichts in thematischen Sequenzen und dem eines *situativen* Grammatikunterrichts unterschieden, der konkrete kommunikative Konflikte in der Klasse oder bei der Textlektüre aufgreift und zum Gegenstand der grammatischen Reflexion macht. Ein so verstandener situativer Grammatikunterricht kann im Einzelfall sehr motivierend wirken, er führt aber didaktisch in die Sackgasse, wenn man die hier konzipierten Ziele akzeptiert. Er überfordert den Lehrer, weil dieser gleichsam aus dem Stand die geeigneten Impulse geben muß, um die grammatische Reflexion voranzutreiben, und er wird zufällig, was Themenbereiche und Problemstrukturen anbetrifft. Im Bewußtsein der Schüler

bleiben bei diesem didaktischen Konzept grammatische Phänomene immer randständige Erscheinungen.
Nun läßt sich situativer Grammatikunterricht auch noch in einem anderen Sinne verstehen. Dann wird mit diesem Terminus signalisiert, daß man grammatische Phänomene nicht im Rahmen isolierter Beispielsätze untersuchen will, sondern im Rahmen von Äußerungssituationen oder Situationszusammenhängen, die für die Schüler überschaubar sind[13]. Eine solche situative Einbettung des Grammatikunterrichts ist für den hier vertretenen Ansatz unabdingbar.
Die Motivation der Schüler, sich reflexiv und metakommunikativ mit grammatischen Phänomenen in Texten zu beschäftigen, die sie selbst hergestellt haben, ist naturgemäß besonders groß. Um einen solchen Anknüpfungspunkt zu haben, können die Lehrer entweder Schüleräußerungen sammeln und in geeigneten Zusammenhängen im Grammatikunterricht wieder aufnehmen oder Aufgaben stellen, welche sprachliche Äußerungsformen erbringen, die für den Unterricht genutzt werden können. Außerdem ist es natürlich auch legitim, von Texten auszugehen, die der Lehrer selbst so konzipiert hat, daß bestimmte grammatische Phänomene automatisch in den Mittelpunkt des Interesses treten. Wichtiger als die Frage nach dem Ursprung einer Äußerung ist die Frage, ob sich an ihr auf fruchtbare Weise die grammatische Reflexion entzünden kann.

7. Allgemeine Ziele im Grammatikunterricht

Neben der Klärung der instruktiven und kognitiven Funktionen einzelner grammatischer Formen sind im Grammatikunterricht noch allgemeine Zielsetzungen zu beachten. Sie sollten die Basis jeder Sprachbetrachtung bilden, die den Werkzeugcharakter der Sprache in den Mittelpunkt des Interesses stellt. Zur Konkretisierung können vielleicht folgende Stichworte dienen.

Identifikation
Die Identifikation von grammatischen Formen bzw. ihre Zuordnung zu einer grammatischen Kategorie darf als didaktisches Problem und kognitive Leistung nicht unterschätzt werden. Solange Schüler in sprachlichen Äußerungen nicht identische Strukturmuster wiedererkennen können, verlieren alle sonstigen grammatischen Überlegungen ihre Grundlage. Operationen und Kriterien zur Identifikation grammatischer Formen müssen deshalb in jedem Grammatikunterricht einen festen Platz haben.

Perspektivierung
Jeder Grammatikunterricht muß einsichtig machen, daß sprachliche Formen außer den Eigennamen Realität auf der Ebene der Sprache nicht verdoppeln, sondern interpretieren. So ist es denn auch eine Grundthese der Semiotik als der allgemeinen Zeichentheorie, daß es sinnlos sei, nach nackten Tatsachen zu fragen, weil das, was wir wahrnehmen, immer schon Tatsachen in einer bestimmten Interpretationsperspektive sind. Sprachliche Objektivationen von Sachverhalten sind deshalb auch immer schon Ausdruck von Wahlentscheidungen des Sprechers, Fakten in einer bestimmten Perspektive bzw. in einem bestimmten Kontext darzustellen. Solche Perspektivierungen konkretisieren sich auf der Ebene des Lexikons, der grammatischen Muster und der Textmuster. Sie lassen sich schwerlich nach den Kategorien von ‚wahr' und ‚falsch' beurteilen, sondern eher nach denen von *angemessen* und *weniger angemessen.*

Funktionalität
Grammatische Formen haben durch ihre spezifischen instruktiven Funktionen und ihren spezifischen kognitiven Gehalt immer auch eine besondere Funktionalität für bestimmte Äußerungssituationen und Textsorten, weil sie entscheidend zur sprachlichen Ökonomie und Prägnanz beitragen. Deshalb ist es eine wichtige Aufgabe, die Funktionalität grammatischer Formen für bestimmte Textsorten herauszuarbeiten und zugleich auf funktionsähnliche Sprachformen hinzuweisen.

Sprachkritik
Jede funktional prägnante grammatische Form steht immer in Gefahr, mißbräuchlich zu Täuschungszwecken eingesetzt zu werden. Je genauer aber der Hörer die aufmerksamkeitslenkende Funktion grammatischer Formen kennt, desto weniger ist er durch sie verführbar, desto eher ist er auch in der Lage, eine Äußerung gegen den Strich der Sprecherintention zu verstehen. Genau wie Wörter können auch grammatische Formen nicht an sich lügen, sondern nur in verbalen oder situativen Kontexten, in die sie eigentlich nicht gehören.

Der hier konzipierte Grammatikunterricht, der den *Funktionsgedanken,* die *Zeichenthematik,* die *Reflexionsthematik* und das *genetische Lernen* in den Mittelpunkt des Interesses stellt, konzentriert sich sehr stark auf kognitive Lernprozesse, in denen allerdings operative Verfahren eine große Rolle spielen. Darin liegt auch die Grenze dieses Konzeptes, das keineswegs einen imperialen Anspruch erhebt. Unbestritten bleibt, daß nicht alle grammatischen Formen auf diese Weise behandelt werden können und daß viele über schlichte Einübungsformen gefestigt werden müssen. Im Hinblick auf die Tempus-, Genus- und Modusproblematik wird aber das hier entwickelte Konzept für sinnvoll und praktikabel gehalten.

Die Vorschläge für die methodische Umsetzung der angestrebten didaktischen Ziele sind naturgemäß weniger als Rezepte für einzelne Unterrichtsstunden gedacht, sondern eher als Exempel für ein Konzept, welche die methodische Phantasie anregen sollen. Offensichtlich ist dabei, daß der Weg in die Konkretisation immer auch ein Weg in die Widersprüche ist und daß theoretische Konzepte nur deswegen so glatt erscheinen, weil sie von konkreten Realisationsbedingungen abstrahieren und abstrahieren müssen. Da man aber gleichwohl nicht auf regulative Konzepte verzichten kann, seien die einzelnen Vorschläge sowohl der Kritik als auch der Nachsicht empfohlen.

B DIE GRAMMATIK DES VERBS

Keine andere Wortart hat so viele *Gebrauchsvarianten* bzw. so viele verschiedene Kombinationsmöglichkeiten mit grammatischen Zeichen entwickelt wie das Verb. Das liegt offensichtlich daran, daß das Verb der *zentrale Kreuzungspunkt* von synktaktischen Relationen bei der Bildung von Sätzen bzw. bei der Realisierung von Aussagen ist. Aus diesem besonderen Stellenwert des Verbs in Äußerungen ergeben sich eine Reihe von grundsätzlichen Fragen, denen kurz nachgegangen werden soll, bevor zu den Einzelanalysen übergegangen wird. Diese Fragen betreffen die Reichweite der metakommunikativen Funktionen von Tempus, Genus und Modus, die Vollständigkeit der grammatischen Differenzierungskategorien am Verb und das Problem der Überlagerung von verschiedenen Informationstypen in Äußerungen.

I. TEMPUS, GENUS UND MODUS ALS SATZMORPHEME

Obwohl die Tempus, Genus- und Modusmorpheme unmittelbar mit dem Verb verbunden sind, sind ihre metakommunikativen Funktionen nicht auf die Semantik des jeweiligen Verbs bezogen, sondern auf die des ganzen Satzes, als dessen strukturelles Zentrum das Verb gelten kann. Als *Satzmorpheme* haben sie syntaktisch die gleiche Reichweite wie die sogenannten Satzadverbiale (glücklicherweise, schließlich usw.), die im Gegensatz zu den Prädikatsadverbialen ebenfalls eine ganze Aussage modal oder zeitlich metakommunikativ präzisieren. Damit unterscheiden sich die Tempus-, Genus- und Modusmorpheme auch deutlich von solchen grammatischen Morphemen, die sich nur auf ein Satzglied bzw. auf die Relation zwischen zwei Satzgliedern beziehen wie etwa die Kasusmorpheme. Als Satzmorpheme sind die Tempus-, Genus- und Modusmorpheme deshalb auch in besonderer Weise dazu prädestiniert, der Einstellung des Sprechers zu bestimmten Sachverhalten Ausdruck zu geben.
Möglicherweise kann man sogar noch weiter gehen und die Tempus-, Genus- und Modusmorpheme als *Textmorpheme* klassifizieren. Dafür können folgende Überlegungen geltend gemacht werden. Tempus-, Genus- und Modusformen haben eine große

Affinität zu bestimmten *Textsorten,* ja mitunter können sie sogar als konstituierende Faktoren für bestimmte Textsorten angesehen werden wie beispielsweise das Präteritum für die Textsorte *Erzählung* bzw. *Erzählen.* Zumindest in der Häufung und ständigen Wiederholung helfen die drei Morphemtypen, bestimmte Textsorten herzustellen bzw. zu identifizieren. Daneben ist außerdem noch zu berücksichtigen, daß die spezifische metakommunikative Funktion der einzelnen Tempus-, Genus- und Modusformen oft erst im Hinblick auf die besondere Textkonstellation und das Zusammenspiel der einzelnen Formen präzisiert werden kann.
Obwohl Tempus-, Genus- und Modusmorpheme unbestreitbar auch Relationen zum Text haben, ist es doch angebrachter, sie als *Satzmorpheme* zu behandeln. Gerade weil die besonderen metakommunikativen Funktionen der einzelnen Formen erst im Kontrast und Zusammenspiel mit anderen Formen deutlich werden, ist ihr genuiner Bezugsbereich die Aussage, in der sie vorkommen. Unbeschadet davon bleibt natürlich die Möglichkeit, daß eine Reihe von Sätzen auf gleiche Weise metakommunikativ präzisiert und kommentiert werden kann und so Kohärenz bekommt.

II. DIE KATEGORIE ‚AKTIONALITÄT'

Im Gegensatz zu den slawischen Sprachen hat das Deutsche die grammatische Kategorie *Aktionalität* nicht systematisch entwickelt und morphologisch verankert. Mit der Kategorie Aktionalität versucht man, die prinzipielle Möglichkeit grammatisch zu erfassen, ein komplexes Geschehen im Hinblick auf seine charakteristische Eigenart näher zu qualifizieren, nämlich ob es länger andauert (durativ), ob es sich wiederholt (iterativ), ob es abgeschlossen ist (perfektiv), ob es ein Resultat erbringt (resultativ), ob es beginnt (ingressiv) usw. Diese Differenzierungen greifen naturgemäß nicht bei allen Verben, sondern nur bei solchen, deren Semantik solche Unterscheidungen zuläßt.
Zuweilen wird die Kategorie der *Aktionalität* noch einmal in *Aktionsart* und *Aspekt* untergliedert. Von *Aktionsart* spricht man unter diesen Umständen dann, wenn die jeweilige aktionale Qualität einem Geschehen als empirisches Faktum objektiv zugeschrieben werden kann, und von *Aspekt* dann, wenn es sich eher um eine subjektive Interpretation oder Sichtweise des

Sprechers handelt. Eine solche Unterscheidung kann man theoretisch machen, praktisch ist sie aber relativ nutzlos, weil alle sprachlichen Differenzierungen letztlich nicht aus der objektiven Realität abzuleiten sind, sondern aus dem *Differenzierungswillen* des Sprechers.
Obwohl die deutsche Sprache keine grammatischen Morpheme zur Differenzierung der Aktionalität eines Geschehens entwickelt hat, fällt diese Kategorie aber keineswegs einfach unter den Tisch, sondern wird hilfsweise über andere sprachliche Mittel differenziert. Auf der lexikalischen Ebene geschieht das durch die aktionale Differenzierung der Verbsemantik (fliegen – flattern), auf der morphologischen Ebene durch die Präfixe (schlagen – erschlagen) und auf der grammatischen Ebene durch den Einsatz von Adverbialen und durch die Verwendung des *Partizip II* (schlagen – geschlagen).
Aus der Verwendung des Partizip II zur aktionalen Akzentuierung eines Geschehens als vollendet (perfektiv) ergibt sich nun allerdings die Schwierigkeit, daß die Kategorie der Aktionalität im Deutschen *quer* zu den Kategorien Tempus und Genus liegt, die ja beide das Partizip II in ihrem Formparadigma nutzen. Deshalb muß damit gerechnet werden, daß bestimmte Tempus- und Genusformen auch wichtige *aktionale* Implikationen haben, die im einzelnen noch aufzuzeigen sind. Zu berücksichtigen ist dabei auch, daß bei bestimmten Tempusformen die Verschränkung von aktionalen und temporalen Implikationen keineswegs willkürlich ist, sondern durchaus eine sachlogische Grundlage haben kann. Wahrscheinlich kann sogar davon ausgegangen werden, daß bei der Entwicklung der verschiedenen Tempusformen ursprünglich aktionale Differenzierungen eine größere Rolle gespielt haben als chronologische Differenzierungen.

III. SPRACHHANDLUNGSTHEORIE UND GRAMMATIK DES VERBS

Die bisher angestellten Überlegungen zum Problem der grammatischen Zeichen und zum Werkzeugcharakter der Sprache haben eine enge Verbindung zur sogenannten *Sprachhandlungstheorie* bzw. *Sprechakttheorie*. Einige der dort entwickelten Grundbegriffe lassen sich deshalb auch gut nutzen, um bestimmte Probleme im Bereich der Grammatik des Verbs genauer zu präzisieren.

Die Sprachhandlungstheorie geht von der Grundidee aus, daß sich der fruchtbarste Zugang zum Phänomen *Sprache* dann ergibt, wenn man sie primär nicht als symbolisches System zur Abbildung von Realität betrachtet, sondern als ein Instrument, mit dem man Handlungen durchführen und in spezifischer Weise auf Kommunikationspartner einwirken kann. Die elementare Analyseeinheit ist dann auch nicht der Satz oder die Aussage, sondern die jeweilige *Sprachhandlung*. Das Sprechen wird demzufolge auch als eine besondere Form des Handelns aufgefaßt und analysiert. Wenn man in dieser Weise Äußerungen als Handlungsformen auffaßt, muß man in ihnen mindestens zwei Sinnebenen unterscheiden bzw. zwei unterschiedliche Kategorien von Informationsinhalten, die man mit Hilfe der Termini *propositionaler Gehalt* und *illokutionärer Akt* bzw. *illokutionäre Funktion* zu erfassen versucht.[1]

Jede Äußerung, der eine vollständige Prädikation zugrunde liegt, hat einen solchen *propositionalen Gehalt*, der sich aus der Semantik der lexikalischen Zeichen und ihren syntaktischen Relationen zueinander ergibt. Pragmatisch gesehen ist nun offensichtlich, daß dieser propositionale Gehalt nicht um seiner selbst willen geäußert wird, sondern zur Realisierung eines bestimmten *Zwecks*. Die Handlungsintention, die mit einem propositionalen Gehalt verbunden ist, wird nun mit dem Terminus *illokutionärer Akt* bzw. *illokutionäre Funktion* bezeichnet. So ist beispielsweise bei der Äußerung – Karl hat eine Pistole – der Sachverhalt, daß Karl eine Pistole hat, der propositionale Gehalt dieser Äußerung, während die Tatsache, daß mit dieser Äußerung etwas festgestellt wird, vor etwas gewarnt wird oder nur etwas erzählt wird, der illokutionäre Akt ist. Dieser Akt wird lexikalisch nicht explizit thematisiert, er ist aber genuiner Bestandteil des Sinngehalts bzw. der pragmatischen Funktion dieser Äußerung.

Es ist nun ein sehr schwieriges Problem festzustellen, welcher Handlungsakt jeweils mit dem propositionalen Gehalt einer Äußerung verbunden ist bzw. wie eine Äußerung handlungsmäßig zu verstehen ist. Die Indikatoren dafür sind sehr vielfältig und unübersichtlich. Sie können sich aus der Situation oder dem Kontext ergeben, aus der Intonation, der Wortfolge usw. Zu überprüfen ist in unserem Zusammenhang, ob auch die grammatischen Zeichen, die mit dem Verb verbunden werden können, möglicherweise die Rolle solcher Indikatoren für bestimmte Sprechakte übernehmen können bzw. ob sie mithelfen können, Sprechakte zu identifizieren und zu klassifizieren.

Aus der Perspektive der *Instruktionssemantik* liegt diese Auffassung nahe, da sie ja gerade davon ausgeht, daß der Sprecher laufend Instruktionssignale an den Hörer gibt, sich im Verstehensprozeß so oder so zu verhalten, wenn er den Sinn einer Äußerung richtig erfassen will. Es ist nun zu prüfen, wie weit die Tempus-, Genus- und Modusmorpheme auch als *Indikatoren* für illokutionäre Akte aufgefaßt werden können, die jeweils festlegen, ob der propositionale Gehalt einer Äußerung beispielsweise dargelegt, erzählt, behauptet, vorausgesagt, vermutet oder vermittelt wird.

Die Handlungsproblematik spielt im Kontext der Grammatik des Verbs auch deshalb eine wichtige Rolle, weil Verben nämlich die genuinen lexikalischen Mittel sind, um Handlungen zu bezeichnen bzw. verborgene Handlungsimplikationen von Äußerungen explizit zu benennen. Wenn man die mit Äußerungen meist implizit verbundenen illokutionären Akte explizit beschreiben will, dann muß man das mit Hilfe von handlungsbezeichnenden oder performativen Verben machen bzw. durch *performative Formeln* folgenden Typs: ‚Ich sage voraus, daß ...; ich behaupte, daß ...'. Den Sinngehalt komplexer Äußerungen kann man dadurch verdeutlichen, daß man Paraphrasen bildet. Dann muß man in einer Aussage mit Hilfe eines performativen Verbs die *Handlungsimplikationen* einer Äußerung thematisieren und in einer zweiten Aussage ihren *propositionalen Gehalt.*

C DIE TEMPUSFORMEN DES VERBS

I. DIE SACHPROBLEMATIK

1. Tempus und Zeit

Seit wir uns in der Nachfolge von Aristoteles und der griechischen Grammatiker angewöhnt haben, das Verb als *Zeitwort* zu bezeichnen, ist es uns fast selbstverständlich geworden, daß die Tempusformen des Verbs dazu dienen, Aussagen den *Zeitstufen* der Vergangenheit, Gegenwart und Zukunft zuzuordnen. Diese Auffassung ist bisher am radikalsten von Weinrich[1] in Frage gestellt worden, der die traditionelle Zuordnung, wenn nicht Identifikation, von Tempusformen und Zeitstufen für ein völlig unfruchtbares Forschungskonzept hält.
Zumindest methodisch sei es höchst problematisch, von einer so massiven Vorentscheidung auszugehen, bevor man nicht sorgfältig geprüft habe, ob nicht andere Grundhypothesen einen besseren Ansatzpunkt für die Tempusforschung böten. Mit den Kategorien *Sprechhaltung, Sprechperspektive* und *Reliefgebung* hat Weinrich dann Ansätze für die Tempusanalyse entwickelt, die besonders in textlinguistischer Hinsicht sehr aufschlußreiche Ergebnisse gebracht haben. Die von Weinrich geforderte und praktizierte Umorientierung der Tempusforschung von einer *chronologischen* zu einer *psychologischen* Betrachtungsweise war allerdings so radikal, daß ihm nicht ganz zu Unrecht vorgeworfen wurde, daß er das Kind mit dem Bade ausschütte, wenn er die chronologischen Implikationen der Tempora ganz vernachlässige.
Bei der Bewältigung des grammatischen Phänomens *Tempus* tun wir uns offenbar deshalb so schwer, weil wir auch mit dem Phänomen *Zeit* theoretisch nicht fertig werden. Die Unsicherheiten bei der Interpretation des Tempusproblems sind nur ein Reflex der Unsicherheiten bei der Interpretation des Zeitproblems. Da wir nicht so recht wissen, mit welchen Kategorien wir uns das Phänomen Zeit theoretisch aufschlüsseln sollen, wissen wir auch nicht, mit welchen wir bei der Aufklärung der Tempusproblematik arbeiten sollen.
Daß die Kategorie *Tempus* etwas mit der Kategorie *Zeit* zu tun hat, wird kaum zu leugnen sein, ob sie allerdings mit einem astronomisch-kalendarisch bzw. chronologisch interpretierten

Zeitbegriff zu tun hat, ist eine ganz andere Frage. Vielleicht ist es methodisch fruchtbarer, die Zeitproblematik nicht aus der Tempusproblematik auszuklammern, wie Weinrich es versucht, sondern den Zeitbegriff so zu interpretieren, daß er mit dem Tempusbegriff korreliert werden kann. Unter diesen Bedingungen können die Tempusformen dann als historische Versuche gewertet werden, die Kategorie *Zeit* auf der grammatischen Ebene so zu entfalten und zu differenzieren, wie man das für die jeweiligen Denk- und Kulturzusammenhänge einer Sprachgemeinschaft als notwendig und wünschenswert ansieht.

a) Die Kategorie ‚Zeit'

Schon früh hat Augustin auf eine ebenso frappierende wie paradoxe Weise das Phänomen Zeit in seinen ‚Bekenntnissen' problematisiert. „Was also ist die ‚Zeit'? Wenn mich niemand danach fragt, weiß ich es, will ich einem Fragenden es erklären, weiß ich es nicht."[2]

Augustin will hier die Einsicht verdeutlichen, daß wir für die Bedürfnisse unseres alltäglichen Lebens ein zureichendes praktisches Wissen von der Zeit haben, daß dieses Wissen sich aber sofort verflüchtigt, wenn wir es auf den Begriff bringen wollen. Die Zeit scheint sich jeder Definition zu entziehen, weil sie unseren Sinnen überhaupt nicht direkt zugänglich ist. Wir repräsentieren uns dieses Phänomen zwar mit Hilfe eines Substantivs und suggerieren uns damit die Vorstellung, als sei es eine selbständige Gegebenheit; in der Reflexion stellt sich dann aber heraus, daß wir Zeit nur vermittelt über die Bewegung von Objekten im Raum erfahren können (Uhr, Gestirne) oder vermittelt über die Veränderung von Gegenständen. Zeit stellt sich so gesehen als ein Ordnungsmuster dar für unsere psychischen Erlebnisse und Eindrücke bzw. als eine *Anschauungsform*, mit der wir Erfahrungen ordnen und interpretieren.

So gesehen muß die Zeit deshalb auch in erster Linie als ein *Bewußtseinsphänomen* begriffen werden, unbeschadet der Tatsache, daß wir uns eine bestimmte Erfahrungsweise von Zeit über Uhr und Kalender objektivieren. Augustin hat deshalb auch schon den Vorschlag gemacht, die Zeit als Dehnung oder Ausdehnung des Geistes zu verstehen und die drei von uns so klar getrennten Zeitmodi von Vergangenheit, Gegenwart und Zukunft als drei unterschiedliche Bewußtseinsformen zu verstehen, nämlich als *Gegenwart von Vergangenem*, als *Gegenwart von Gegenwärtigem* und als *Gegenwart von Künftigem*. Eine solche Auffassung der Zeit legt dann auch nahe, sie nicht mit ontologischen und chronologischen Kategorien allein zu analysieren, sondern vor allem auch mit *psychologischen* Kategorien.

Aus der Position Augustins ergeben sich nun weitreichende Konsequenzen auch für die Tempusanalyse. Zunächst ist festzustellen, daß die Zeit nicht direkt erfahrbar ist, sondern nur vermittelt über spezifische Erlebnisweisen und Abfolgen von Erlebnissen. Das bedeutet, daß alle Zeitbegriffe ihre genetische Grundlage in unterschiedlichen *Aneignungsformen* von Zeit haben bzw. in unterschiedlich organisierten *Wahrnehmungsmethoden* von Zeit. Deshalb kann es auch nicht ein einziges Zeitkonzept geben, sondern nur mehrere, je nach den verschiedenen Faktoren und Methoden, die wir bei der Erfahrung von Zeit berücksichtigen. Auch in der Physik ist die Newtonsche Idee der *absoluten Zeit,* auf die alle Zeitsysteme bezogen werden können, längst zugunsten eines Zeitkonzeptes aufgegeben worden, das jedem Raumpunkt seine eigenen Zeitkoordinaten zuspricht. Zwar bringen wir in unserer Zivilisation dem astronomisch-chronologisch organisierten Zeitkonzept, das Zeit am Umlauf der Gestirne erfahrbar macht, ein besonderes Vertrauen entgegen und halten es für objektiv, aber es ist eben auch nur eine Aneignungsweise von Zeit unter anderen und möglicherweise nicht einmal die anthropologisch sinnvollste, wenn auch eine technisch gut handhabbare. Unbefangen benutzen wir deshalb auch gleichzeitig noch andere Zeitkonzepte und sprechen von alltäglicher, biologischer, geschichtlicher oder mythischer Zeit und Zeiterfahrung.

Jede Frage nach der Zeit führt uns in anthropologische, soziale und kulturelle Zusammenhänge, weil wir direkt auf die assimilierende und transformierende Kraft von biologischen und kulturellen Ordnungsmustern für unsere Erlebnisweisen und Erkenntnisinhalte stoßen. Solche Muster lassen sich am besten rekonstruieren, indem man nach den sprachlichen Formen fragt, in denen sie sich niedergeschlagen und objektiviert haben. Auf der lexikalischen Ebene assimilieren und strukturieren wir uns Zeit weitgehend nach Raumkategorien, was die *Zeit-Raum-Metaphorik* schlagend beweist. Auf der grammatischen Ebene liegen die Probleme sehr viel komplizierter, weil hier sehr viel komplexere Erfahrungs- und Ordnungsmuster für Zeit vorliegen, die einer begrifflichen Analyse sehr viel schwieriger zugänglich sind. An der Entwicklung des Tempussystems ist aber gut ablesbar, welche Differenzierungsfunktionen dabei im Mittelpunkt des Interesses stehen.

b) Tempus- und Zeitkonzepte

Wenn man die bisherige Tempusforschung danach befragt, welche Zeitkonzepte ihr bewußt oder unbewußt zugrunde gelegt worden sind, dann lassen sich vielleicht idealtypisch zwei große konzeptionelle Ansätze unterscheiden, nämlich das *Zeitstufenkonzept* und das *Zeiterlebniskonzept*. Beide Konzepte differenzieren wichtige Ordnungsstrukturen unseres alltäglichen Zeitbewußtseins. Allerdings liegen beide Zeitkonzepte nicht auf der gleichen Abstraktionsebene. Das Zeiterlebniskonzept ist komplexer und kann das Zeitstufenkonzept als ein Subkonzept integrieren, aber es ist dafür auch sehr viel vager und unübersichtlicher und läßt sich sehr viel weniger gut konsistent darstellen und systematisch zur Analyse des Tempussystems nutzen.

Das *Zeitstufenkonzept* erscheint auf den ersten Blick als das selbstverständlichste Analysemittel für die Tempusproblematik, weil es unmittelbar unser neuzeitliches Zeitbewußtsein zu repräsentieren scheint. Dieses Zeitbewußtsein läßt sich am leichtesten durch die Stichworte *Kalender* und *Uhr* kennzeichnen. Typisch für dieses Zeitkonzept ist die *Quantifizierung* und *Linearisierung* von Zeit. Aus bestimmten astronomischen Bewegungszyklen werden Zeitquanten abgeleitet (Jahr, Monat, Tag, Stunde usw.) und über gesetzte Fixpunkte wird die Zeit konsequent als lineares und irreversibles Phänomen interpretiert. Uhren *messen*, so gesehen, nicht nur die Zeit, sie *definieren* sie zugleich, weil sie die Erfahrungsform festlegen, in der wir Zeit wahrnehmen. Der Kulturhistoriker Mumford[3] sieht deshalb auch nicht die Dampfmaschine, sondern die Uhr als die Schlüsselmaschine des industriellen Zeitalters an, weil sie erst die abstrakte quantifizierbare lineare Zeit schaffe, die eine konsequente Arbeitsteilung ermögliche. Voraussetzung dafür sei nämlich, daß man Arbeit in Form von Arbeitszeit direkt in Geld umrechnen könne.

Die Quantifizierbarkeit und Linearität von Zeit ist für unser gegenwärtiges Zeitbewußtsein ganz selbstverständlich geworden. Sprachlich ergibt sich aus diesem Zeitverständnis die Notwendigkeit, lexikalische und grammatische Mittel (Zeitadverbien, Tempora) zu entwickeln, die es uns erlauben, Ereignisse auf einer Zeitachse genau zu lokalisieren und zwischen Zeitpunkten bzw. Zeitquanten Korrelationen herzustellen. Das wichtigste Grundschema für dieses chronologisch orientierte Zeitkonzept ist dann die Differenzierung der Zeitstufen *Vergangenheit*, *Gegenwart* und *Zukunft*.

Dieter Wunderlich[4] hat den groß angelegten Versuch gemacht, das Tempussystem des Deutschen auf der Basis eines solchen chronologisch orientierten Zeitstufenkonzeptes zu analysieren und darzustellen. Er versucht, die *Zeitreferenz* der Tempusformen auf einer Zeitachse festzulegen und ihre Verträglichkeit bzw. Unverträglichkeit mit lexikalischen Zeitausdrücken zu prüfen, die in einem ähnlichen Sinne wie die Tempusformen als Zeitverweisformen dienten. Wunderlich schließt nicht aus, daß die Tempora noch andere Funktionen haben als die, chronologische Zeitbezüge festzulegen, aber solche Zusatzfunktionen klammert er als Randphänomene aus seinen Betrachtungen aus. Gleichzeitig räumt er allerdings ein, daß die historische Motivationsgrundlage für die Entwicklung der Tempusformen nicht in der Differenzierung von chronologischen Zeitbezügen gelegen habe, sondern daß sich diese Funktion wohl erst nachträglich als zentral erwiesen habe.
Ob die Analyse des Tempussystems gegen den Strich seiner historischen Entwicklung und gegen das ursprünglich ihm zugrunde liegende Zeitkonzept eine glückliche methodologische Entscheidung ist, kann man mit guten Gründen bezweifeln, selbst dann, wenn am Ende ein relativ plausibler Systemzusammenhang konstruierbar ist. Es stellt sich nämlich die Frage, ob durch ein solches ahistorisches Vorgehen die Komplexität eines Phänomens nicht so reduziert wird, daß die Ergebnisse relativ unbrauchbar werden. Gerade grammatische Formen sind funktional sehr konservativ, und man kann kaum davon ausgehen, daß später hinzugewachsene Funktionen die ursprünglichen ganz verdrängen.
Die Untersuchung der Tempusformen im Rahmen des chronologischen Zeitstufenkonzeptes ist prinzipiell viel zu simpel, um ihr *Funktionspotential* zu erfassen. Wunderlich sieht sich deshalb schließlich auch zu dem Schluß gezwungen, daß es im Deutschen eigentlich nur zwei Tempora gebe, nämlich das *Präsens* und das *Präteritum*, und daß die übrigen Formen nur aus dem Analogiezwang der lateinischen Grammatik als Tempusformen deklariert worden seien. Eigentlich müßten sie als zusammengesetzte Formen ebenso wie das Passiv ganz anders als ‚zeitlich' interpretiert werden[5]. Mit einer solchen Konstruktion hat Wunderlich seinen chronologischen Zeitbegriff zwar als Analysekonzept gerettet, aber für die praktische Funktionsanalyse von Präsens und Präteritum immer noch nicht viel gewonnen. Nötig ist auch dafür ein etwas komplexeres Zeitkonzept, das auch die psychischen Implikationen unserer Zeiterfahrung berücksichtigt und das Zeit nicht nur als lineare,

quantifizierbare Größe auffaßt, sondern als eine *psychische Erlebnisgröße,* die man auch qualitativ charakterisieren muß.
Mit einem solchen Ansatz greift man auf ein kulturgeschichtlich sehr viel früheres und anthropologisch vielleicht sehr viel fundamentaleres Zeitkonzept zurück, das wir uns theoretisch gar nicht mehr so leicht explizit machen können, obwohl es noch wirksam ist. Bei der Rekonstruktion dieses *Zeiterlebniskonzeptes* für die Tempusanalyse geraten wir in einen gewissen Zirkel, weil wir dabei ohne Blick auf die Tempusformen, die ursprünglich Manifestationen eben dieses Zeitkonzeptes waren, nicht auskommen. Wichtig für die Rekonstruktion des Zeiterlebniskonzeptes ist die Tatsache, daß in den indogermanischen Sprachen das *Verb* Träger der Tempusmorpheme ist, was durchaus nicht selbstverständlich ist, da beispielsweise im Somali Zeitindexe mit dem Substantiv verbunden sind und in den malaiischen Sprachen Tempusmorpheme beim Verb ganz fehlen.[6]
Die Verbindung der Tempusmorpheme mit dem Verb legt die Vermutung nahe, daß diese ursprünglich dazu gedient haben, unterschiedliche Erlebnisformen von Prozessen auf subjektive oder objektive Weise voneinander abzugrenzen. Unter diesen Bedingungen ist *Zeit* nicht psychisch präexistent als *eigenständige Größe* und Ordnungsprinzip, sondern konstituiert sich erst als ein *Sekundärphänomen* aus sehr unterschiedlicher Konkretisation und Erlebnisweise von spezifischen Inhalten. Zeit wird faßbar als eine besondere *Zeitgestalt,* die sich entweder als *Phase, Rhythmus* und *Ritual* manifestieren kann oder als *verlaufender, abgeschlossener, aktueller* oder bloß *vorgestellter Prozeß.* Chronologische Gesichtspunkte sind auch für das Zeiterlebniskonzept wichtig, sie spielen aber keine dominierende Rolle, weil sich das Differenzierungsinteresse weniger darauf richtet, ein Erlebnis auf der Zeitachse einzuordnen, als darauf, seine spezifische Existenzweise genau zu charakterisieren.
Nicht ohne Absicht ist bei der Erläuterung des Zeiterlebniskonzeptes der Begriff *Gestalt* verwendet worden, der in der Gestaltpsychologie eine wichtige Rolle spielt.[7] Als Gestalten bezeichnet man dort gegliederte Einheiten, die sich in Wahrnehmungsakten deutlich als geschlossene Gefüge kontrastiv von ihrem Umfeld abheben. Solche Gestalten sind nicht faktisch oder phänomenal einfach vorgegeben, sondern müssen im Wahrnehmungsprozeß von den Subjekten als Gestalten nach empirischen Daten, sozialen Wahrnehmungsmustern und Intentionen erst hergestellt werden. Nach Auffassung der Gestaltpsychologen sind eigentlich alle Wahrnehmungsprozesse

Gestaltbildungsprozesse, weil wir gar nicht atomistisch und additiv wahrnehmen können, sondern nur sinnbildend, d.h. gestaltbildend.
Der Gestaltbegriff ist für die Analyse der Tempusproblematik wichtig, weil er dabei helfen kann, die Tempusformen als Mittel anzusehen, die jeweils lexikalisch bezeichneten Ereignisse zugleich auch als spezifische Erlebnisformen von Zeit bzw. als *Zeiterlebnisgestalten* zu konkretisieren. Bei der Bildung solcher Erlebnisgestalten können chronologische Aspekte eine Rolle spielen, aber auch andere Gesichtspunkte wie psychische Aktualität oder Distanz, unmittelbare oder mittelbare Relevanz für die Sprechsituation, Prozessualität oder Abgeschlossenheit eines Geschehens, Selbständigkeit oder Bezogenheit einer Erlebnisgestalt auf eine andere usw.
Die Verwendung des Zeiterlebniskonzeptes für die Analyse der Tempusformen läßt sich auch *entwicklungsgeschichtlich* rechtfertigen, und zwar sowohl im Hinblick auf die Entwicklungsgeschichte einer Sprache und Kultur (phylogenetisch) als auch im Hinblick auf die Entwicklung der Sprache bei einem einzelnen Kinde (ontogenetisch). So ist beobachtet worden, daß manche Naturvölker das Phänomen *Zeit* sprachlich nur nach der *Aktualität* eines Ereignisses (jetzt) und der *Nicht-Aktualität* (nicht jetzt) differenzieren. Beispielsweise unterscheiden die Schambalasprachen sprachlich nicht klar zwischen der Vergangenheitsstufe und der Zukunftsstufe und nehmen mit denselben sprachlichen Mitteln auf beide Zeitstufen Bezug.[8]
Im Hinblick auf die Kindersprache hat Piaget festgestellt, daß Kinder ihr Zeitkonzept zunächst unmittelbar aus konkreten Erfahrungen ableiten und erst später das chronologische Zeitkonzept der Erwachsenen übernehmen. So sei ihnen beispielsweise das Älterwerden gleichbedeutend mit dem Größerwerden, so daß sie auch kein Problem in der Schlußfolgerung sähen, daß durch schnelleres Wachstum Altersunterschiede wettgemacht werden könnten.[9]

c) Tempus, Aktionalität und Modalität
Wenn man das Tempusproblem mit Hilfe des Zeiterlebniskonzeptes bewältigen will, darf man die Kategorien *Aktionalität* und *Modalität* nicht aus der Betrachtung ausklammern, weil beide helfen, das spezifische Verlaufsprofil und den besonderen Geltungsanspruch von *Erlebnisgestalten* zu präzisieren. Sprachhistorisch ist wohl auch davon auszugehen, daß diejenigen Verbformen, die wir heute als Tempusformen ansprechen, im Indogermanischen wahrscheinlich eher dazu gedient haben,

Aktionalitätsunterschiede zu kennzeichnen als chronologische Unterschiede, was nach den bisherigen Überlegungen auch nicht verwunderlich ist. Insbesondere scheinen sie dazu benutzt worden zu sein, perfektiv bzw. resultativ akzentuierte Prozesse von imperfektiv bzw. durativ akzentuierten abzugrenzen, wobei natürlich auch chronologische Implikationen wirksam sind. Daß die aktionale Differenzierungsfunktion auch heute noch zum Funktionspontential der Tempora gehört, zeigt sich beispielsweise daran, daß wir uns auch mit dem sogenannten Vergangenheitstempus Perfekt durchaus auf die Zeitstufe der Zukunft beziehen können (Morgen hat er das sicher erledigt).

Ebenso wie in Erlebnisgestalten die Zeiterfahrung immer *aktionale* Implikationen hat, so hat sie auch immer *modale* Implikationen, wenn man davon ausgeht, daß die Kategorie der Modalität dazu dient, den unterschiedlichen *Geltungsanspruch* von Äußerungen zu präzisieren. Es ist nämlich offensichtlich, daß Äußerungen, die sich auf die Vergangenheits- oder Gegenwartsstufe beziehen, einen ganz anderen Geltungsanspruch stellen können als solche, die sich auf die Zukunftsstufe beziehen. Da jede Zukunftsaussage notwendigerweise einen Vermutungscharakter hat, ist schwer zu entscheiden, ob ihr ein chronologisch oder modal akzentuierter Sinngehalt zugeordnet werden muß (Karl wird morgen kommen).

Weinrich[10], der die unterschiedlichen Tempusformen als Signale für die unterschiedlichen *Geltungsansprüche* der jeweiligen Äußerungen interpretiert und der die ganze Tempusproblematik weitgehend ohne chronologische Bezüge zu beschreiben versucht, ist deshalb auch ganz konsequent, wenn er den *Modusbegriff* im Bereich des Verbs für unbrauchbar und irreführend erklärt. Er rechnet deswegen auch die traditionell als Modusformen angesehenen Verbformen zu den Tempusformen und beschreibt sie als spezifische Mittel der Reliefgebung in komplexen Äußerungen.

Die Integration der *Modusformen* in das Tempusparadigma erscheint auf den ersten Blick ganz plausibel und konsequent. Gleichwohl ist aber zu bedenken, daß den Tempusformen schwerlich chronologische Implikationen ganz abgesprochen werden können und daß Tempus- und Modusmorpheme nicht nur die Funktion haben, den Geltungsanspruch von Äußerungen zu präzisieren.

Außerdem ist natürlich zu prüfen, ob der Geltungsanspruch einer Aussage aus chronologischen oder aus anderen Gründen relativiert wird. Obwohl das Tempus- und das Modusproblem in vielen Hinsichten mit den gleichen theoretischen Begriffen beschrieben werden kann, ist schwerlich abzustreiten, daß Tempus- und Modusformen ganz unterschiedlichen syntaktischen und kontextualen Gebrauchsbedingungen unterliegen. Da bisher auch von Weinrich nicht nachgewiesen worden ist, daß die Integration der Modusformen in das Tempusparadigma größere Vorteile als Nachteile bringt, wird hier weiter an der traditionellen kategorialen Unterscheidung von *Tempus* und *Modus* festgehalten, ohne allerdings die Augen vor den Überschneidungen beider Kategorien zu verschließen.

d) Tempusformen und Tempussystem

Die Entscheidung, der Analyse der Tempusformen das Zeiterlebniskonzept zugrunde zu legen, impliziert zugleich die Konsequenz, die einzelnen Tempusformen als Mittel zu betrachten, bestimmte *Erfahrungs-* und *Darstellungsstile* zu konkretisieren. Im Hinblick auf den Sprecher kann deshalb der Gebrauch von bestimmten Tempusformen als Indiz für die Anwendung bestimmter *kognitiver Ordnungskonzepte* betrachtet werden und im Hinblick auf den Hörer als ein Signal dafür, eine bestimmte *Rezeptionshaltung* einzunehmen. Die pragmatischen Funktionen der Tempusformen hat man mit sehr unterschiedlichen Ordnungskonzepten zu erfassen versucht, wofür folgende Termini zeugen: Erzählform, Urteilsform, Erlebnisstufe, Erinnerungsstufe, Erwartungsschnitt, Distanzierungsform, Aktualisierungsform, Unmittelbarkeit, Mittelbarkeit, Rückschau, Mitschau, Vorschau, Gespanntheit, Entspanntheit, besprochene Welt, erzählte Welt, Sprechhaltung, Sprechperspektive, Reliefgebung usw.

Bei der Vielfalt und Komplexität dieser Analysebegriffe stellt sich die Frage, ob sich die Tempusformen funktional gesehen überhaupt nach durchgängigen Prinzipien zu einem *geschlossenen Tempussystem* ordnen lassen oder ob man von einem Tempussystem nur dann sprechen kann, wenn man seine Erkenntnisinteressen bewußt auf wenige Gesichtspunkte reduziert. Gegen die Annahme eines systematisch und logisch geschlossenen Tempussystems spricht, daß die Tempusformen historisch gewachsene Gebilde sind, deren Zusammenhang sich nicht befriedigend nach dem Sektormodell und einem durchgängigen Ordnungsprinzip beschreiben läßt. Dennoch gibt es natürlich zwischen den einzelnen Tempusformen klare Oppositionsrelationen, weil sonst die Existenz dieser Formen ja überflüssig wäre. Deshalb kann man bei den Tempusformen zwar nicht von einem System im strengen Sinne sprechen, aber doch von einem System im Sinne eines organisierten *Strukturgefüges*.

Wie problematisch die Annahme eines geschlossenen, durchkonstruierten Systems im Bereich der Tempusformen ist, zeigt sowohl Wunderlichs hoch reflektierte deduktive Tempustheorie als auch Weinrichs sehr viel komplexerer Ansatz, der ebenfalls den Anspruch erhebt, ein geschlossenes Theoriegebäude darzustellen. Zu diesem Zweck teilt Weinrich die Tempusformen in zwei Gruppen ein, deren Mitglieder für ihn jeweils zwei ganz unterschiedliche kognitive und kommunikative Grundstile repräsentieren und damit auch zwei ganz unterschiedliche Bewußtseinswelten, die er *besprochene Welt* und *erzählte Welt* nennt.

Zu den Tempusformen der *besprochenen Welt* rechnet Weinrich das *Präsens* als Grundtempus sowie das *Perfekt*, das *Futur I* und das *Futur II* als relative Tempora, die jeweils Rückschau und Vorschau ermöglichten. Zu den Tempusformen der *erzählten Welt* rechnet er als Grundtempus das *Präteritum* sowie als relative Tempora das *Plusquamperfekt*, das *Konditional I* und das *Konditional II*. Zwischen den besprechenden und den erzählenden Tempora besteht nach Weinrich auf der psychischen Ebene die Opposition von *Gespanntheit* und *Entspanntheit*, insofern durch die ersteren die jeweiligen Aussageinhalte unmittelbar auf die aktuelle Lebenswelt der Kommunikanten bezogen würden, während durch die letzteren die jeweiligen Aussageinhalte nur vorgestellten Welten zugeordnet würden.

Neben der Opposition von besprochener und erzählter Welt, die Weinrich mit Hilfe des Begriffs der Sprechhaltung herausarbeitet, spielt für ihn auch die Opposition von *Aktzeit* und *Textzeit* eine wichtige Rolle, die er mit Hilfe des Begriffs der *Sprechperspektive* thematisiert. Unter Aktzeit versteht er dabei die Zeitebene, auf der das Geschehen abläuft, das sprachlich vermittelt wird, und unter Textzeit die Zeitebene, auf der dieses Geschehen durch den Sprecher sprachlich objektiviert wird. Diese Differenzierung ist für Weinrich wichtig, weil in einer Sprechperspektive, in der laufend auf die Differenz zwischen Aktzeit und Textzeit hingewiesen wird (Perfekt), nicht nur aktionale Unterschiede hervorgehoben werden können, sondern ein Sprecher auch leicht aus der Textzeit urteilend und kommentierend zu Geschehnissen auf der Ebene der Aktzeit Stellung nehmen kann.

Ein drittes wichtiges Analyseinstrument ist für Weinrich der Begriff *Reliefgebung*. Damit faßt er die Funktion von Tempusformen ins Auge, Aussageinhalte nach *Relevanz* abzustufen bzw. nach *Vordergrunds-* und *Hintergrundsinformation* zu differenzieren. Während in anderen europäischen Sprachen dafür bestimmte Tempusformen genutzt werden könnten, werde dazu im Deutschen vor allem die Endstellung des Verbs im Nebensatz benutzt, die auf diese Weise gleichsam als Quasitempusform angesprochen werden könne.

Die strenge Zuordnung der Tempusformen zu unterschiedlichen Tempusgruppen bzw. Tempussystemen hat Weinrich viel Kritik eingebracht, weil sich empirisch kein so stringenter Tempusgebrauch nachweisen ließ, wie ihn seine Theorie eigentlich nahelegt. Das Problem des nicht theoriegemäßen Tempusgebrauchs hat Weinrich allerdings auch gesehen und methodisch elegant gelöst. Mit Verweis auf Quintilian führt er den Begriff der *Tempusmetapher*[11] ein, um die irregulären Gebrauchsweisen von Tempusformen theoretisch zu erklären. Von Tempusmetaphern spricht Weinrich immer dann, wenn in einem erzählenden Text unvermittelt eine besprechende Tempusform auftaucht und in einem besprechenden Text eine erzählende Tempusform.

Solche sprachlichen Irregularitäten haben für Weinrich zwei wichtige pragmatische Funktionen. Auf der formalen Ebene werde dadurch ein *Aufmerksamkeitssignal* gesetzt und auf der inhaltlichen Ebene ein *Syntheseanspruch* gestellt, weil die üblichen Funktionen der irregulär gebrauchten Tempusform in einen nicht erwartbaren Kontext integriert werden müßten. Da Tempusformen bei metaphorischem Gebrauch den normalerweise mit ihnen verbundenen Erwartungshorizont in darauf nicht zugeschnittene Kontexte mitnähmen, könnten sie wichtige *nuancierende* Wirkungen ausüben. Das Sinnpotential der besprechenden Tempora könne auf diese Weise in die Welt der erzählenden Tempora eingebracht werden und umgekehrt, wodurch sich das Gesamtrelief einer Äußerung sehr differenziert strukturieren ließe.

Der von Weinrich neu belebte Begriff der *Tempusmetapher* exemplifiziert ein Grundproblem der Tempusforschung sehr klar. Einerseits wird dadurch deutlich, daß jede theoretische Rekonstruktion eines geschlossenen Tempussystems der Variabilität des alltäglichen Gebrauchs von Tempusformen nicht voll gerecht werden kann, weshalb dann Hilfs- und Zusatztheorien entwickelt werden müssen, die den irregulären Gebrauch erklären. Andererseits wird dadurch deutlich, daß der Tempusgebrauch nur dann als semantisches Strukturierungsmittel wirksam werden kann, wenn die einzelnen Tempusformen ein spezifisches Funktionspotential haben, das sich deutlich von dem anderer abhebt. Wenn sich der Tempusgebrauch immer zwingend aus der Logik chronologischer Relationen ergäbe

oder absolut frei wäre, dann brächte die Frage nach den sinnbildenden Funktionen der Tempusformen nicht viel ein.
Sicher kann man das Paradigma der deutschen Tempusformen nicht streng sektoral oder feldmäßig gliedern, weil sich auf diesem Wege die historisch bedingte *Mehrschichtigkeit* ihrer Funktionen schlecht erfassen läßt. Das schließt aber nicht aus, daß man ihnen bestimmte *Funktionspotentiale* zuordnet, von denen in aktuellen Situationen jeweils unterschiedlicher Gebrauch gemacht werden kann. Diese Funktionspotentiale näher zu beschreiben, soll hier versucht werden.

2. Das Präsens

a) Die Form

Das Präsens ist neben dem Präteritum wohl als die älteste Tempusform anzusehen. Das zeigt sich schon daran, daß beide direkt vom *Verbstamm* abgeleitet werden und nicht wie die übrigen Tempusformen mit zusätzlichen Hilfsverben gebildet werden. Wahrscheinlich sind die Verbformen, die wir heute als Präsensformen ansehen, ursprünglich sogar die *Basisformen* des Verbs schlechthin gewesen, die zunächst noch gar keine spezifischen metakommunikativen Funktionen hatten, weil sie praktisch nichts anderes waren als die *Realisationsweisen* des Verbs in Aussagen. Als Basis- und Standardform des Verbs ist das Präsens auch morphologisch am unauffälligsten, weil es im Gegensatz zu den anderen Verbformen keine spezifischen Formmerkmale entwickelt hat bzw. zu entwickeln brauchte. Heute können die verschiedenen Präsensformen des Verbs direkt aus der Infinitivform abgeleitet werden. Dabei bleibt bei den schwachen Verben der Wurzelvokal in allen Formen identisch. Bei den starken Verben kann er sich in bestimmten Fällen in der 2. und 3. Person Singular ändern, weil diese Formen im Althochdeutschen auf *-ist* bzw. *-it* endeten und dadurch im Wurzelvokal eine Lautänderung bewirkten (helfen – du hilfst, er hilft; fahren – du fährst, er fährt).

b) Die Funktion

Recht einhellig wird in den Grammatiken immer wieder betont, daß das Präsens *nicht* als Tempus für die Zeitstufe *Gegenwart* anzusehen sei. Das verbiete sich schon deswegen, weil mit Gegenwart im strengen Sinne eigentlich kein Zeitraum bezeichnet werden könne, sondern nur die Grenze zwischen Vergangenheit und Zukunft. Eine solche negative Charakterisierung der

Tempusform Präsens hilft allerdings noch nicht sehr viel weiter, da ein Phänomen für unsere Vorstellung erst durch positive Charakteristika Relief gewinnt. Um das Präsens dennoch im Rahmen eines chronologisch orientierten Zeitstufenkonzeptes zu erfassen, hat man versucht, *Aktionalitätsunterschiede* zu berücksichtigen.

So betont Gelhaus[12], daß das Präsens dazu diene, ein Geschehen zu bezeichnen, das zum Sprechzeitpunkt noch nicht abgeschlossen sei. Es werde verwendet, um die *Parallelität* zwischen einem Geschehen und seiner sprachlichen Darstellung hervorzuheben. Diese These von der *Synchronisationsfunktion* des Präsens ist im Hinblick auf durative Verben (wohnen) ganz plausibel, sie wird aber schon im Hinblick auf punktuelle und resultative Verben (blitzen, finden) problematisch, weil dann ein Widerspruch zwischen der lexikalischen Information des Verbs und der grammatischen Information des Tempus entstünde.

Ebenso unbefriedigend ist diese These für die Verwendung des Präsens in zeitstufenneutralen Aussageweisen, in denen nur Strukturverhältnisse dargestellt werden sollen, für die solche Aktionalitätsdifferenzierungen in der Regel sinnlos sind.

1. Hochmut kommt vor dem Fall.

Das Problem der Funktionsbeschreibung des Präsens unter chronologischen Prämissen löst sich auch nicht, wenn wir den Gegenwartsbegriff so uminterpretieren, daß er eine *Zeitspanne* von gewisser Dauer bezeichnet. Das läßt sich rechtfertigen, weil wir ihn im alltäglichen Leben genau in diesem Sinne benutzen. Ebenso wie wir unsere Epochenbegriffe (Antike, Mittelalter, Neuzeit) so konstruieren, als ob die verändernde Zeit in ihnen gleichsam still stünde, so dehnen wir auch unseren Gegenwartsbegriff so aus, daß wir ihn auf alle Erlebnisinhalte anwenden, die sich für uns in *eine Zeiterlebnisgestalt* integrieren lassen und denen wir nicht erinnernd oder erwartend, sondern *miterlebend* gegenüberstehen.

Ein so verstandener Gegenwartsbegriff hat trotz aller chronologischen Implikationen schon eine große Nähe zum Zeiterlebniskonzept, weil die jeweiligen Zeitstufen an *qualitativen Sprüngen* der Ordnung von Sachverhalten abgelesen werden und weil das Zeitproblem von der chronologischen Ebene auf die psychologische verlagert wird. Wenn man auf diese Weise die ursprüngliche Zeiterfahrung aus der psychischen Existenzform von Ereignissen im Bewußtsein ableitet, dann muß man jeder sprachlichen Objektivierung von Ereignissen einen bestimmten Gegenwartscharakter zuordnen, insofern es durch sie zum Vergegenwärtigen von Sachverhalten kommt. Deshalb hat Augustin ja auch die drei Zeitstufen als drei verschiedene Modi des Bewußtseins bezeichnet, als Gegenwart des Vergangenen, des Gegenwärtigen und des Zukünftigen. Die elementare pragmatische Funktion jeder Aussage besteht deshalb auch darin, die psychische Existenzweise von bestimmten Sachverhalten festzustellen.

Aus diesen Überlegungen wird plausibel, daß am Anfang der Evolutionsgeschichte des Formparadigmas des Verbs zunächst eine *Basisform* gestanden haben muß, die nichts anderes signalisiert hat, als die *Realisierung* einer Aussage bzw. als die Aufforderung, sich einen Sachverhalt zu vergegenwärtigen. Alles spricht dafür, daß die Präsensform des Verbs ursprünglich eine solche *prädikative Universalform* war, die keine unmittelbaren chronologischen Implikationen hatte. Noch heute kommt das Präsens in zeitstufenrelevanten und zeitstufenirrelevanten Aussagen vor, noch heute können wir uns mit dem Präsens auf alle Zeitstufen beziehen und es problemlos mit ganz unterschiedlichen Zeitadverbien (gestern, heute, morgen) kombinieren. Das Präsens erzwingt nicht einen bestimmten Zeitstufenbezug, sondern erlaubt unterschiedliche Zeitstufenbezüge. Deshalb ist auch immer wieder die Meinung vertreten worden, daß das Präsens in zeitlicher Hinsicht als eine *merkmallose Formkategorie* zu betrachten sei, als eine Null- oder Basiskategorie, von der sich die anderen Tempusformen als merkmalhaltige Kategorien absetzen.[13]

Obwohl diese Auffassung grundsätzlich akzeptabel ist, so löst sie doch noch nicht alle Probleme bei der Beschreibung des Funktionspotentials des Präsens. *Sprachhistorisch* ist die These von der Zeitstufenneutralität des Präsens sicher richtig, *sprachsystematisch* ist aber nicht zu leugnen, daß das Präsens heute eine Tempusform unter anderen ist, der wohl oder übel auch konkrete Tempusqualitäten zugewachsen sind. Die Wahl des Präsens für eine Äußerung kann heute nämlich in bestimmten Situationen zugleich die ausdrückliche Negation der Verwendungsmöglichkeiten von anderen Tempusformen implizieren, sie muß es aber nicht.

Die logisch unbefriedigende Situation, daß das Präsens ursprünglich nicht zum Tempussystem im engeren Sinne gehört und heute in bestimmten Verwendungsweisen dazugehört und in anderen nicht, läßt sich nicht mit dem *Sektormodell*, sondern nur mit dem *Sproßmodell* plausibel machen. Im folgenden soll versucht werden, das sehr komplexe Funktionspotential des Präsens nach zwei Grundfunktionen zu differenzieren, die als *Aussagefunktion* und als *Vergegenwärtigungsfunktion* bezeichnet werden können.

Die Aussagefunktion
Unter dem Terminus *Aussagefunktion* sollen all die Funktionsmöglichkeiten des Präsens zusammengefaßt werden, die mit der ursprünglichen zeitstufenneutralen Prädikationsfunktion der Standardform des Verbs im Zusammenhang stehen. Das Präsens dokumentiert in dieser Verwendungsweise nur, daß der Sprecher eine normale Prädikation machen will, durch die die logische Struktur eines Sachverhalts sprachlich objektiviert und repräsentiert werden soll, wobei chronologischen Implikationen oder spezifischen Zeiterlebnisweisen keine besondere Aufmerksamkeit geschenkt wird. Solche Aussageweisen ergeben sich immer dann, wenn nicht empirische Sachverhalte, sondern abstrakte logische Korrelationszusammenhänge im Mittelpunkt des Interesses stehen. Interessant ist in diesem Zusammenhang, daß es im Altgeorgischen eine als *Perpetualis* oder *Permansiv* bezeichnete Verbform gibt, die speziell dazu bestimmt ist, zeitlose Wahrheiten auszudrücken oder sich ständig wiederholende Vorgänge.[14]
Im Hinblick auf seine zeitindifferente Aussagefunktion steht das Präsens eigentlich außerhalb des Tempussystems, da es ja ausdrücklich darauf verzichtet, Aussagen metakommunikativ mit bestimmten temporalen Gültigkeitsimplikationen zu versehen, sei es in einem chronologischen oder in einem zeiterlebnismäßigen Sinne. Zum Tempussystem im engeren Sinne ließe sich das Präsens in dieser Funktion nur dann rechnen, wenn wir das Erlebnis der *Zeitindifferenz* als eine besondere Form von *Zeiterlebnis* werten, wofür ja auch einiges spricht.
Seine logische, zeitindifferente Aussagefunktion kann das Präsens voll entfalten, wenn es darum geht, Axiome, logische Relationen, generelle Sätze, Definitionen usw. sprachlich zu objektivieren.

2. Drei mal drei ist neun.
3. Walfische sind Säugetiere.
4. Die Erde dreht sich um die Sonne.

Das Präsens ist deshalb auch die Standardform des Verbs in wissenschaftlichen Abhandlungen, insbesondere in denen der *Strukturwissenschaften* (Logik, Mathematik, theoretische Naturwissenschaften), weil auch hier die jeweiligen Aussagen Allgemeingültigkeit beanspruchen und weder chronologisch noch zeiterlebnismäßig relativiert werden sollen.

Ein etwas anderes Bild ergibt sich in den *historischen* und *verstehend orientierten Wissenschaften,* für die das Phänomen Zeit eine ganz andere Rolle spielt als für die Struktur- oder Gesetzeswissenschaften. Hier geht es nicht nur um logische Strukturen, sondern auch um die plastische Darstellung individueller raum-zeitlicher Fakten. Deshalb ist gerade in den historischen Darstellungen der Wechsel von Präteritum und Präsens ein beliebtes Mittel, um einen *Perspektivwechsel* zu signalisieren. Im Präteritum wird erzählend der individuelle empirische Fall dargestellt, im Präsens werden Schlüsse gezogen und Aussagen formuliert, die zeitenthobene Gültigkeit beanspruchen.

> 5. Indem sie [die Französische Revolution] den Versuch unternahm, ein Vernunftideal zu verwirklichen, konnte sie dieses Ziel nur teilweise und nur eine kurze Zeit lang erreichen, und ihr Werk wurde an manchen Stellen wieder rückgängig gemacht durch Napoleon, an anderen dagegen von ihm in mächtiger Weise gefördert und weitergeführt. So ist die Französische Revolution in ihrem endgültigen und weltgeschichtlichen Ergebnis eine gewaltige Zusammenfassung und Verwirklichung vieler in der Vergangenheit ruhenden Möglichkeiten, und sie ist zugleich eine Weltbewegung von unerhörtem Ausmaß."
> (Franz Schnabel, *Deutsche Geschichte im 19. Jh.*, Bd. 1, Freiburg 1964, S.138)

Wenn diese Textpassage durchgängig im Präteritum abgefaßt wäre, verlöre sie ihr *kommunikatives Relief,* das sich aus dem Tempuswechsel ergibt. Alle Aussagen lägen für den Hörer auf der gleichen Darstellungsebene und damit auch auf der gleichen *Erlebnisebene.* Wenn durchgängig das Präsens verwendet worden wäre, würde nahegelegt, daß es sich um eine rein theoretische *Strukturanalyse* handelt, in der die Opposition von Erzählung und Schlußfolgerung keine Rolle spielt.
Seine atemporale Aussagefunktion kann das Präsens auch in *Tabellen, Chroniken* und *historischen Übersichten* entfalten, wo die chronologischen Bezüge durch kalendarische Daten gesichert werden.

> 6. 14. Juli, die Massen erzwingen die Übergabe der Bastille.

Das Präsens ist auch das Standardtempus für *Sprichwörter,* weil es auch hier um zeitenthobene Strukturaussagen geht und nicht um individuelle Fälle. Auch für die sprachliche Darstellung *habitueller Verhaltensweisen* oder allgemeiner *Handlungsdispositionen* wird auf das Präsens zurückgegriffen. Das gleiche gilt für die Formulierung von *Instruktionen*, da auch diese sich ja auf potentielle Handlungen beziehen, die eine temporale Qualifizierung überflüssig machen.

7. Der Apfel fällt nicht weit vom Stamm.
8. Karl raucht.
9. Max kann schwimmen.
10. Man zerkleinert Nüsse und ...

Natürlich kommen neben dem Präsens in Sentenzen, Sprichwörtern oder Aphorismen auch noch andere Tempusformen vor.

11. Der Tod hat noch keinen vergessen.
12. Wer Wind sät, wird Sturm ernten.

Wenn man in diesen Sentenzen das Präsens benutzte, würde sich zwar ihr begrifflicher Gehalt nicht ändern, aber wohl ihr kommunikatives Relief. Im ersten Fall ginge der Rückblick und der Urteilscharakter in der Sentenz verloren, im letzteren Fall der Voraussagecharakter.

Die Vergegenwärtigungsfunktion

Hinsichtlich seiner *Vergegenwärtigungsfunktion* läßt sich das Präsens sehr viel leichter in das System der Tempusformen integrieren als hinsichtlich seiner neutralen Aussagefunktion, obwohl sich auch hier noch einige Schwierigkeiten ergeben. Bei der Analyse der Vergegenwärtigungsfunktion des Präsens muß man sich zunächst die ganz banale Tatsache vor Augen führen, daß jede sprachliche Objektivation von Sachverhalten immer schon die Funktion einer psychischen Vergegenwärtigung hat. Ein so allgemeiner Begriff von Vergegenwärtigung ist aber relativ unbrauchbar und muß deshalb präzisiert werden, wobei insbesondere auf den *Intensitätsgrad* einer Vergegenwärtigung Bezug genommen werden kann und auf die chronologische Parallelität von Redezeit und Geschehenszeit. Genetisch hängt die Vergegenwärtigungsfunktion des Präsens unmittelbar mit seiner ursprünglichen Aussagefunktion zusammen und läßt sich als deren akzentuierte Intensivstufe verstehen, die sich notwendigerweise herausbilden mußte, nachdem sich die anderen Tempusformen etabliert hatten.

Zunächst sind Aussagefunktion und Vergegenwärtigungsfunktion wohl weitgehend zusammengefallen, weil man ursprünglich wohl nur das geäußert hat, was für die aktuelle Lebenssituation unmittelbar relevant bzw. unmittelbar mit ihr verknüpft war.

Beide Funktionen waren aber spätestens dann voneinander zu unterscheiden, als sich die Sprache so weit entwickelt hatte, daß man sie auch zum Aufbau eigenständiger Vorstellungswelten nutzen konnte, mit denen sich Raum und Zeit überspringen und unterschiedliche Erlebnisformen von Zeit objektivieren ließen. Es ergab sich nun das Bedürfnis, chronologisch *distanzierte,* logisch *abstrakte* und unmittelbar *aktuelle* Vergegenwärtigungsweisen zu unterscheiden. Im Prinzip hätte man für aktuelle Vergegenwärtigungsweisen auch eine spezielle Verbform entwickeln können, man blieb aber bei einer Gebrauchsvariante der gegebenen Präsensform.

Aus diesen Überlegungen ergibt sich, daß die konkrete Funktionsbestimmung einzelner Präsensformen noch stärker als die anderer Tempusformen kontextual abgesichert werden muß. Daraus könnte man nun den Schluß ziehen, daß die der Präsensform jeweils zugeschriebenen Funktionen gar nicht ihr selbst zukommen, sondern der besonderen Konstellation der jeweiligen *Kontextfaktoren*. Diese Argumentation ist zum Teil berechtigt, sie übersieht aber, daß in der Sprache wichtige Funktionen mehrfach abgesichert sind und sich nicht nur von einer sprachlichen Form ableiten lassen, sondern meist von einer spezifischen Konstellation von Formen und Faktoren. Die theoretische Analyse kann deshalb auch nur auf das allgemeine Funktionspotential von Formen eingehen und muß die konkrete Funktionsbestimmung der Textanalyse überlassen.

Die aktuelle Vergegenwärtigungsfunktion des Präsens läßt sich immer dann nutzen, wenn sich das sprachlich objektivierte *Geschehen* und die *Sprechsituation* chronologisch decken oder überlappen. Deswegen bietet sich besonders bei durativen Verben (wohnen, leben) der Präsensgebrauch an, da diese im Gegensatz zu den perfektiven Verben (finden) semantisch eine solche *Parallelisierung* nicht erschweren. Unter diesen Bedingungen signalisiert der Präsensgebrauch, daß Redesituation und Sachvorgang in denselben *Zeiterlebnishorizont* fallen und chronologisch unmittelbar ineinander verschränkt sind. Noch deutlicher tritt die Vergegenwärtigungsfunktion des Präsens und damit auch ihre Parallelisierungsimplikation in den expliziten Sprechakten hervor, in denen der Gebrauch des Präsens in der 1. Person Singular Indikativ absolut verbindlich ist. Als explizite Sprechakte werden solche Äußerungsformen angesehen, in denen diejenigen Handlungen zugleich vollzogen werden, die sprachlich benannt werden.

13. Ich taufe dich auf den Namen X.
14. Ich eröffne die Versammlung.

Wenn man solche Äußerungen in einem anderen Tempus realisierte, dann würden die von ihnen bezeichneten Handlungen nicht zugleich vollzogen, sondern es würde lediglich über sie gesprochen, wodurch sich natürlich ganz andere pragmatische Konsequenzen ergäben.
Bei den bisher geschilderten Fällen hat die Vergegenwärtigungsfunktion des Präsens eine reale *chronologische Grundlage* gehabt. Es gibt nun aber auch Fälle, in denen ein Vorgang nicht tatsächlich synchron mit der Sprechsituation abläuft, sondern vom Sprecher nur so dargestellt wird, um bei dem Hörer eine größere *psychische Anspannung* auszulösen. So etwas ist ohne weiteres möglich, weil unser Bewußtsein so beschaffen ist, daß wir den psychischen Gegenwartspunkt wie mit Hilfe einer Zeitmaschine beliebig auf der chronologischen Zeitachse verschieben können. Das Präsens dient in diesen Fällen dann dazu, ein vergangenes oder zukünftiges Geschehen psychisch so unmittelbar zu vergegenwärtigen, daß es zeiterlebnismäßig in der Haltung der *Mitschau* wahrgenommen wird.
Diese Ausprägung der Vergegenwärtigungsfunktion des Präsens, die sich im Erzählvorgang sehr gut zur *Reliefbildung* einsetzen läßt, ist in der Stilistik unter der Bezeichnung *historisches* oder *szenisches Präsens* bekannt geworden. Im Wechsel mit dem Präteritum dient das Präsens in dieser Ausprägung dann dazu, Phasen unmittelbaren Vergegenwärtigens von Phasen distanzierten Vorstellens abzuheben und den Hörer aus der Distanz des Betrachtens in die Anspannung des *Miterlebens* zu versetzen, ihn gleichsam unmittelbar in die jeweilige Situation zu integrieren.

15. Die Tür öffnete sich langsam, eine bizarr gekleidete Gestalt steht vor ihm und ...

Die psychische Aufhebung der Differenz von Aktzeit und Textzeit bzw. die psychische Auslöschung der Erzählerfunktion durch das vergegenwärtigende Präsens wird in der neueren Literatur zum Teil als Stilmittel so hoch geschätzt, daß ganze Romane im Präsens erzählt werden (Johannes Bobrowski, *Lewins Mühle*). Das Präsens büßt unter diesen Bedingungen allerdings viel von seiner Funktionskraft ein, wenn es nicht in einem direkten Wechsel und Kontrast zu einem anderen Tempus steht.

Verwunderlich ist auch nicht, daß das vergegenwärtigende Präsens das Standardtempus der Lyrik ist. Auch hier soll ja nicht etwas in epischer Distanz und im Bewußtsein von zwei unterschiedlichen Zeitebenen erzählt werden, sondern bestimmte Vorstellungsinhalte sollen sich gleichsam selbst entfalten und eine *geschlossene* Zeiterlebnisgestalt bilden, in die der Hörer unmittelbar integriert ist.

2. Das Präteritum

a) Die Form

Schon an der einfachen Bildungsweise des Präteritums zeigt sich, daß es ebenso wie das Präsens erheblich älter ist als die zusammengesetzten anderen Tempusformen und daß es ebenso wie das Präsens keine besonderen aktionalen Implikationen hat. Entwicklungsgeschichtlich steht es einerseits in einer spezifischen *Opposition* zum Präsens, weil es mit diesem ursprünglich ein Zweier-Paradigma gebildet hat. Daraus hat Weinrich dann ja auch die Konsequenz gezogen, Präsens und Präteritum als *Basistempora* von zwei ganz unterschiedlichen *Tempusgruppen* zu betrachten. Andererseits steht das Präteritum entwicklungsgeschichtlich aber auch in einer spezifischen *Opposition* zum Perfekt, das als eine spezifische Sproßform zum Präteritum betrachtet werden kann.

Morphologisch unterscheidet sich die Bildung des Präteritums bei den starken und schwachen Verben erheblich. Bei den starken Verben wird das Präteritum durch die Veränderung des Wurzelvokals entsprechend der jeweiligen Ablautreihe gebildet (binden – band; laufen – lief). Bei den schwachen Verben wird das Präteritum mit Hilfe des grammatischen Morphems *-t-* bzw. *-te-* gebildet, das zwischen Stamm und Personalendung eingeschoben wird (ich wohn-e, ich wohn-t-e).

b) Die Funktion

Das Funktionspotential des Präteritums läßt sich in Analogie zu dem des Präsens vielleicht nach zwei Grundfunktionen hin aufteilen, der *Distanzierungsfunktion* und der *Erzählfunktion.* Beide Funktionen liegen ebenso wie die Aussagefunktion und die Vergegenwärtigungsfunktion beim Präsens nicht auf der gleichen kategorialen Ebene. Die Distanzierungsfunktion ist die historisch ältere und universalere Funktion und die Erzählfunktion die historisch jüngere, die sich insbesondere in Opposition zu den anderen Tempusformen herausgebildet hat.

Die Distanzierungsfunktion
Wenn man davon ausgeht, daß das Präsens ursprünglich eine chronologisch neutrale Aussageform des Verbs war, der nur im Kontext ihres Gebrauchs eine aktualisierende Vergegenwärtigungsfunktion eigen war, dann wird plausibel, warum bei der Weiterentwicklung der Verbformen zunächst wohl das Bedürfnis entstanden ist, eine Aussageform zu entwickeln, bei der der jeweilige Aussageinhalt nicht so unmittelbar wie beim Präsens mit der jeweiligen Sprechsituation verschränkt wird. Bei der zu entwickelnden Differenzierung von *unmittelbar aktuell* und *mittelbar aktuell* lassen sich dann auch chronologische Gesichtspunkte verwerten. Sie werden aber solange nicht zentral, wie es hauptsächlich um die Differenzierung der *psychischen Distanz* zu den jeweiligen Aussageinhalten geht, also um die Differenzierung von unterschiedlichen *Zeiterlebnisgestalten.*
Akzeptiert man diese genetisch orientierte Argumentation, dann läßt sich die ursprüngliche Grundfunktion des Präteritums als *Distanzierungsfunktion* bestimmen. Das Präteritum dient in Opposition zum Präsens dazu, Aussageinhalte von der unmittelbaren Verschränkung mit der aktuellen Sprech- und Lebenssituation zu lösen bzw. den Hörer dazu aufzufordern, sie in einer gewissen psychischen Distanz zu rezipieren. Diese Distanzierungsfunktion hat auch Weinrich im Auge, wenn er das Präteritum zum *Basistempus* für die *erzählte Welt* erklärt. Eine andere Frage ist allerdings, ob Weinrich mit seiner These recht hat, daß durch das Präsens und Präteritum zwei ganz getrennte psychische Welten repräsentiert würden, die in chronologischer Hinsicht ihre eigenen Uhren hätten. Diese These übersieht, daß Präsens und Präteritum durchaus zur Strukturierung derselben Erlebniswelt verwendet werden können. Beide Tempora lassen sich nämlich durchaus zur *Reliefbildung* in einer Äußerung verwenden, zur Unterscheidung von Hintergrundsinformationen und Vordergrundsinformationen, was für Weinrich eigentlich nur in den Zuständigkeitsbereich der spezifischen Verbstellung im Satz fällt. So gesehen können dann Präsens und Präteritum metakommunikativ unterschiedliche Relevanzgrade von Informationen signalisieren. Das distanzierende Präteritum ist dann als adäquate Aussageform für *Hintergrundsinformationen* anzusehen und das aktualisierende Präsens als adäquate Aussageform für *Vordergrundsinformationen,* wofür als Exempel ja auch das sogenannte *historische* oder *szenische* Präsens angeführt werden kann. Die Relevanzunterschiede können dabei chronologisch bedingt sein, sie müssen es aber nicht.

Auf die Nutzung der Opposition von Präsens und Präteritum zur Reliefbildung in historischen Darstellungen wurde schon hingewiesen. Diese Beobachtungen lassen sich noch dadurch ergänzen, daß das Präteritum in Opposition zum Präsens zuweilen gleichsam die Funktion des *Konjunktivs* übernehmen kann, insofern es dazu benutzt werden kann, *referierte Gedankengänge* von eigenen Gedankengängen abzusetzen. In bezug auf Oskar Spenglers Buch *Untergang des Abendlandes* findet sich bei Golo Mann folgende bezeichnende Passage:

1. „Sein Grundgedanke läßt sich in wenigen Sätzen ausdrücken. Kulturen, behauptete er, entstehen und vergehen wie organische Wesen. Was anderen Kulturen schon geschehen war, das stand nun der europäisch-amerikanischen bevor, der Tod. Vorher waren jedoch noch einige interessante Dinge zu erwarten. Jede Kultur ging, wenn sie dem Ende nahe kam, durch die Phase der ‚Zivilisation': Technisierung, Zusammenballung der Massen in riesigen Städten, Herrschaft des Geldes. Dem entsprach im Politischen die Demokratie: ..."
   (G. Mann: *Deutsche Geschichte des 19. und 20. Jahrhunderts,* Frankfurt 1960, S. 713)

Wenn diese Passage im Konjunktiv formuliert worden wäre, träten die jeweiligen Aussagen als referierte Aussagen sehr viel deutlicher hervor und würden den einheitlichen Darstellungsduktus stören. Beim Gebrauch des Präsens im letzten Teil der Passage würde der Eindruck einer allgemeinen Strukturanalyse entstehen, der Golo Mann zustimmend gegenüberstünde. Der Wechsel von Präsens und Präteritum ermöglicht es demgegenüber, eine einheitliche Darstellungsform beizubehalten und doch zwei Denk- und Informationsebenen deutlich voneinander zu scheiden.
Zur *Reliefbildung* kann auch der Wechsel von Präteritum und Perfekt eingesetzt werden. Dann dient das Präteritum dazu, den kontextbildenden Hintergrund darzustellen, und das Perfekt dazu, das *thematische Problem* zu akzentuieren.

2. Vor zwei Monaten schickten wir Ihnen unsere Schadensersatzforderung, darauf haben Sie nicht reagiert.

Wenn man beim Präteritum von einer Distanzierungsfunktion spricht, dann ist festzuhalten, daß die psychische Distanzierung von einem Geschehen nicht gleichbedeutend ist mit einer Reduktion des Interesses an ihm. Das Gegenteil kann der

Fall sein. Die Loslösung der Aussageinhalte von der aktuellen Lebenssituation ermöglicht es, daß sich das Interesse an ihnen steigern kann, weil sie nun ganz für sich ins Blickfeld geraten. Gerade wenn man eine psychische Distanz zu ihnen hat, kann man sich vom Bann einzelner Momente lösen und sich für einen Sachverhalt als *Ganzen* interessieren. Eine solche mittlere Distanz, die räumlich, zeitlich und psychisch bedingt sein kann, vermag einen Sachverhalt so gegenüber einem Individuum zu verselbständigen, daß er gleichsam zu einem *Dialogpartner* wird. Eine solche mittlere Distanz ist auch notwendig, um an einem Sachverhalt ein ganzheitliches Interesse entwickeln zu können, das sich sowohl von einem unmittelbaren lebenspraktischen Interesse unterscheidet als auch von einem allgemeinen theoretischen Interesse.

Das Präteritum scheint im Deutschen die Aussageform zu sein, mit der wir uns diese mittlere Distanz schaffen können, die Betrachter und Sachverhalt in eine *Dialogsituation* miteinander bringen. Brinkmann[15] bezeichnet das Präteritum deshalb auch als *Tempus der Erinnerung,* das weniger chronologische Bezüge herstelle als eine spezifische Einstellung des Sprechers zu den jeweilig geäußerten Inhalten dokumentiere.

Nach Käte Hamburger verliert das Präteritum in der erzählenden Dichtung, soweit es sich nicht um eine Ich-Erzählung handelt, seinen *Vergangenheitsbezug*, was sich insbesondere darin zeige, daß auch Zukunftsromane im Präteritum abgefaßt würden. In der *fiktionalen Literatur* müsse das Präteritum notwendigerweise seine zeitliche Verweiskraft einbüßen, weil Erzähler und Erzähltes sich nicht auf derselben Zeitachse befänden und die Erzählung ihre eigene Zeit habe. Deshalb sei es auch kein logischer Widerspruch, wenn in der fiktionalen Literatur Zeitadverbiale der Gegenwart oder Zukunft mit dem Präteritum kombiniert würden.

> 3. „Heute durchstreifte er zum letzten Mal die europäische Hafenstadt, denn morgen ging sein Schiff nach Amerika."[16]

Die Beobachtungen Käte Hamburgers zur Auflösung des Zeitstufenbezuges des Präteritums in fiktionaler Literatur sind sicher richtig. Ob allerdings ein so scharfer Schnitt zwischen der Verwendung des Präteritums in fiktionaler und alltäglicher Kommunikation gemacht werden sollte, ist eine andere Frage. Ein solcher Schnitt ist nicht notwendig, wenn wir die Grundfunktion des Präteritums darin sehen, einen Sachverhalt ganzheitlich als *eigenständigen Strukturzusammenhang* darzustellen

und ihn nicht im Raster unmittelbar aktueller Bedürfnisse wahrzunehmen. Bei einer solchen Betrachtungsweise spielen chronologische Bezüge eine untergeordnete Rolle und können je nach den sonstigen Kontextbedingungen ganz oder weitgehend getilgt werden.
Wenn man das Präteritum in dieser Perspektive betrachtet, dann ist auch nicht erstaunlich, daß es in der sogenannten *erlebten Rede* Verwendung findet, in der sich distanziertes Erzählen und szenisches Darstellen auf eine sehr interessante Weise miteinander verschränken. Als erlebte Rede bezeichnet man eine literarische Darstellungsweise, in der der äußeren Form nach ein Erzählerbericht vorzuliegen scheint, da die dritte Person und das Präteritum verwendet werden, in der aber inhaltlich, wie in der direkten Rede, unmittelbar die Gedanken der jeweiligen Person wiedergegeben werden.

4. „Hans mochte seinen Namen nicht leiden, – was war dabei zu tun? Er selbst hieß Hans, und Jimmerthal hieß Erwin, gut, das waren allgemein anerkannte Namen, die niemand befremdeten. Aber ‚Tonio' war etwas Ausländisches und Besonderes."
(Thomas Mann, *Tonio Kröger*)

Obwohl in der erlebten Rede die Bewußtseinsvorgänge der jeweilig ins Auge gefaßten Person direkt versprachlicht werden, bleibt der distanzierende und objektivierende *Erzählduktus* durch das Präteritum voll erhalten, was weder bei der direkten Rede noch bei der indirekten Rede möglich wäre. In der erlebten Rede wird der Hörer unmittelbar zum Nachvollzug von Gedanken angeleitet, ohne dabei seine Distanz als Beobachter aufgeben zu müssen.
Die Distanzierungsfunktion des Präteritums dokumentiert sich auch in der Tatsache, daß bestimmte *metaphorisch* gebrauchte Verben nur im Präsens und Präteritum gebraucht werden können, aber nicht im Perfekt.

5. Der Brunnen drohte zu versiegen.
6. Der Diamant spielte in allen Farben.

Das Merkwürdige bei solchen Äußerungen ist, daß beim Gebrauch des Perfekts sofort die wortwörtliche Bedeutung der Verben durchschlägt, während es beim Gebrauch des Präteritums zu einer ganzheitlichen Betrachtung der ganzen Äußerung kommt, bei der der semantische Gehalt der Verben so interpretiert wird, daß sich ein kohärenter Gesamtsinn ergibt. Der Gebrauch des Präteritums erleichtert es deshalb auch, sich dem Zwang

konventioneller Wortbedeutungen zu entziehen. So ist das Präteritum einerseits ein *Distanzierungssignal,* was den Bezug der jeweiligen Aussageinhalte zur aktuellen Sprechsituation betrifft, aber andererseits auch ein *Aktivierungssignal,* das den Hörer auffordert, den Verstehensprozeß weniger nach *semantischen Konventionen* auszurichten als nach den *Sinnintentionen* der jeweiligen Rede.
Im Perfekt wird eine solche Sinninterpretation erschwert, weil sich durch seine aktionalen Implikationen unser Hauptinteresse auf das Ergebnis eines Geschehens richtet und nicht auf seinen Prozeß. Dadurch wird eine sich verselbständigende Betrachtung des Geschehens weitgehend unterbunden, weil es in erster Linie nicht um Beobachtungen, sondern um Feststellungen, nicht um Vorstellungen, sondern um Urteile geht. Metaphorische Verben wie abstammen, irrlichtern, kielholen oder lustwandeln schließen deshalb einen Gebrauch im Perfekt aus.

Die Erzählfunktion
Wie schon hervorgehoben worden ist, kann die *Erzählfunktion* als eine Subfunktion der Distanzierungsfunktion betrachtet werden, weil sie sich eigentlich aus ihr ergibt, jedenfalls in keiner Oppositionsrelation zu ihr steht. Die Erzählfunktion des Präteritums ist im Verlauf der Ausbildung des Tempussystems aber so wichtig geworden, daß sich eine gesonderte Betrachtung rechtfertigen läßt. Der Begriff Erzählfunktion akzentuiert noch deutlicher als der Begriff Distanzierungsfunktion, daß der Gebrauch des Präteritums unabhängig von allen chronologischen Implikationen immer auch signalisiert, daß der Sprecher eine bestimmte *Handlung* realisieren will, nämlich die des *Erzählens,* die in Opposition zu der des Aussagens, des Feststellens oder des Vorhersagens steht.
Als Erzählform eignet sich das Präteritum aus mehreren Gründen besonders gut. Es bringt die Kommunikanten in eine gewisse psychische Distanz zu den jeweiligen Erzählinhalten, die eine *ganzheitliche* Erfassung erleichtert. Da das Präteritum im Gegensatz zum Perfekt keine spezifischen aktionalen Implikationen hat, kann sich das Interesse ungestört auf den *Verlauf* von Prozessen richten. Das Präteritum eignet sich außerdem genau wie das Präsens besonders gut zum *reihenden* Gebrauch, weil im Gegensatz zum Perfekt die Monotonie der ständigen Wiederholung der Hilfsverben entfällt und weil keine Zweiteilung des Verbkomplexes notwendig ist, die jedem einzelnen Satz einen abgeschlossenen und isolierenden Spannungsbogen gibt.

Allerdings ist zu berücksichtigen, daß im mündlichen Sprachgebrauch, besonders in den süddeutschen Mundarten, auch im Perfekt erzählt werden kann. Das erklärt sich u.a. wohl dadurch, daß schriftlich manifestierte Erzählvorgänge im Prinzip immer eine größere Distanz zu der aktuellen Lebenssituation der Kommunikanten haben als mündliche Erzählvorgänge und daß mündliche Erzählvorgänge meist eine kürzere Spannweite haben als schriftliche.
Wenn man das Präteritum aus der Perspektive seiner Erzählfunktion betrachtet, wird auch verständlich, warum es in bestimmten Situationen seine *chronologischen* Implikationen so leicht verlieren kann. Das Präteritum erleichtert die Konstitution eigener Vorstellungsräume und damit den Aufbau eigener *Erlebnisgestalten*. Es organisiert das Bewußtsein so, daß der Hörer auf eine ganzheitliche Betrachtungsweise eingestimmt wird und das Interesse an partiellen Aussagen verliert.

4. Das Perfekt

a) Die Form
Da das Perfekt eine zusammengesetzte Verbform ist und damit zugleich ein syntaktisches Gebilde aus selbständigen Einheiten, ergeben sich aus seiner Formanalyse schon eine Reihe wichtiger Hinweise auf sein Funktionspotential. Bei der Analyse des Perfekts ist außerdem zu beachten, daß es eine jüngere *Sproßform* im deutschen Tempussystem ist, die sich erst im Althochdeutschen herausgebildet hat und deshalb in eine spezifische Oppositionsrelation zu den schon vorher vorhandenen Tempusformen Präsens und Präteritum geraten ist.
Morphologisch ist es für das Perfekt kennzeichnend, daß in ihm die Präsensformen von *haben* und *sein* mit dem Partizip II kombiniert werden. Um diesen Tatbestand richtig zu beurteilen, muß man sich vergegenwärtigen, daß das Partizip II nicht zur Ausdifferenzierung des Tempussystems entwickelt worden ist, sondern zur Erweiterung des Adjektivbestandes. Das Partizip II war Ergebnis eines Wortartwechsels, bei dem mit Hilfe eines Präfixes ein Verb begrifflich und morphologisch so umstrukturiert worden ist, daß es attributiv und prädikativ als Adjektiv benutzbar wurde. Das war am leichtesten dadurch zu bewerkstelligen, daß man den prozessualen Grundcharakter des Verbs tilgte und das Resultat dieses Prozesses als statische Eigenschaft heraushob. Dieses Resultat konnte dann

als Eigenschaft einem Substantiv direkt attributiv zugeordnet werden oder prädikativ mit Hilfe der Kopula *sein*.

1. Der Junge fällt.
2. Der gefallene Junge.
3. Der Junge ist gefallen (ist ein Gefallener).

Wenn man sich diese Entstehungsgeschichte des Partizips II vor Augen hält, dann wird deutlich, daß der Sinn dieser neuen Sprachform darin besteht, das Interesse vom Verlauf eines Prozesses auf sein Resultat als bleibendes Ergebnis zu lenken. Das bedeutet dann wiederum, daß jede Verbform, die das Partizip II verwendet, automatisch aktional einen *resultativen* oder *perfektiven* Akzent bekommt unabhängig davon, ob das jeweilige Verb perfektiven oder durativen Charakter hat, und unabhängig davon, ob das Partizip mit *sein, haben* oder *werden* kombiniert wird.
Die perfektive oder resultative Komponente, die durch das Partizip II in das Perfekt kommt, hat dazu geführt, daß wir das Perfekt normalerweise als Vergangenheitstempus ansprechen, weil ein vollzogenes Geschehen bzw. ein Geschehen mit Resultaten in der Regel auch ein vergangenes Geschehen in bezug zum Sprechzeitpunkt ist. Der chronologische Vergangenheitsbezug ist aber weniger ein genuines Merkmal der Perfektform selbst als eine Implikation aus der normalen Sprechsituation, in der Sprechzeitpunkt und Betrachtungszeitpunkt zusammenfallen. Mit Hilfe von Zeitadverbien (bald, morgen) läßt sich der Betrachtungszeitpunkt vom Sprechzeitpunkt ablösen und in die Zukunft verlegen. Dann wird der Vergangenheitsbezug des Perfekts in bezug auf den Sprechzeitpunkt aufgehoben, und es tritt nur noch seine perfektive Aktionalität hervor.
Ein gewisser Einfluß auf die Zeitstufenzuordnung des Perfekts ergibt sich nun allerdings auch dadurch, daß das Partizip II mit der Präsensform des Hilfsverbs kombiniert wird. Dadurch wird verdeutlicht, daß ein abgeschlossenes Geschehen allgemeingültig oder vergegenwärtigend auf den *Sprechzeitpunkt* bezogen wird, was der ganzen Äußerung dann wiederum eine besondere Aktualität gibt.
Die Verwendung der Hilfsverben bei der Perfektbildung regelt sich so, daß *haben* benutzt wird bei transitiven Verben, auch wenn diese intransitiv verwendet werden (kochen), bei intransitiven Verben, die aktional durativ akzentuiert sind (schlafen), bei reflexiven Verben, bei Modalverben und bei unpersönlichen Verben. Dagegen wird *sein* zur Perfektbildung bei solchen intransitiven Verben herangezogen, die aktional resultativ

akzentuiert sind (sterben). Bei Verben, die mit beiden Hilfsverben kombinierbar sind, wird *haben* dann benutzt, wenn der Verlauf einer Vollzugsaktion betont werden soll, und *sein,* wenn der Zielpunkt einer Vollzugsaktion hervorgehoben werden soll.

4. Ich habe geschwommen (eine Stunde).
5. Ich bin geschwommen (zur Insel).

Perfekt, Aktiv und Zustandspassiv sind oft schwer zu unterscheiden, weil sie sich morphologisch sehr ähneln. Durch Umformungsoperationen läßt sich die jeweilige Form aber schnell identifizieren. Das Perfekt Aktiv kann leicht in ein Präsens Aktiv umgeformt werden, während das Zustandspassiv sich leicht in ein Vorgangspassiv umformen läßt.

6. Der Wein ist gereift. Der Wein reift.
7. Das Faß ist geöffnet. Das Faß ist geöffnet worden.

Das Perfekt hat sich nach der Herausbildung im Althochdeutschen sehr schnell durchgesetzt. Dafür ist neben seiner spezifischen Funktionalität sicher auch seine einfache Morphologie verantwortlich. Das Perfekt läßt sich nämlich bei den starken Verben sehr viel leichter bilden als das Präteritum, weil man dafür nicht die verschiedenen Ablautreihen beherrschen muß. Wenn auch Kinder das Perfekt früher als das Präteritum benutzen, so hat das neben funktionalen sicher auch morphologische Gründe. Der Siegeszug des Perfekts war im Oberdeutschen sogar so stark, daß es dort schon am Ende des 15. Jh. zu dem sogenannten Präteritumsschwund gekommen ist und daß das Perfekt das Präteritum im mündlichen Sprachgebrauch fast völlig verdrängt hat.[17] Für diesen Präteritumsschwund gibt es neben funktionalen und sprachpsychologischen Gründen vor allem auch morphologische Gründe. Das Perfekt war nicht nur leichter zu bilden als das Präteritum, sondern auch leichter zu identifizieren, weil die Neigung der süddeutschen Mundarten zu Apokope das Präteritum immer wieder verstümmelte. Der Präteritumsschwund in den süddeutschen Mundarten hat auch dazu geführt, daß für das Sprachgefühl des Süddeutschen die Opposition zwischen Präteritum und Perfekt längst nicht so ausgeprägt ist wie für das des Norddeutschen.

b) Die Funktion

Wenn man das Funktionspotential des Perfekts bündig charakterisieren will, eignet sich der Begriff *Urteilsfunktion* wahrscheinlich am besten.[18] Aus statistischen Untersuchungen hat sich ergeben[19], daß das Perfekt in nicht-dialogischer Rede

relativ selten vorkommt (Perfekt 10 %, Präteritum 81 %, Plusquamperfekt 9 %), während es in dialogischer Rede ungefähr die gleiche Frequenz hat wie das Präteritum (Perfekt 47 %, Präteritum 50 %, Plusquamperfekt 3 %). Andere Untersuchungen haben gezeigt, daß das Perfekt besonders häufig in Briefen, Dialogen, Spielregeln und Kommentaren verwendet wird.
Diese statistischen Befunde zeigen, daß das Perfekt seinen genuinen Platz in Dialogsituationen hat bzw. in Situationen, die eine damit verwandte Struktur haben. Solche Situationen sind handlungsmäßig dadurch gekennzeichnet, daß der Sprecher den Inhalten seiner Rede psychisch nicht distanziert und kontemplativ gegenübersteht, sondern in sie verwickelt ist. Er erzählt nicht, sondern stellt fest, behauptet, urteilt, folgert, kritisiert, argumentiert, schüchtert ein usw. Da die Perfektform ein Ereignis als *vollzogen* qualifiziert, ist die Grundvoraussetzung für eine urteilende Verwendung des Perfekts auch sachlich gegeben. Nur bei einem Geschehen, das abgeschlossen ist, kann sich das Interesse von der Betrachtung seines Entfaltungsprozesses auf die Qualifizierung seiner *Auswirkungen* verlagern. Deswegen lädt das Perfekt den Hörer im Gegensatz zum Präteritum auch nicht zum verstehenden Miterleben ein, sondern eher zum beurteilenden Nachvollzug. Obwohl das Perfekt ein Geschehen aktional als *vollzogen* qualifiziert, muß seine reale oder psychische Wirkung keineswegs abgeschlossen sein. Weinrich rechnet deshalb auch das Perfekt zu den Tempora der *besprochenen Welt*, weil das im Perfekt dargestellte Geschehen wirkungsmäßig eng mit der Sprechsituation verschränkt sei.
Als eindrucksvolles Beispiel dafür, daß der Sprecher mit dem Perfekt urteilend zu einem vollzogenen Geschehen Stellung nehmen kann, wird immer wieder die letzte Passage aus Goethes *Werther* zitiert.

8. „Der Alte folgte der Leiche und die Söhne, Albert vermocht's nicht. Man fürchtete für Lottens Leben. Handwerker trugen ihn. Kein Geistlicher hat ihn begleitet."

Der Tempuswechsel im letzten Satz läßt sich in der Tat als ein Perspektivwechsel interpretieren, als ein Wechsel von der erzählenden Vermittlung zu einer urteilenden Stellungnahme. Während der Erzähler beim Gebrauch des Präteritums ganz in seiner Erzählfunktion aufgeht, wird er durch die Verwendung des Perfekts im letzten Satz als urteilende und beurteilende Instanz faßbar. Das Perfekt präzisiert natürlich nicht den Typ der

Urteilshandlung (Anklage, Empörung, Resignation), sondern dokumentiert nur, daß der zuletzt dargestellte Sachverhalt in einer anderen psychischen Disposition geäußert wird als die vorangehenden. Der Hörer wird dadurch auch aufgefordert, eine andere Rezeptionshaltung einzunehmen, sich vom kontemplativ ganzheitlichen Nachvollzug eines Geschehens zu lösen und einem Einzelfaktum punktuelle Aufmerksamkeit zu schenken.

Die urteilende und emphatisch akzentuierte Grundfunktion des Perfekts wird auch durch seine Zweigliedrigkeit unterstützt. Dadurch, daß zwischen Hilfsverb und Partizip II die Objekte eingeschoben werden, wird im Verlauf der Aussage eine *Erwartungsspannung* erzeugt, die erst am Satzende gelöst wird. Da außerdem die Teilung des Verbalkomplexes eine besondere rhythmische Intonation erzwingt, gewinnen die Sätze im Perfekt im Gegensatz zu denen im Präteritum auch einen sehr viel stärker ausgeprägten Selbständigkeitscharakter.

Diese Überlegungen verdeutlichen, daß die Affinität des Perfekts zu Dialogsituationen nicht zufällig ist. In ihnen fällt die Monotonie der Hilfsverbwiederholung nicht so ins Gewicht, weil die Sprecherrolle ständig wechselt. In ihnen wird in der Regel nicht erzählt, sondern mehr oder weniger emphatisch festgestellt und geurteilt. Plausibel ist deshalb auch, daß das Perfekt eine besondere Nähe zu Fragen und Behauptungen sowie zur 1. und 2. grammatischen Person hat.

9. Hast du gemogelt? Atlantis hat es nie gegeben!
10. Ich habe das verstanden. Du hast gelogen!

Im Präteritum würden diese Sätze seltsam gestelzt wirken, weil sie inhaltlich nur in solche Kontexte passen, in denen emphatische Feststellungen angebracht sind, aber nicht in solche, wo Sachverhalte erzählend entfaltet werden.

Da Perfektsätze auf ein vollzogenes Geschehen Bezug nehmen, fordern sie auch immer zu Schlußfolgerungen auf, die wir aus unserem Weltwissen und der jeweiligen Situation abzuleiten haben.

11. Das Rohr ist geplatzt. (Das Wasser muß abgestellt werden.)

Wenn man diese Sätze ins Präteritum setzte, ginge zugleich die Instruktion an den Hörer verloren, auf ihren Inhalt *schlußfolgernd* zu reagieren. Perfekt und Präteritum dokumentieren deshalb nicht nur verschiedene Sprachhandlungen eines Sprechers, sondern erzeugen gleichsam auch ganz unterschiedliche Situationen und Reaktionsdispositionen.

Der emphatische Grundcharakter des Perfekts und seine spezifischen Handlungsimplikationen machen auch verständlich, daß in bestimmten idiomatisch verfestigten metaphorischen Wendungen nur das Perfekt möglich ist und nicht das Präteritum.

12. Er hat an dem Kleinen einen Narren gefressen.
13. Manche Frauen haben nahe am Wasser gebaut.

Wenn die Perfektform auch keinen ganz eindeutigen Zeitstufenbezug zum Sprechzeitpunkt signalisiert, so stellt es wegen seiner aktionalen Implikationen doch einen eindeutigen chronologischen Bezug zum jeweiligen Betrachtungszeitpunkt her. Das Perfekt wird deshalb obligatorisch, wenn in einem Konditionalsatz auf ein Geschehensergebnis Bezug genommen wird, das bedingend auf ein anderes Geschehen eingewirkt hat.

14. Wenn das Kind in den Brunnen gefallen ist, wird er abgedeckt.

5. Das Plusquamperfekt

a) Die Form

Da die Plusquamperfektform ebenso wie die Perfektform ein syntaktisches Gebilde aus selbständigen Einheiten ist, kann auch hier die Formanalyse wichtige Hinweise auf das Funktionspotential dieser Tempusform geben. Aus der Verwendung des Partizip II ergibt sich, daß auch mit dem Plusquamperfekt auf ein vollzogenes Geschehen Bezug genommen wird bzw. der Vollzug eines Geschehens akzentuiert wird. Da aber das Partizip II nicht mit dem Präsens, sondern mit dem Präteritum des jeweiligen Hilfsverbs kombiniert wird, ist wohl davon auszugehen, daß das vollzogene Geschehen nicht unmittelbar auf den Sprechzeitpunkt oder den adverbial präzisierten Betrachtungszeitpunkt vergegenwärtigend bezogen wird wie beim Perfekt. Statt dessen ist damit zu rechnen, daß die Distanzierungsfunktion des Präteritums zur Geltung kommt. Die Kategorien *Vollzug* und *Distanzierung* werden deshalb bei der Funktionsbeschreibung des Plusquamperfekts eine zentrale Rolle spielen. Da außerdem der genuine Vorkommensort des Plusquamperfekts das Satzgefüge ist, ist damit zu rechnen, daß es eine wichtige Rolle bei der Herstellung von Vorzeitigkeits- und Nachzeitigkeitsrelationen spielt.

b) Die Funktion

In der Regel findet sich das Plusquamperfekt in einer Kombinationsgemeinschaft mit dem Präteritum. Ähnlich wie das Perfekt in der Kombination mit dem Präsens dient es dazu, ein aktional als *vollzogen* gekennzeichnetes Geschehen auf ein chronologisch darauf folgendes Geschehen zu beziehen.

1. Er verschwand, nachdem er den Mord begangen hatte.
2. Sie hatten die Arbeit beendet, bevor er kam.

Die aktionale und chronologische Relation zwischen Präsensaussage und Perfektaussage einerseits und der Präteritumsaussage und Plusquamperfektaussage andererseits ist besonders in Relativsatzgefügen sehr ähnlich, sie ist aber nicht identisch. Die Relation Präsensaussage – Perfektaussage ist in allen Konjunktionalgefügen durch eine starke konditionale Komponente geprägt, weil ja reale oder potentielle aktionale Strukturverhältnisse ins Auge gefaßt werden. Dagegen treten bei der Relation Präteritumaussage – Plusquamperfektaussage die konditionalen Implikationen ganz zurück. Aus der erzählerischen Distanz wird hier ein Korrelationszusammenhang aktional und chronologisch präzise darzustellen versucht.

Von hier aus wird auch verständlich, warum das Plusquamperfekt am häufigsten in Relativsätzen und temporalen Nebensätzen vorkommt. Es dient hier dazu, Sachverhalte nachzutragen, die chronologisch vor dem im Hauptsatz thematisierten Geschehen liegen, die aber im Erzählvorgang erst dann herausgestellt werden, wenn ihre Konsequenzen und Implikationen unmittelbar aktuell werden. Das Plusquamperfekt sorgt dafür, Aussagegefügen ein aktionales, chronologisches und kausales Relief zu geben. Im Erzählvorgang wird das im Präteritum formuliert, was im thematischen Zentrum des Interesses steht, im Plusquamperfekt das, was die *Entstehungsgeschichte* der jeweiligen Sachverhalte betrifft, um die es primär geht. Das Plusquamperfekt hat deshalb auch eine ökonomisierende und strukturierende Funktion, weil es von dem Zwang befreit, alles in streng chronologischer Reihenfolge zu erzählen. Ebenso wie das Perfekt auf der präsentischen Aussageebene Geschehnisse auf Ergebnisse hin zusammenrafft und dann in Beziehung zu den thematisierten Ereignissen setzt, so macht es das Plusquamperfekt auf der präteritalen Erzählebene.

Diese resultativ akzentuierte *Raffunktion* ist wohl auch dafür verantwortlich, daß das Plusquamperfekt in selbständigen Sätzen vorkommen kann. In diesem Fall wird die präteritale Erzählebene grundsätzlich beibehalten, aber einzelne Geschehnisse werden zusammengerafft, die Voraussetzungscharakter für ein Folgegeschehen haben. Ein gutes Beispiel für diese Verwendungsweise des Plusquamperfekts bietet der Anfang von Goethes *Wahlverwandtschaften*. Obwohl das Plusquamperfekt hier formal selbständig auftritt, wird aus dem Kontext deutlich, daß eigentlich nur Hintergrundinformationen für eine Hauptinformation zusammengerafft werden.

3. „Eduard – so nennen wir einen reichen Baron im besten Mannesalter – Eduard hatte in seiner Baumschule die schönste Stunde eines Aprilnachmittags zugebracht, um frisch erhaltene Pfropfreiser auf junge Stämme zu bringen. Sein Geschäft war eben vollendet; er legte die Gerätschaften in das Futteral zusammen und betrachtete seine Arbeit mit Vergnügen, als der Gärtner ..."

Da die *Raffunktion* des Plusquamperfekts wesentlich durch die Verwendung des Partizip II bedingt ist, kommt sie natürlich auch dem Perfekt zu. Aber da im Perfekt die Raffung zugleich mit einer verselbständigenden Urteilsfunktion und nicht mit einer relationierenden *Erzählfunktion* verbunden ist, kommen selbständige Perfektsätze natürlich sehr viel häufiger vor.
Oft wird in Grammatiken das Plusquamperfekt als ‚Vorvergangenheit' bezeichnet. Dieser ‚sprechende' Name trifft eine Reihe von Verwendungsweisen, er ist aber unbefriedigend, weil er die chronologischen Charakteristika absolut setzt und dabei die aktionalen übersieht. Es gibt nämlich Verwendungsweisen, wo das Plusquamperfekt nur dazu dient, ein Geschehen raffend auf eine präteritale Erzählebene zu beziehen.

4. Er irrte durch den Park, bis sich seine Wut gelegt hatte.

6. Das Futur I

a) Die Form
Das Verbalgefüge *werden + Infinitiv* hat sich seit dem Frühneuhochdeutschen als syntaktische Kombination so stabilisiert, daß es heute durchweg als eine feste und eigenständige Form angesehen wird, die als Futur I in das Tempussystem eingeordnet wird. Das ist allerdings nicht immer so gewesen. Noch im Mittelhochdeutschen war diese Kombination ebenso frei wie heute noch die morphologisch ganz ähnliche Kombination von Modalverben mit dem Infinitiv. Zukunftsbezogene Aussagen

wurden im Mittelhochdeutschen mit je unterschiedlicher Akzentsetzung durch die Kombination des Infinitivs mit den Modalverben *soln, wellen* und *müezen* formuliert und kaum mit Hilfe des Verbs *werden.*
Bemerkenswert ist an diesem Tatbestand, daß ursprünglich offenbar kein Interesse daran bestanden hat, eine Verbform zu entwickeln, die dazu bestimmt war, zukünftige Ereignisse in rein chronologischer Perspektive darzustellen und zu ordnen, sondern daß ein sehr viel ausgeprägteres Bedürfnis vorhanden war, zukünftige Ereignisse in unterschiedlichen *modalen Perspektiven* sprachlich zu objektivieren. Das ist gar nicht so erstaunlich, wenn man bedenkt, daß jeder Zukunftsbezug vielfältige modale Implikationen haben kann, die natürlich um so stärker hervortreten, je weniger man sich die Zeit als völlig unabhängig dahinfließenden Zeitstrom vorstellt.
So gesehen ist das heutige Futur I nicht nur als Sproßform zum relativ undifferenzierten Präsens zu betrachten, sondern auch als eine spezifische Alternative zu den schon existierenden Möglichkeiten, über die Kombination von Modalverb + Infinitiv Zukunftsbezüge herzustellen. Daß das Verb *werden* für das Futur I verwendet wurde, ist nicht erstaunlich, da es durch seine Semantik schon einen Zukunftsbezug hat, denn mit diesem Verb wird ja ein Prozeß bezeichnet, der in die Zukunft reicht und aktional noch nicht als abgeschlossen betrachtet wird. Dieser Zukunftsbezug ist allerdings eher eine Implikation der Semantik von *werden* als ein genuines Merkmal.
Für die Entstehungsgeschichte des Futur I ist bemerkenswert, daß im Althochdeutschen zunächst zwei unterschiedliche Werden-Gefüge entstanden sind, nämlich die Fügung *werden + Partizip I* und die Fügung *werden + Infinitiv.* Beide Formen haben eine Weile nebeneinander existiert, bis am Ende der mittelhochdeutschen Periode das Gefüge *werden + Partizip I* in der Hochsprache ausgestorben ist und sich nur noch in den Mundarten erhalten hat.[20] Beide Formen haben durchaus unterschiedliche Funktionen ausgeübt. Während die Fügung mit dem Partizip I offenbar dazu gedient hat, das Eintreten eines Zustandes zu bezeichnen (sehend werden), scheint die Fügung mit dem Infinitiv eher dazu gedient zu haben, der Erwartung des Sprechers Ausdruck zu geben, daß der von dem Infinitiv benannte Prozeß Realität wird (er wird kommen.).
Warum das Gefüge *werden + Partizip I* zu Beginn des Neuhochdeutschen ausgestorben ist, läßt sich kaum auf einen Nenner

bringen. Einerseits wird das Bemühen der normativen Grammatiker eine Rolle gespielt haben, nach dem Vorbild der lateinischen Grammatik eine Symmetrie im deutschen Tempussystem herzustellen. Andererseits war es sicher von Bedeutung, daß diese Fügung mit ihrer besonderen aktionalen Akzentsetzung zwar bei den durativen Verben (sehen) problemlos war, aber keineswegs bei den perfektiven (treffen). Daß sich die Fügung *werden+Infinitiv* im Neuhochdeutschen als feste Verbalform und Tempusform durchgesetzt hat und als Standardmittel die Fügungen mit den Modalverben verdrängt hat, um den Zukunftsbezug von Aussagen zu signalisieren, hängt wohl auch damit zusammen, daß sich das Zeitgefühl und das Zeitverständnis inzwischen so verändert hatten, daß die chronologischen Komponenten immer bedeutsamer geworden sind. Daraus ist dann wohl das Bedürfnis entstanden, eine Aussageform zu entwickeln, die einen Zukunftsbezug signalisieren konnte, ohne dabei die modalen Komponenten des *Wollens, Sollens, Müssens* so stark ins Spiel bringen zu müssen. Daß auch bei der Fügung *werden+Infinitiv* sich der chronologische Zukunftsbezug mit der modalen Komponente des *Vermutens* verquickte, ergibt sich dabei aus der Natur der Sache.

b) Die Funktion

Die chronologischen, aktionalen und modalen Einfärbungen des Futur I machen es schwer, sein Funktionspotential bündig auf den Begriff zu bringen. Um die ganze Funktionsbreite des Futur I zusammenfassend zu charakterisieren, hat Glinz die Kennzeichnung *ausstehend* vorgeschlagen.[21] Das Gemeinsame aller Verwendungsweisen dieser Form bestehe darin, daß die Gültigkeit der jeweiligen Aussage inhaltlich noch nicht gesichert sei. Entweder stehe die tatsächliche Erfüllung noch aus, dann beziehe sich die Aussage chronologisch auf die Zeitstufe der Zukunft, oder es stehe noch die Bestätigung für die Erfüllung aus, dann beziehe sie sich auf die Zeitstufe der Gegenwart und dokumentiere eine Vermutung des Sprechers.

1. Er wird die Angelegenheit regeln.

Der Terminus *ausstehend* ist in der Ambivalenz seiner chronologischen und modalen Andeutungsmöglichkeiten sicher ganz brauchbar, um die pragmatische Funktion des Futur I global zu kennzeichnen. Seine Grenze hat er darin, daß durch ihn das Hauptinteresse auf die objektiven Zeitstufen und Wahrnehmungsbedingungen des Sprechers zum Sprechzeitpunkt gelenkt wird und der Strukturierungswille des Sprechers dabei etwas

aus dem Blickfeld gerät. Folgt man der letzten Perspektive, dann ist die Wahl des Futur I weniger als eine Reaktion des Sprechers auf die realen Bedingungen der Redesituation zu betrachten, sondern eher als ein Indiz für die psychische Verfaßtheit des Sprechers bzw. als ein Indiz für seine spezifische Absicht, die jeweiligen Aussageinhalte aus seinem Erlebnishorizont metakommunikativ zu kommentieren.
Einen solchen Versuch, neben den chronologischen Bedingungen auch den Gestaltungswillen des Sprechers und sein besonderes Zeiterlebnis in die Analyse des Futur I einzubeziehen, hat Brinkmann gemacht.[22] Das Futur diene primär nicht dazu, einen realen Zukunftsbezug für eine Ausage herzustellen, weil dafür Zeitadverbiale sehr viel geeigneter seien, sondern diene vor allem dazu, zwischen dem *Jetzt* und dem *Dann* einen *Erwartungsschnitt* zu legen, der dokumentiere, daß der Sprecher den jeweiligen Aussagen in der Haltung der *Erwartung* gegenüberstehe, die entweder mehr chronologisch oder mehr modal getönt sein könne. Wenn man diesen Ansatz weiter entfaltet, ergibt sich, daß das Futur I die adäquate sprachliche Objektivierungsform ist, um der Spannung zwischen dem Gegenwärtigen und dem Zukünftigen oder Möglichen Ausdruck zu geben bzw. um das Zukünftige und Mögliche mit der aktuellen Redesituation zu konfrontieren. Der Sprecher springt mit dem Futur I bewußtseinsmäßig nicht in eine andere Welt, sondern repräsentiert sich zukünftige oder mögliche Vorstellungsinhalte in der gegenwärtigen Welt. Gemeinsam ist allen Aussagen im Futur I dann, daß sie aus chronologischen, wahrnehmungsmäßigen oder wissensmäßigen Gründen nicht direkt verifizierbar sind und deshalb alle unter einem Bestätigungsdruck stehen.
Die Faktoren, die auf das spezifische Funktionsprofil einer Futurform und ihre jeweiligen chronologischen und modalen Implikationen Einfluß nehmen, sind sehr unterschiedlich, wobei insbesondere die Aktionsart des Verbs und die grammatische Person wichtig werden. Die Kombination eines aktional perfektiven Verbs mit *werden* gibt dem Futur I normalerweise einen Zukunftsbezug und der ganzen Äußerung den Charakter des Sprechakts der *Voraussage*.

2. Ich werde die Rechnung bezahlen.
3. Du wirst die Rechnung bezahlen.
4. Er wird die Rechnung bezahlen.

In Satz 2 tritt der Zukunftsbezug der Aussage am deutlichsten hervor, weil der Sprecher hier eine Aussage über sein eigenes

Handeln macht. Der Handlungsakt der Voraussage präzisiert sich dadurch zum Handlungsakt des Versprechens. Im Satz 3 ist der Zukunftsbezug ebenfalls klar. Unklar bleibt aber beim isolierten Satz, ob die Aussage handlungsmäßig als Vorhersage oder Befehl zu werten ist. Um das zu entscheiden, müssen das Autoritätsgefälle zwischen Sprecher und Hörer und die Situation befragt werden. Im Satz 4 liegt wohl die neutralste Form des Zukunftsbezuges und der Voraussagehandlung vor. Durch Zeit- und Modaladverbiale kann sie in die eine oder die andere Richtung abgetönt werden.
Während bei perfektiven Verben das Futur I in der Regel einen ausgeprägt chronologischen Zukunftsbezug hat, weil das Ergebnis der vom Verb benannten Handlung ja noch aussteht, ergibt sich ein etwas anderes Bild bei durativen Verben, die ja Ereignisse benennen, die nicht auf ein bestimmtes Ergebnis zusteuern.

5. Ich werde arbeiten.
6. Du wirst arbeiten.
7. Er wird arbeiten.

Im Satz 5 und 6 ergibt sich wieder ein eindeutiger Zukunftsbezug aus der spezifischen Konstellation von Sprechern und Angesprochenen, wobei die Voraussagefunktion im Satz 5 durch den Sprechakt des Versprechens präzisiert sein kann und im Satz 6 durch den des Befehls. In beiden Fällen ist das Geschehen jedenfalls zum Sprechzeitpunkt noch nicht begonnen worden. Im Satz 7 ist dagegen aus der Aussage selbst noch nicht zu entnehmen, ob eine Vermutung über ein Gegenwartsereignis außerhalb des Wahrnehmungsraums des Sprechers angestellt wird oder ob eine Voraussage über ein zukünftiges Geschehen gemacht wird. Eine Präzisierung kann aber leicht über Zeit- und Raumadverbiale hergestellt werden.
Noch stärker als bei durativen Verben, die Vorgänge benennen, vermindern sich die chronologischen Implikationen des Futur I zugunsten von modalen Implikationen bei durativen Verben, die Zustände bezeichnen (wissen, krank sein). In allen 3 grammatischen Personen tritt hier die Vorhersagefunktion zugunsten der Vermutungsfunktion zurück.
Typisch für das Futur I ist es, daß der Sprecher auf einer gleitenden Intensitätsskala Hypothesen äußern kann, die von der Vermutung bis zur Vorhersage reichen können bzw. sprechaktmäßig vom Versprechen bis zum Befehl. Die chronologischen Bezüge des Futur I sind dabei nicht grundlegend, sondern ergeben sich mehr oder weniger eindeutig aus der Konstellation der sonstigen semantischen, grammatischen und situationalen

Faktoren. Ob eine Futurform eher voraussagende oder eher vermutende Funktion hat, hängt neben der Aktionsart des Verbs, der grammatischen Person und den jeweiligen Adverbialen natürlich auch von der Kompetenz des Sprechers ab, bestimmte Feststellungen überhaupt machen zu können. Der folgende Satz hat deshalb auch einen ganz anderen Sinn, je nach dem ob er von einem Regierungschef oder einem Stammtischbruder geäußert wird.

8. Die Regierung wird sich dem Ultimatum nicht beugen.

Zum Schluß bedarf es noch einer vergleichenden Funktionsbeschreibung von Futur I und Präsens, deren Anwendungsmöglichkeiten sich in bestimmten Hinsichten überlappen und in anderen Hinsichten deutlich unterscheiden. Beide Tempora können in chronologischer Hinsicht sowohl auf die Zeitstufe der Gegenwart wie auf die der Zukunft bezogen werden. Sofern wir kein Interesse für die semantische Feinstruktur von Aussagen und ihre metakommunikativen Implikationen aufbringen, lassen sie sich sogar oft gegeneinander austauschen, wenn die chronologischen Bezüge durch andere Faktoren hinreichend klar gemacht werden.

Während wir mit dem Präsens gleichsam auf die Zeitstufe der Zukunft springen können und uns dann alle Sachverhalte psychisch so vergegenwärtigen, als nähmen wir sie synchron mit ihrer sprachlichen Vermittlung wahr, erzeugt das Futur I beim Zukunftsbezug immer ein spezifisches Begleitbewußtsein, das dadurch gekennzeichnet ist, daß uns psychisch die Differenz zwischen Sprechzeitpunkt (Textzeit) und Geltungsbezug der Aussage (Aktzeit) immer bewußt bleibt. Beim Gebrauch des Präsens befinden wir uns mitten in der Situation, die wir uns sprachlich vergegenwärtigen, während wir uns beim Gebrauch des Futur I vorausschauend eine Situation von einer anderen Situation her vergegenwärtigen. Mit dem Futur ist also im Gegensatz zum Präsens immer ein *Erwartungsschnitt* verbunden.

9. Morgen beginnt der Prozeß.
10. Morgen wird der Prozeß beginnen.

Die Aussage im Futur I hat schon von sich aus deutlich Sprechaktimplikationen (Vorhersage, Versicherung, Versprechen, Befehl), bei der Präsensaussage müssen solche Implikationen durch zusätzliche Mittel erzeugt werden (Intonation, Wortwahl, Mimik).

Ein vermutendes Futur I muß bei der Transformation ins Präsens notwendigerweise mit Modaladverbialen verbunden werden oder mit performativen Formeln, wenn der gleiche pragmatische Effekt erzielt werden soll.

11. Er wird sich ärgern, wenn er das hört.
12. Er ärgert sich vermutlich, wenn er das hört.
13. Ich vermute, daß er sich ärgert, wenn er das hört.

Präsens und Futur sind nicht gegeneinander austauschbar, wenn durch das Präsens die chronologische Parallelität von Sprechvorgang und Aussageinhalt hervorgehoben werden soll.

14. Ich male (gerade) ein Bild.

Da das Futur durch seine Zweigliedrigkeit ähnlich wie das Perfekt rhythmisch klarer hervortritt als das Präsens und das Präteritum, eignet es sich auch nicht gut zum reihenden Gebrauch. Es eignet sich aber vorzüglich dazu, in präsentischen Kontexten einzelne Aussagen hervorzuheben und komplexen Äußerungen dadurch ein spezifisches Relief zu geben.

7. Das Futur II

a) Die Form
Als Futur II wird traditionell das Verbgefüge *werden + Partizip II + haben/sein* bezeichnet. Es ist eine jüngere Sproßform im deutschen Tempussystem, die insbesondere in solchen Satzgefügen Verwendung findet, in denen unterschiedliche Vorgänge oder Tatbestände unter chronologischen, modalen oder aktionalen Gesichtspunkten aufeinander bezogen werden. Morphologisch ist für das Futur II kennzeichnend, daß in ihm das Partizip II genutzt wird. Dadurch wird signalisiert, daß auf ein Geschehen oder Sein im Hinblick auf seine jeweilige Vollendungsstufe Bezug genommen wird. Morphologisch und funktional hat deshalb das Futur II auch eine besondere Nähe zum Plusquamperfekt und besonders zum Perfekt. In einer Reihe von Fällen kann das Futur II durchaus vom Perfekt ersetzt werden, ohne daß die logische Struktur des jeweiligen Sachverhalts durcheinander gerät. Allerdings ergibt sich durch die morphologische Verwandtschaft zwischen Futur II und Perfekt auch wieder eine spezifische Oppositionsrelation zwischen beiden Formen, die ja als eigenständige Formen nur lebendig bleiben können, wenn sie auch unterschiedliche Funktionen haben.
Die besonderen aktionalen Charakteristika des Futur II, die aus der Verwendung des Partizip II resultieren, werden durch die chronologischen, modalen und aktionalen Charakteristika

ergänzt, die sich aus der Verwendung des Verbs *werden* ergeben. Die semantische Komplexität von *werden* ermöglicht es dem Futur II, in unterschiedlichen Kontexten unterschiedliche Funktionen zu realisieren.

b) Die Funktion

Ebenso wie beim Futur I ist es auch beim Futur II kaum möglich, ein in sich konsistentes Funktionsprofil herauszuarbeiten, da es sehr unterschiedliche Verwendungsmöglichkeiten hat. Je nach Kontextbedingungen und Kombination mit Zeitadverbialen kann es sich auf ganz unterschiedliche Zeitstufen beziehen. Je nach Kontextbedingungen und grammatischer Person kann es dazu beitragen, den Sprechakt der Voraussage, der Vermutung oder des Befehls zu vollziehen.

1. Ich werde morgen die Arbeit beendet haben.
2. Du wirst das in einer Stunde geregelt haben.
3. Er wird die Nachricht gestern bekommen haben.

Typisch für alle Verwendungsweisen des Futur II ist es, daß auf die *Vollendungsstufe* eines Geschehens oder Seins Bezug genommen wird und daß alle mit seiner Hilfe realisierten Aussagen ähnlich wie beim Futur I einen hypothetischen Charakter haben, sei es, weil das Ereignis faktisch noch nicht eingetreten ist, sei es, weil man noch kein genaues Wissen von dem vermuteten Ereignis hat.

Im Vergleich zu dem hypothetischen Sprechen im Futur I ist aber ein wichtiger Unterschied zu beachten. Da in der Vorausschau oder Rückschau mit dem Futur II auf ein abgeschlossenes Geschehen Bezug genommen wird, gilt die Hypothese weniger dem Geschehen als solchem als dem *Abschluß* bzw. dem *Ergebnis* des Geschehens. Diese intentionale Ausrichtung des Futur II bedingt, daß es im Gegensatz zum Futur I immer einen festen chronologischen Punkt oder ein anderes Ereignis braucht, im Hinblick worauf das ins Auge gefaßte Geschehen abgeschlossen ist bzw. als abgeschlossen gedacht werden kann. Dieser chronologische Bezug muß explizit über ein Zeitadverbial bzw. ein anderes Ereignis gesetzt werden oder sich hilfsweise aus dem Kontext ergeben.

In dieser Betrachtungsperspektive kann man die chronologische *Korrelationsfunktion* als eine elementare Basisfunktion im Funktionspotential des Futur II ansehen. Das Futur II kann natürlich nicht allein eine solche chronologische Korrelation realisieren, es spielt aber eine wichtige Rolle dabei. Diese Korrelationsfunktion tritt besonders deutlich in Satzgefügen hervor oder im Kontext von expliziten Zeitadverbialen. Aus ihr ist auch die These abgeleitet worden, daß das Futur II ein *relatives Tempus* sei, dessen Hauptaufgabe nicht darin bestehe, ein Geschehen einer absoluten Zeitstufe zuzuordnen, sondern darin, es relativ auf ein anderes Geschehen oder einen spezifischen Zeitpunkt zu beziehen.

4. Ich werde das Problem morgen gelöst haben.
5. Du wirst nach der Lektüre des Briefes alles verstanden haben.
6. Er wird die Angelegenheit geregelt haben, wenn ich abfahre.

Die Korrelationskraft des Futur II, die im wesentlichen auf seine aktionalen Implikationen zurückgeht, ist zwar grundlegend für das Funktionspotential des Futur II, aber nicht spezifisch. Diese Funktion kann nämlich auch durch das Perfekt wahrgenommen werden, welches das Futur II voll ersetzen kann, wenn man sein Augenmerk nur auf diesen Problemzusammenhang richtet. Wenn man allerdings sein Interesse auch auf die modalen Funktionsimplikationen richtet, dann zeigt sich sehr schnell, daß das Futur II nicht durch das Perfekt ersetzbar ist.

Im Perfekt bekommen die jeweiligen Aussagen handlungsmäßig den Charakter von urteilenden Behauptungen, während sie im Futur II sehr viel stärker den Charakter von vorausschauenden Hypothesen haben, die nicht kontrastierend, sondern hoffend oder vermutend geäußert werden. Der von Brinkmann für die Funktion des Futur I postulierte *Erwartungsschnitt* bestimmt auch das Funktionspotential des Futur II. Die jeweiligen *chronologischen* und *aktionalen* Korrelationen werden nicht urteilend gesetzt, sondern als wahrscheinlich vorausgesehen. Hinsichtlich seiner Vermutungsfunktion kann das Futur II durch das Futur I ersetzt werden, aber nicht hinsichtlich seiner aktionalen Korrelationsfunktion. Hinsichtlich seiner aktionalen Korrelationsfunktion kann das Futur II durch das Perfekt ersetzt werden, aber nicht hinsichtlich seiner Vermutungsfunktion. Will man das Futur II auch in dieser Funktion ersetzen, muß zusätzlich ein modales Adverbial in die Aussage integriert werden (vermutlich, wahrscheinlich). Am deutlichsten kommt der mit dem Futur II verbundene Sprechakt des Vermutens in der 3. Person zum Ausdruck, während er aus naheliegenden Gründen in der 1. Person leicht in den Sprechakt des Versprechens und in der 2. Person in den Sprechakt des Befehlens übergehen kann.

II. DIDAKTISCHE ÜBERLEGUNGEN

Die didaktischen Überlegungen zum Thema *Tempus* werden sich auf zwei Problemzusammenhänge konzentrieren. Zum einen soll nach den zentralen Kategorien und Gesichtspunkten gefragt werden, denen bei der Behandlung der Tempusproblematik Schlüssel- und Ordnungsfunktionen zukommen. Zum anderen soll auf die wichtigsten Bedingungsfaktoren aufmerksam gemacht werden, die bei der Planung von Unterrichtsstunden zu diesem Thema zu berücksichtigen sind.

1. Der Zeitbegriff

Unerläßlich für die hier verfolgten Zielsetzungen ist die Problematisierung und Entfaltung der Kategorie *Zeit* im Zusammenhang mit der Behandlung der Tempusproblematik. Wenn im Unterricht keine Überlegungen zum Phänomen Zeit angestellt werden, dann kann auch nicht verdeutlicht werden, daß die Tempusformen spezifische *Aneignungs-* und *Differenzierungsformen* von Zeit darstellen und daß die chronologisch-astronomisch orientierte Zeitaneignungsform, an die wir uns heute gewöhnt haben, keineswegs als die einzig mögliche Aneignungsform von Zeit zu betrachten ist.
Mit 12jährigen Schülern Reflexionen über das Phänomen Zeit anzustellen, erscheint auf den ersten Blick eine überzogene Forderung zu sein, da sich Philosophen und Physiker ersten Ranges von Aristoteles über Augustin, Newton, Kant, Einstein bis zu Heidegger an diesem Phänomen abgemüht haben, ohne dieses vieldimensionale Mirakel abschließend definitorisch ‚erledigen' zu können. Aber gerade weil das Phänomen Zeit nicht definitorisch ‚erledigt' werden kann und dennoch zentrale Bedeutsamkeit für uns hat, ist es didaktisch so wichtig. An ihm läßt sich exemplarisch zeigen, welche unterschiedlichen Aneignungsformen der menschliche Geist entwickeln kann, um sich komplexe, sinnlich nicht beobachtbare Phänomene verfügbar, vorstellbar und differenzierbar zu machen. Gerade an den verschiedenen sprachlichen Objektivierungsformen für das Phänomen Zeit läßt sich zeigen, daß in der Sprache Realitätsstrukturen nicht an sich widergespiegelt werden, sondern so, daß wir praktisch mit ihnen umgehen können. Die verschiedenen Tempusformen sind demzufolge auch als *Interpretationsmuster* von Zeit anzusehen und nicht als *Abbildungsmuster*.

Wenn man es für eine zentrale didaktische Aufgabe hält, sich nicht nur Gedanken darüber zu machen, welches Wissen zu vermitteln ist, sondern auch darüber, wie sich Wissen bildet, um auf diese Weise gleichsam die Entstehungsbedingungen unseres praktischen Wissens kennenzulernen, dann eignet sich kaum ein anderes Phänomen so gut dazu wie das der Zeit. Es eignet sich deshalb so gut dazu, weil alle Schüler Erfahrungen mit der Zeit haben und weil in der Sprache eine Fülle von lexikalischen und grammatischen Aneignungsformen für die Zeit entwickelt worden sind. Mit diesen Aneignungsformen gehen die Schüler in der Regel schon sicher um, ohne sich allerdings Rechenschaft darüber ablegen zu können, welche Implikationen und Funktionen mit ihnen verbunden sind.
Aus der Aufforderung, das näher zu erklären, was sie praktisch anwenden und wissen, ergibt sich für die Schüler ein starker Reflexions- und Lernanreiz. Da das scheinbar Selbstverständliche ins Wanken gerät, sehen sie sich gezwungen, auf einer höheren Reflexionsebene wieder Kohärenz in ihr Wissen zu bringen. Ziel der Überlegungen zum Phänomen Zeit sollte deshalb sein, idealtypisch zwischen einem *chronologischen* und einem *erlebnismäßigen* Zeitbegriff zu unterscheiden bzw. zwischen einem quantifizierenden und einem qualifizierenden. Wenn man auf diese Weise zwischen der *meßbaren Zeit* und der *erlebten Zeit* als unterschiedlichen Aneignungsformen unterscheidet, dann kann man auf folgende Erfahrungs- und Vorstellungsbereiche der Schüler zurückgreifen.

a) Zeit-Raum-Metaphorik in der Sprache, Zeit wird vorstellbar gemacht durch Analogien zum Raum (Zeitraum, lange Zeit, nach, vor).
b) Umlaufbahnen der Gestirne und der Uhrzeiger als Definitionsmittel für Zeit, Zeit wird abgebildet durch Bewegungen im Raum, Analoguhren.
c) Quantifizierung von Zeit durch die Zeiteinheiten der Uhr und des Kalenders, Digitaluhren.
d) Zeitpfeil, Fixpunkte für Zeitrechnungen, Unterscheidung der drei Zeitstufen, Problematisierung des Gegenwartsbegriffs, Unumkehrbarkeit der Zeit, Zeit und Kausalität.
e) Zeitverweise von den Fixpunkten auf der Zeitachse nach vorn und nach hinten, Verschiebung von Zeitpunkten auf der Zeitachse im vorstellenden Denken, fiktive Zeit, Konzept der Zeitmaschine (H.G. Wells).
f) Erfahrungsmöglichkeiten von Zeit, Zeit in der Langeweile, erfüllte und unerfüllte Zeit, Distanz und Aktualität in der Erfahrung.

2. Der Tempusbegriff

Die Tempusformen als *grammatische* Aneignungs- und Differenzierungsformen von Zeit leisten der Analyse sehr viel größeren Widerstand als die lexikalischen Formen, weil ihr Funktionspotential sehr viel komplexer ist. Didaktisch gesehen stellen sich vor allem zwei Aufgaben. Zum einen müssen *Gesichtspunkte* gefunden werden, mit denen sich die pragmatischen Funktionen der Tempora umfassend beschreiben lassen. Zum anderen muß geklärt werden, in welchen *Gebrauchssituationen* bzw. *Textsorten* die unterschiedlichen Tempusformen ihren genuinen Platz haben. Damit die Schüler bei der Textgestaltung und der Textinterpretation angemessen mit den Tempusformen umgehen können, empfiehlt es sich, die Analyseergebnisse für die jeweiligen Tempusformen stichwortartig zusammenzufassen.

Bei der Planung des Unterrichts zur Tempusproblematik müssen zwei Prämissen angemessen berücksichtigt werden. Es ist davon auszugehen, daß die Schüler den chronologisch-quantifizierenden Zeitbegriff als den Zeitbegriff schlechthin ansehen und daß sie in der Regel das Zeitstufenschema von Vergangenheit, Gegenwart und Zukunft als das Zeitdifferenzierungsschema schlechthin betrachten, das den alleinigen Maßstab für die Analyse der Tempusformen abzugeben hat. Diese Prämissen sind zwar nicht deckungsgleich mit der praktischen Sprachverwendung der Schüler, aber sie repräsentieren doch weitgehend ihr theoretisches, d.h. begrifflich formulierbares Wissen. Aufgabe des Unterrichts muß es nun sein, den Geltungsanspruch dieser Prämissen zu relativieren und nachzuweisen, daß sie viel zu einfach sind, um der Tempusproblematik gerecht werden zu können.

Im Unterricht müssen die *chronologischen* Gesichtspunkte bei der Funktionsanalyse der Tempusformen ergänzt werden durch *aktionale* (abgeschlossen, ablaufend), durch *psychologische* (mittelbar aktuell, unmittelbar aktuell) und durch *handlungsmäßige* (aussagen, erzählen, behaupten, voraussagen, vermuten). Wenn man auf diese Weise die Tempusformen betrachtet, dann wird deutlich, daß sie metakommunikative Informationsmittel sind, mit denen Prozesse auf der *chronologischen*, der *aktionalen,* der *psychologischen* und der *handlungsmäßigen* Ebene spezifiziert und differenziert werden können. Das Funktionspotential der einzelnen Tempusformen läßt sich vielleicht durch folgende Stichworte charakterisieren:

PRÄSENS: zeitstufenenthobene Aussagefunktion, anzuwenden bei Analysen, Inhaltsangaben und Instruktionen; Vergegenwärtigungsfunktion im Kontext und Wechsel mit anderen Tempusformen, Mittel zur Reliefbildung im Text.
PRÄTERITUM: Distanzierungs- und Erzählfunktion, zu verwenden für die ganzheitliche Darstellung von komplexen Geschehensabläufen aus der Erinnerung oder Vorstellungskraft; signalisiert mittelbare Aktualität der Aussageinhalte für die Sprechsituation, Nähe zur Schriftsprache und zur geschlossenen Erzählsituation.
PERFEKT: Urteilsfunktion, zu verwenden für die Darstellung von Einzeltatsachen, die zum Sprech- oder Bezugszeitpunkt als abgeschlossen gelten; signalisiert unmittelbare Aktualität der Aussageinhalte für jeweilige Sprechsituation, häufig verwendet in Dialogen, Fragen, Schlußfolgerungen.
PLUSQUAMPERFEKT: relatives Tempus, dient zur Darstellung eines abgeschlossenen Geschehens in Relation zu einem präterital dargestellten Kontext; setzt ein Ereignis chronologisch und aktional zu einem anderen Ereignis oder Zeitpunkt in Beziehung, wird in Gliedsätzen und in raffenden Hauptsätzen verwendet.
FUTUR I: Voraussage- und Vermutungsfunktion, akzentuiert die Spannung zwischen Gegenwart und ungewisser Zukunft; signalisiert psychisch einen Erwartungsschnitt, hat hypothetische, chronologische und modale Implikationen.
FUTUR II: relatives Tempus, dient zur Darstellung eines abgeschlossenen Geschehens in Relation zu einem zukünftigen Geschehen oder Zeitpunkt; hat aktionale und chronologische Implikationen, läßt sich oft durch das Perfekt ersetzen.

3. Die Behandlung der Tempusformen

In der Regel wird die Behandlung der Tempusproblematik von den Sprachbüchern für das 6. Schuljahr vorgesehen. Dafür sprechen vor allem zwei Gründe. Einerseits erwacht auf dieser Altersstufe das Interesse der Schüler an *formalen Denkoperationen* im Sinne Piagets, die es ihnen erlauben, das Selbstverständliche nicht mehr als selbstverständlich hinzunehmen und über ihren eigenen Sprachgebrauch nachzudenken. Andererseits werden die Schüler auf dieser Altersstufe immer stärker mit der Notwendigkeit konfrontiert, unterschiedlich strukturierte Textsorten herzustellen. Dadurch ergibt sich die Chance, die Funktionsanalyse der Tempusformen mit gestalterischen Aufgaben zu verbinden.

Eine Illusion wäre es allerdings anzunehmen, daß die einmalige Behandlung der Tempusformen ausreichen könnte, um dieses Phänomen zu bewältigen. Gerade wenn man die morphologische Identifizierung der Tempusformen nur als eine notwendige Vorstufe zu ihrer pragmatischen Funktionsanalyse betrachtet, dann muß dieses Thema immer wieder bei der Textinterpretation und der Textproduktion aufgenommen werden.
Bei der systematischen Behandlung der Tempusproblematik in einer Unterrichtssequenz empfiehlt es sich, die Tempusformen in Zweier-Oppositionen auf konfrontative Weise zu behandeln, um den Betrachtungsrahmen für die Schüler überschaubar zu halten. Dafür kommen dann insbesondere die Paarungen Präsens – Futur I, Präsens – Präteritum, Präsens – Perfekt, Präteritum – Perfekt, Präteritum – Plusquamperfekt, Futur I – Futur II in Frage.
Didaktisch ganz besonders wichtig ist es, *analytische* Arbeitsschritte immer wieder mit *synthetischen* zu verbinden bzw. grammatische Funktionsbestimmungen mit Aufgaben zur Textproduktion. Dadurch wird dann auch bei den Schülern das Bewußtsein verstärkt, daß grammatische Kenntnisse eine Hilfe für die *Textproduktion* und die *Textinterpretation* sind. Außerdem kann es durch den Wechsel der Arbeitsanforderungen zu einer höheren Motivation und Spannung kommen, weil der Sinnzusammenhang von einzelnen Arbeitsschritten und Arbeitsergebnissen für die Schüler besser überschaubar wird. Durch die Vielfalt der jeweils geforderten Arbeitsleistungen (Operationen, Beschreibungen, Schlußfolgerungen, Anwendungen) lassen sich auch unterschiedliche Begabungsrichtungen von Schülern ansprechen.
Wenn die Schüler nach dem ersten Ansatz der Behandlung der Tempusproblematik über eine Reihe von Gesichtspunkten verfügen, um das Funktionspotential der einzelnen Tempusformen beschreiben zu können, dann ist schon viel gewonnen, weil nun die metakommunikative Informationskraft der Tempusformen in verschiedenen Zusammenhängen immer wieder thematisiert werden kann. Bei der Textinterpretation läßt sich auf die informationsakzentuierenden und informationsqualifizierenden Funktionen der Tempusformen aufmerksam machen. Bei der Textproduktion kann verdeutlicht werden, daß die Tempusformen wegen ihrer aufmerksamkeitslenkenden Funktionen als konstitutive Merkmale bestimmter Textsorten zu betrachten sind, weil sie dabei helfen, bestimmte Kommunikationsmuster besonders prägnant und ökonomisch zu gestalten.

III. REALISIERUNGSVORSCHLÄGE

1. Klärung von Zeitkonzepten

Wenn man zeigen will, daß sich in den Tempusformen eine spezifische *Aneignungsform* von Zeit widerspiegelt, dann muß zunächst geklärt werden, welche Rolle das *chronologisch-quantifizierende* und das *erlebnismäßig-qualifizierende Zeitkonzept* in unserem Leben spielen. Am besten präzisiert man zunächst das chronologische Zeitkonzept, weil es den Schülern aus ihrem alltäglichen Leben relativ vertraut ist und weil es als kontrastierende Hintergrundfolie für die Klärung des erlebnisorientierten Zeitkonzeptes zur Verfügung stehen sollte. Die Struktur des chronologischen Zeitkonzeptes läßt sich vielleicht am besten herausarbeiten, wenn man zunächst die uns vertrauten Zeiteinheiten sammelt (Sekunde, Minute, Stunde, Tag, Monat, Jahr) und dann danach fragt, auf welche Weise wir diese Zeiteinheiten feststellen. Aus den Überlegungen zur Funktion von Uhrzeigern und Gestirnen bei der Zeitmessung läßt sich dann ableiten, daß wir uns die chronologische Zeit in der Regel mit Hilfe der Bewegungen von Körpern im Raum vorstellbar machen. Dieses Verfahren ermöglicht es dann auch, Zeit ganz schematisch nach bestimmten Zeiteinheiten zu unterteilen und mit Hilfe von Maßzahlen zu messen. Diese Form der Zeiterfahrung und Zeitdefinition läßt sich durch den Vergleich von Analog- und Digitaluhren noch präzisieren. Während uns Analoguhren Zeit noch über die Bewegung der Zeiger räumlich veranschaulichen, repräsentieren uns Digitaluhren Zeit schon eine Abstraktionsstufe höher allein über abstrakte Zahlen.
In einem ersten Ansatz läßt sich nun das quantifizierende Zeitkonzept dadurch relativieren, daß wir die rein chronologisch orientierten Zeiteinheiten mit erlebnismäßig orientierten vergleichen (Morgen, Abend, Frühling, Sommer, Herbst, Winter, Ferien, Sternzeichen für Monate usw.). Diese Formen der Zeiterfassung und Zeitdifferenzierung lassen sich schlecht über eine bestimmte Mechanik mit abstrakten Maßzahlen erfassen, weil sie stark mit emotionalen Assoziationen und Erlebnisinhalten verbunden sind. Hier wird Zeit nicht in Form von *Zeitquanten*, sondern von ausgeprägten *Zeitgestalten* erfaßt, die sich eigentlich nur durch Erlebnisinhalte voneinander abgrenzen lassen, aber nicht durch Bewegungsabschnitte.
Eine andere Möglichkeit, quantifizierende und qualifizierende Formen der Zeiterfassung voneinander abzusetzen, ergibt sich

bei folgendem Ansatz. Da große Zeitabschnitte für die Schüler relativ nichtssagend und unvorstellbar sind, bietet sich an, sie über Raumvorstellungen zu veranschaulichen. Wenn man für jedes Jahr einen Millimeter ansetzt, dann wird erst vorstellbar, in welchen Relationen geschichtliche Zeitabschnitte wie zwei Milliarden Jahre, 500 000 Jahre, 10 000 Jahre, 2 000 Jahre und 70 Jahre zueinander stehen. Im Kontrast dazu kann man natürlich auch Zeitabschnitte in Form von Zeitgestalten bewußtseinsmäßig präsent machen, indem man auf Ordnungskategorien wie *Epochen* und *Generationen* verweist. So kann man beispielsweise einen Schüler dazu auffordern, aus dem Fenster zu schauen und zu beschreiben, was er selbst sieht und was sein Vater, sein Großvater oder sein Urgroßvater gesehen hätte, wenn ihm die gleiche Aufgabe gestellt worden wäre.
Durch solche Aufgaben kann zweierlei geklärt werden. Einerseits läßt sich die Tatsache verdeutlichen, daß wir unsere Zeitvorstellung *linear* organisiert haben, insofern wir annehmen, daß die Zeit auf einer Zeitlinie *kontinuierlich* voranschreitet. Das bedeutet, daß wir ohne Schwierigkeiten Zeitvorstellungen in *Raumvorstellungen* transformieren können (Zeitpunkt, Zeitraum, lange Zeit usw.) und daß wir mit denselben Präpositionen Zeit- und Raumverhältnisse bezeichnen können (vor, nach, bis, zwischen). Andererseits läßt sich mit Hilfe dieser Überlegungen verdeutlichen, daß wir für unsere Zeitrechnung *Fixpunkte* auf der Zeitachse brauchen (Olympiaden, Gründung Roms, Geburt Christi, Hedschra Mohammeds), um Zeitpunkte genau auf der Zeitlinie lokalisieren zu können. Aus diesem Sachverhalt ergibt sich wiederum, daß wir in der Sprache *absolute Zeitverweise* brauchen, die sich auf die allgemeine Zeitlinie beziehen (Datumsangaben) und *relative Zeitverweise,* die Ereignisse zueinander in Beziehung setzen (heute, gestern, darauf, vorher). Diese relativen Zeitverweise sind insbesondere deshalb wichtig, weil wir uns in unserer Vorstellung wie mit einer Zeitmaschine auf der allgemeinen Zeitachse vorwärts und rückwärts bewegen können und entsprechend unseren jeweiligen Bedürfnissen festlegen können, von welchem Punkt auf der Zeitachse wir ein bestimmtes Geschehen darstellen und betrachten wollen.
Falls man das Phänomen Zeit noch weiter problematisieren will, kann man darauf verweisen, daß die Sprache eine starke Neigung hat, dieses Phänomen auf metaphorische Weise zu personifizieren (die Zeit heilt alle Wunden, die Zeit wird beweisen usw.). Wenn man solche Redeweisen sammelt, hat man einen guten Anknüpfungspunkt für die Frage, auf welche Weise

wir unabhängig von der Uhr Zeit überhaupt wahrnehmen. Bei solchen Überlegungen stellt sich nämlich heraus, daß wir die Zeit paradoxerweise erst dann wahrnehmen, wenn sie stille zu stehen scheint, wenn es keine Veränderungen mehr gibt und wenn die Langeweile beginnt. Die Zeit wird gleichsam erst beim *Warten* entdeckt, wenn nichts geschieht oder wenn Erwartungen enttäuscht werden, während sie ‚verfliegt', wenn wir unmittelbar in Geschehensabläufe verwickelt sind.
Eine Fundgrube für die Problematisierung des Problems Zeit ist der mit dem Jugendbuchpreis ausgezeichnete Märchenroman *Momo* von Michael Ende.[23] Ende zeigt eine Reihe von Paradoxien auf, die sich ergeben, wenn wir in metaphorischen Redeweisen Zeit ‚materialisieren' und analog zu Geld verstehen. Unter diesen Umständen stellt sich dann nämlich heraus, daß wir Zeit verlieren, wenn wir Zeit sparen, und daß sich das Leben erst dann entfalten kann, wenn wir Zeit vergeuden. Auf sehr eindrucksvolle Art zeigt Ende die paradoxe Dialektik von materialisierten Zeitkonzepten durch Begriffs- und Wortbildungen wie *Zeitsparkasse, Zeitdiebe, Zeitzinsen* usw.

2. Präsens und Futur I

Der folgende Text soll dazu dienen, die allgemeine *Aussagefunktion* des Präsens sowie seine spezielle *Vergegenwärtigungsfunktion* im Kontrast zu der *Voraussagefunktion* des Futur I herauszuarbeiten.

GESPRÄCH IM ZUG

HERR ALLTÄGLICH: Guten Tag, entschuldigen Sie, sitzt dort jemand am Fenster?

HERR LOGOMANN: Wollen Sie mich auf den Arm nehmen? Sie sehen doch, daß ich allein im Abteil bin.

HERR ALLTÄGLICH: Ich will ja nur wissen, ob da jemand sitzt, der jetzt nicht da ist.

HERR LOGOMANN: Donnerwetter, gibt es das denn auch! Kann man sich zugleich an zwei verschiedenen Orten aufhalten?

HERR ALLTÄGLICH: Natürlich nicht, ich möchte nur wissen, ob ich mich an das Fenster setzen darf.

HERR LOGOMANN: Aber natürlich können Sie sich dort hinsetzen.

HERR ALLTÄGLICH: Das ist schön, denn dann sehe ich doch noch mehr von den Burgen am Rhein.

HERR LOGOMANN: Ich fürchte, darauf werden Sie noch etwas warten müssen, denn gerade fahren wir durch einen Tunnel.

HERR ALLTÄGLICH: Na schön, dann warte ich eben noch etwas. Die Burgen interessieren mich nämlich, weil ich gerade ein Buch über das Leben im Mittelalter lese.

HERR LOGOMANN: Donnerwetter, wie lesen Sie denn Bücher, Sie haben doch gar kein Buch in der Hand?

HERR ALLTÄGLICH: Nein, im Augenblick lese ich natürlich nicht, aber zur Zeit lese ich eines.

HERR LOGOMANN: Zur Zeit unterhalten Sie sich doch mit mir, wie können Sie da gleichzeitig auch noch lesen?

HERR ALLTÄGLICH: Mein Gott, was sind Sie weltfremd, genau wie meine Frau, die bringt mich auch immer mit ihren Spitzfindigkeiten durcheinander. Gestern behauptet sie doch: „Je mehr Zeit man spart, desto weniger Zeit hat man." So etwas Komisches kann man sich nur ausdenken, wenn man zu viel Zeit hat.

HERR LOGOMANN: So so, Sie halten wohl jeden für einen Spinner, der nachdenkt. Denken Sie doch mal über ihren komischen Satz nach: „Gestern behauptet doch meine Frau".

HERR ALLTÄGLICH: Sind Sie immer so pingelig? Über so etwas zu streiten ist doch nur Zeitverschwendung und bringt nichts ein. Mein Grundsatz ist ‚Zeit ist Geld', und damit habe ich Erfolg.

HERR LOGOMANN: Wenn das so ist, dann können Sie doch eine Zeitsparkasse gründen.

HERR ALLTÄGLICH: Was soll ich gründen?

HERR LOGOMANN: Na, eine Zeitsparkasse, denken Sie doch mal an die Zeitzinsen, mit denen Sie Ihre Zeit vermehren können.

HERR ALLTÄGLICH: Jetzt reicht's mir aber, Sie haben wohl auch zu viel Zeit. Ich steige jetzt aus!

HERR LOGOMANN: Ich hoffe, Sie werden noch warten, bis der Zug hält, sonst werden Sie nie Zeitsparkassendirektor.

Mit diesem Text soll die Auffassung in Frage gestellt werden, das Präsens diene dazu, Sachverhalte unmittelbar der Zeitstufe der Gegenwart bzw. dem Sprechzeitpunkt zuzuordnen. Falls sich dieses Vorurteil bei den Schülern noch nicht festgesetzt hat und sie deshalb die Struktur des Konflikts nicht sofort erfassen, muß zunächst herausgearbeitet werden, von welchen Auffassungen sich Herr Logomann bei seiner Argumentation leiten läßt und an welchen Verbformen er bei Herrn Alltäglich Anstoß nimmt. Dazu müssen Präsens und Futur I als morphologische Formen identifiziert und benannt werden.

Solange man das Präsens als das Gegenwartstempus ansieht, klingen die Argumente und Äußerungen von Herrn Logomann ganz plausibel. Gleichzeitig wird man aber auch einräumen müssen, daß die Redeweisen von Herrn Alltäglich durchaus üblich und zulässig sind. Dieser Konflikt wird nur auflösbar, wenn man das Präsens nicht mehr als Gegenwartstempus betrachtet, sondern als ein Tempus, das dazu dient, zeitstufenneutrale Aussagen zu machen bzw. Aussagen, die psychisch etwas unmittelbar vergegenwärtigen sollen. Ganz abgesehen davon kann man natürlich auch den Begriff der *Gegenwart* als einen Begriff problematisieren, dem man keine festen Grenzen geben kann. Umgekehrt läßt sich herausarbeiten, daß das Futur I als Zukunftstempus unzureichend bestimmt ist, weil es in vielen Fällen problemlos durch das Präsens zu ersetzen ist. Falls man bei zukunftsbezogenen Aussagen handlungsmäßig nicht eine direkte Voraussage machen will, ist das Präsens sogar angebrachter als das Futur I.

An dem Beispieltext läßt sich außerdem demonstrieren, daß chronologische Zeitstufenbezüge von Aussagen in der Regel eher durch Zeitadverbiale und Kontexte festgelegt werden als durch Tempusformen. Tempusformen legen zwar bestimmte Zeitstufenbezüge nahe, aber sie legen diese nicht eindeutig fest. So gesehen argumentiert Herr Logomann dann gar nicht so logisch, wie es zunächst erscheint, und die Redeweisen von Herrn Alltäglich sind durchaus als korrekt anzusehen.

In einem anderen Arbeitsansatz läßt sich dann untersuchen und durch Beispiele belegen, in welchen Sprechsituationen bzw. Textsorten das Präsens als durchgängiges *Standardtempus* angebracht ist (Inhaltsangaben, Abhandlungen, Lexikoneinträge, Gesetze, Sprichwörter, Definitionen usw.) bzw. in welchen Passagen es in komplexen Texten verwendet wird (allgemeingültige Aussagen, szenisches Präsens). In ähnlicher Weise läßt sich dann auch klären, warum das Futur I kein Standardtempus für Texte sein kann, selbst dann, wenn diese sich auf die Zukunft beziehen. Das Futur I muß deshalb als Stilmittel für *Voraussage* und *Vermutung* qualifiziert werden.

3. Perfekt und Präteritum

Da die Differenzen bei den chronologischen Bezügen von Perfekt und Präteritum unter den üblichen Gebrauchsbedingungen kaum ins Auge fallen, haben die Schüler große Schwierigkeiten, beide Tempusformen als *Stilmittel* geplant einzusetzen. Folgender Text bietet vielleicht eine Möglichkeit, die funktionale Differenz zwischen beiden Tempusformen in einem ersten Ansatz herauszuarbeiten.

ACHMED UND OMAR

> Die Brüder Achmed und Omar lebten in einer Oase. Aus einem uralten, aber wasserreichen Brunnen, der sich auf Achmeds Land befand, bewässerten beide ihre Äcker. Als nun einmal eine große Dürre über das Land hereinbrach und der Brunnen zu versiegen schien, sagte Achmed zu Omar: „Viele meiner Pflanzen sind schon verdorrt, weil ich dir Wasser gegeben habe, deshalb ist es gerecht, wenn du das Wasser bezahlst, das du entnommen hast." Omar erwiderte darauf: „Auch der Regen, der auf mein Land gefallen ist, hat sich in deinem Brunnen gesammelt. Folglich gehört das Wasser des Brunnens uns beiden." Lange stritten beide miteinander. Schließlich gingen sie vor den Kadi, denn ihre brüderliche Eintracht (hat gedroht) zu zerbrechen.

Ausgehend von der ungewöhnlichen Tempusform im letzten Satz, die den Schülern sicher als ‚falsch' auffällt, läßt sich darauf aufmerksam machen, daß das Perfekt und das Präteritum keineswegs einfach gegeneinander ausgetauscht werden können, weil beide offenbar sehr unterschiedliche Aufgaben haben. Methodisch kann man dabei so vorgehen, daß man zunächst die verschiedenen Tempusformen im Text identifiziert und klassifiziert, wobei natürlich auch das Präsens einzubeziehen ist. In einem ersten Arbeitsschritt kann man die Kontexte näher beschreiben, in denen die einzelnen Tempusformen vorkommen. Aus der kontextuellen Beschreibung der Tempusformen läßt sich dann relativ leicht die *Aussagefunktion* des Präsens, die *Erzählfunktion* des Präteritums und die *Urteilsfunktion* des Perfekts ableiten, wobei natürlich bei dem Perfekt auf die *aktionalen* Implikationen hinzuweisen ist (abschlossener Prozeß).
Da die Schüler bei diesem Text natürlich auch an dem impliziten Rechtsproblem interessiert sind, bietet sich die Aufgabe an, den

Text mit der Entscheidung des Kadis fortzuführen. Dazu können dann erzählerische, szenische oder argumentative Darstellungsformen verwandt werden, die sowohl inhaltlich als auch grammatisch-stilistisch zu diskutieren sind. Es kann auch die Aufgabe gestellt werden, den gegebenen Text in eine andere *Textsorte* umzuformen, beispielsweise in eine Zeitungsmeldung oder in eine Fallbeschreibung, die dem Gericht vorgelegt werden kann. Bei solchen Textumformungen werden Veränderungen der Tempusformen unumgänglich, weil der Text dann in ganz anderen Funktionszusammenhängen steht. Eine Umformung in eine Zeitungsmeldung könnte man sich vielleicht so denken:

STREIT UM BRUNNENBENUTZUNG

> Medina, 10.9.: Morgen wird Kadi Hassan seine Entscheidung im Streit der Brüder Achmed und Omar über die Nutzung eines Brunnens in der Oase Sila verkünden. Das Urteil hat grundsätzliche Bedeutung, weil es ein schwieriges Problem des allgemeinen Wasserrechts lösen muß. Folgender Fall liegt vor. Achmed verlangt im Gegensatz zum bisherigen Brauch von seinem Bruder Omar Bezahlung für das Wasser, welches dieser aus dem Brunnen entnimmt, der auf Achmeds Land liegt. Omar verweigert die Bezahlung mit dem Hinweis darauf, daß sich in dem Brunnen das Regenwasser sammelt, welches auf Achmeds und auf sein eigenes Land gefallen ist.

Zur Festigung und Vertiefung der bisher erarbeiteten Ergebnisse läßt sich möglicherweise der folgende etwas abgewandelte Fabeltext verwenden. Er sollte als Lückentext mit Infinitivangaben gegeben werden, um den Schülern Gelegenheit zu bieten, Tempusformen einzusetzen und ihre Wahl argumentativ zu begründen.

GRILLE UND AMEISE

> Als die Grille zur Sommerszeit sah, wie sich die Ameise beim Sammeln von Korn abmühte, spottete sie nur und übte sich weiter im Müßiggang. Dann kam der Winter, und draußen klirrte der Frost. Eines Tages erschien die Grille bei der Ameise. Ihre Augen schwammen in Tränen, und inständig bat sie um etwas Nahrung. Da sprach die Ameise: „Was hast du im Sommer getan?" Die Grille antwortete: „Ich bin durchs Gras gesprungen und habe für die anderen gesungen". Da lachte die Ameise nur und fuhr fort: „Ich habe im Sommer gearbeitet, aber du hast mich verspottet. Wenn du im Sommer gesungen hast, dann kannst du im Winter ja tanzen."

In der Regel wird die spontane Tempuswahl der Schüler bei solchen Einsetzungsübungen wohl angemessen sein, zumal sich viele metaphorisch gebrauchte Verben nicht im Perfekt benutzen lassen. Schwierigkeiten werden sich aber wohl einstellen, wenn die Schüler ihre Tempuswahl begründen sollen. Das ist zwar eine schwierige, aber angesichts der eindeutigen Kontexte keine unlösbare Aufgabe.
Die Wahl der Tempusformen in den wörtlichen Reden wird sicher nicht identisch ausfallen. Das kann entweder dadurch bedingt sein, daß die Vorstellung herrscht, man müsse in der wörtlichen Rede das Präsens gebrauchen, oder dadurch, daß den Schülern die pragmatische Differenz zwischen erzählenden und reihenden Aussagen einerseits und urteilenden Einzelaussagen andererseits nicht sehr klar ist. Außerdem wird man berücksichtigen müssen, daß die aktionalen Differenzen der beiden Tempora den Schülern meist nur gefühlsmäßig präsent sind. In dem letzten Satzgefüge kann man natürlich auch im bedingenden Satz das Präsens gebrauchen, doch dann bezieht sich die Gesamtaussage der Ameise weniger auf den konkreten Fall als auf einen allgemeinen Bedingungszusammenhang.
Um die Urteilsfunktion des Perfekts zu verdeutlichen, lassen sich auch *Leseproben* machen. Dabei kann sich dann herausstellen, daß man Aussagen im Perfekt durch die Zweiteilung des Verbalkomplexes sehr viel besser intonatorisch akzentuieren kann als Sätze im Präteritum.

4. Tempusformen im Text

Solange man die Funktionen von einzelnen Tempusformen in idealtypischen Oppositionen zu beschreiben versucht, wird man darauf achten müssen, daß sich die Wahl einer Tempusform relativ zwingend aus dem Kontext ergibt. Etwas komplizierter wird die Lage, wenn die Wahl der Tempusform stärker von dem Gestaltungswillen des Sprechers als von den jeweiligen pragmatischen Umständen abhängt. In diesem Fall sind die jeweiligen Tempusformen nicht so sehr danach zu befragen, ob sie in der jeweiligen Sprechsituation angemessen oder unangemessen sind, sondern eher danach, welchen Beitrag sie dazu leisten, einem Text ein bestimmtes *Sinnrelief* zu geben. In dem folgenden Text werden alle Tempusformen der deutschen Sprache verwendet. Es ist aber keineswegs zwingend, die jeweiligen Formen auf den jeweiligen Positionen zu verwenden, weil man mit anderen Formen durchaus andere sinnvolle Akzente setzen kann.

DER SCHLAUE KÖNIG

Vor vierhundert Jahren lebte ein Alchimist, der im ganzen Lande berühmt war, weil er schon viele wundersame Tinkturen hergestellt hatte. Eines Tages trat er mit einer Flasche dunkelroter Flüssigkeit vor den König und sagte: „Ich habe ein neues Wundermittel erfunden, das sich in dieser Flasche befindet. Wer dieses Mittel besitzt, vor dessen Macht werden alle anderen Könige zittern. Für 100 000 Dukaten verkaufe ich dir diese Flasche und ihr Geheimnis. 50 000 Dukaten mußt du sofort bezahlen und 50 000 Dukaten, wenn du in einem Jahr ganz Europa unterworfen haben wirst." Der König, der schon früher versucht hatte, ganz Europa zu erobern, willigte in den Handel ein. Er ließ das Geld abzählen und verschwand mit dem Alchimisten in einer abgelegenen Kammer, um das Geheimnis der Flasche zu erfahren. Dort erklärte der Alchimist dem König folgendes: „Alles, was du mit einem Tropfen dieser Flüssigkeit in Berührung bringst, wird nach fünf Minuten in Staub und Asche zerfallen." Der König staunte zuerst nicht schlecht, doch dann fuhr er den Alchimisten wütend an: „Du hast mich schändlich belogen, dir werde ich das Handwerk legen!"

Wenn man diesen Text zur Behandlung der Tempusproblematik einsetzt – die logische Problematik wird man natürlich auch behandeln müssen[24] – dann gibt man ihn am besten ohne finite Verbformen nur mit den Infinitiven. Aufgabe der Schüler wäre es dann, Entscheidungen für bestimmte Tempusformen zu treffen und diese Wahl argumentativ zu begründen.

Als Gesichtspunkte für die Wahl der Tempusformen könnten dabei angeführt werden: Abgrenzung der erzählenden Partien von der wörtlichen Rede, Kennzeichnung aktionaler Unterschiede, Akzentuierung bestimmter chronologischer Relationen, Hervorhebung von bestimmten sprachlichen Handlungsformen (Erzählen, Urteilen, Voraussagen). Außerdem wäre zu überlegen, ob die Möglichkeit bestünde, in der zweiten Erzählpartie Gebrauch vom szenischen Präsens und seinen Vergegenwärtigungsfunktionen zu machen.

Da in diesem Text auch das Plusquamperfekt und das Futur II sinnvoll verwendet werden können, müssen die aktionalen und chronologischen Implikationen dieser beiden Tempusformen

in die Überlegungen einbezogen werden. Dabei ist insbesondere auf die Korrelation des Plusquamperfekts mit dem Präteritum hinzuweisen und auf die Ersetzbarkeit des Futur II durch das Perfekt.
Die reliefbildenden Funktionen der Tempusformen können natürlich auch in anderen Texten untersucht und beschrieben werden.[25] Zum Teil eignen sich Balladen sehr gut dazu, weil in ihnen oft sehr unterschiedliche Sprechhaltungen anzutreffen sind (Fontane: John Maynard).

D DIE GENUSFORMEN DES VERBS

I. DIE SACHPROBLEMATIK

1. Aktiv und Passiv

Auf den ersten Blick liegt es nahe, für die Analyse der grammatischen Kategorien Aktiv und Passiv das *Sektormodell* bzw. *Feldmodell* zugrundezulegen. Aktiv und Passiv scheinen gleichberechtigt nebeneinander stehende Formen des Verbs zu sein, die sich oppositionell in einem Zweier-Paradigma gegenüberstehen und die sich bis auf einige Ausnahmen (Perfekt und Zustandspassiv) auch formal recht klar voneinander unterscheiden lassen. Wenn man außerdem noch berücksichtigt, daß bei jeder Realisierung einer Aussage entweder die eine oder die andere Genusform benutzt werden muß, dann erscheint die Frage nach der grammatischen Semantik der Aktivform und der Passivform ganz natürlich. Streit kann es so gesehen offenbar nur darüber geben, mit Hilfe welcher Kategorien und Methoden sich der semantische Unterschied zwischen beiden Formen am besten herausarbeiten läßt.
Orientiert man sich nun aber nicht nur systematisch, sondern auch historisch, dann wird die sektorale Aufgliederung der Kategorie Genus in die gleichberechtigten Subkategorien Aktiv und Passiv problematisch, weil sich nämlich herausstellt, daß die Passivformen im Deutschen wesentlich *jünger* als die Aktivformen sind. Sie haben sich erst im Althochdeutschen herausgebildet, nachdem das gotische Medium als eine Art Zwischenform zwischen dem heutigen Aktiv und dem Passiv wieder ausgestorben war.[1] Dieser Tatbestand legt nahe, das Passiv als eine spezifische *Sproßform* zu betrachten, die erst entstanden ist, als bestimmte Differenzierungsbedürfnisse so wichtig geworden waren, daß sie nicht mehr auf ökonomische Weise durch lexikalische Mittel, sondern nur noch durch grammatische Mittel befriedigt werden konnten.
Methodisch ergibt sich daraus, daß es sich eigentlich nur lohnt, nach der spezifischen grammatischen Semantik bzw. dem Funktionspotential des Passivs zu fragen, weil dieses die profilierte *Sonderform* zu der neutralen *Standardform* des Aktivs ist. Für das Aktiv fällt es schwer, ein inhaltlich klar strukturiertes Funktionsprofil herauszuarbeiten, weil sich für das

Aktiv im Gegensatz zum Passiv kein bestimmter pragmatischer Verwendungszusammenhang nachweisen läßt. Das Funktionspotential des Aktivs wird gleichsam erst auf eine negative Weise faßbar, nämlich dann, wenn wir entweder in solchen Sprechsituationen auf Aktivformen stoßen, wo wir eigentlich Passivformen erwarten, oder wenn wir auf Passivformen stoßen, wo wir normalerweise mit Aktivformen rechnen. Das spezifische Funktionspotential des Aktivs wird auf diese Weise gleichsam erst vor dem Hintergrund der besonderen Funktionalität bzw. Nicht-Funktionalität der Passivform faßbar.

Positiv läßt sich das Funktionspotential des Aktivs eigentlich nur fassen, wenn wir sprachtypologische Überlegungen anstellen und nach der besonderen Struktur des indogermanischen Satzes im Vergleich zu Aussageformen in anderen Sprachfamilien fragen und so die Basisprämissen der grammatischen Struktur unserer Muttersprache ins Auge fassen. Dann argumentiert man aber eigentlich nicht mehr auf der grammatischen Ebene einer Einzelsprache, wo die pragmatischen Funktionen einzelner grammatischer Formen zu klären sind, sondern auf einer metagrammatischen Ebene, wo die Prämissen für die grammatischen Grundstrukturen einer Sprache thematisiert werden, die wir uns nur über sehr ausgeklügelte methodische Verfahren und Sprachvergleiche verdeutlichen können.

Um nicht in die kaum zu bewältigende Situation zu kommen, aus reinen Symmetriegründen zu der Semantik des Passivs auch eine Semantik des Aktivs entwickeln zu müssen, wird sich das Hauptinteresse hier auf die Analyse des Funktionspotentials des Passivs konzentrieren. Das sehr viel unspezifischere Funktionspotential des Aktivs wird als Hintergrundsfolie nur so weit entwickelt, daß sich das Funktionsprofil der Passivformen so deutlich wie möglich abhebt.

Besondere Aufmerksamkeit soll außerdem solchen Aussageformen der deutschen Sprache geschenkt werden, die wegen der aktivischen Form des konjugierten Verbs formal nicht zu den Passivformen gerechnet werden können, die aber pragmatisch gesehen ganz ähnliche Funktionen wahrnehmen wie die passivischen Aussageformen. Mit dem Terminus *passivische Perspektive* soll die funktionale Äquivalenz dieser Formen zu den Passivformen hervorgehoben werden.

Die Aufklärung der Genusproblematik hat man auf sehr verschiedenen Wegen und mit sehr verschiedenen Ausgangsfragen zu realisieren versucht. Drei Strategien sollen hier näher beleuchtet werden, weil sie sowohl in ihren Erkenntnisleistungen wie ihren Erkenntnisdefiziten wertvolle Aufschlüsse über das

Genusproblem erbringen. Es handelt sich um den Versuch, die Genusproblematik aus der Perspektive der Unterscheidung von *Tun* und *Leiden,* aus der Perspektive der Differenzierung von verschiedenen *Darstellungsweisen* und aus der Perspektive der *Intrasitivierung des Verbs* aufzuklären.

a) ‚Tätigkeitsform' und ‚Leideform'

Recht einhellig wird in der Forschung abgelehnt, die grammatischen Kategorien Aktiv und Passiv mit den Namen ‚Tätigkeitsform' und ‚Leideform' zu bezeichnen. Zu Recht wird immer wieder betont, daß man Aktiv und Passiv zunächst als neutrale Bezeichnungen für rein morphologisch zu definierende Formkategorien des Verbs aufzufassen hat und daß man diese grammatischen Kategorien nicht vorschnell mit den ontologischen Kategorien des *Tuns* und *Leidens* verquicken darf, wenn man nicht in eine völlig verquere Perspektive zur Genusproblematik geraten will. Gleichwohl hat sich aber bisher eine solche Übersetzung von Aktiv und Passiv zäh am Leben erhalten, offenbar deshalb, weil vielen die damit verbindbare Hammer- und Amboßmetaphorik als metaphysisches Strukturierungskonzept so einleuchtend erscheint. Es ist deshalb auch nicht verwunderlich, daß in vielen Schulbüchern immer wieder das Verb *schlagen* als Paradeverb für die Darstellung der Genusproblematik herhalten muß und nicht die Verben *lieben, grüßen* oder *lesen,* an denen dieses Konzept seine Erklärungskraft einbüßen würde.
Tun und *Leiden* sind keine sinnvollen Kategorien, um die Genusproblematik aufzuklären. Aktivformen stellen keineswegs sicher, daß die als Subjekt erscheinende Größe ‚aktiv' ist bzw. dem Leiden entzogen ist. Umgekehrt kündigt die Passivform nicht immer an, daß die als Subjekt erscheinende Größe ‚leidet'.

1. Karl friert.
2. Die Tür besteht aus Holz.
3. Karl wird geliebt.

Gerade bei der Genusproblematik wird deutlich, daß es sehr mißlich ist, grammatische Kategorien, die zunächst nur als morphologische Kategorien eindeutig abgegrenzt werden können, mit Hilfe von ontologischen Kategorien zu erläutern, weil dabei die psychologischen und funktionalen Implikationen dieser Formen sehr schnell aus dem Blickfeld geraten.

b) Darstellungsweise und Genusformen

Als ein sehr viel fruchtbarerer Ansatz zur Analyse der Genusproblematik ist die These Weisgerbers[2] anzusehen, daß das

Aktiv als eine *täterbezogene* und das Passiv als eine *täterabgewandte Darstellungsweise* anzusehen sei und daß die Entwicklung der Passivformen als ein sprachschöpferischer Akt zu werten sei, durch den es möglich werde, auch täterabgewandte Aussageweisen in dem ansonsten sehr täterbezogenen Syntaxschema der indogermanischen Sprachen zu realisieren. So wichtig es ist, daß Weisgerber die Genusproblematik mit dem Darstellungswillen des Sprechers verknüpft, so problematisch ist es, daß er aus Symmetriegründen das Aktiv als täterbezogene Darstellungsweise klassifiziert, weil er das Passiv als täterabgewandte Darstellungsweise charakterisiert hat. Es ist nämlich offensichtlich, daß er mit dieser Charakterisierung eigentlich nur den Aktivformen der transitiven Verben gerecht wird, die ein persönliches Passiv bilden können, nicht aber den Aktivformen aller anderen Verben.
Demgegenüber hat Glinz[3] auf bemerkenswerte Weise das Dilemma gelöst, den Aktivformen eine spezifische metakommunikative Instruktionsinformation zuordnen zu müssen. Er schlägt vor, den vom Verb benannten Prozeß nach den drei Geschehensarten *einfach, bewirkt* und *gegeben* zu differenzieren. Als *einfach* charakterisiert er alle Aussageweisen, bei denen das Verb in der Aktivform benutzt werde, die als unspezifizierte Standardform für Aussagen anzusehen sei, weil in ihr die lexikalische Bedeutung des Verbs abgesehen von den Personen-, Tempus- und Modusmarkierungen unkommentiert hervortrete. Im Gegensatz dazu würden alle Aussageweisen als *bewirkt* gekennzeichnet, bei denen das Verb in der Form *werden + Partizip II* (Vorgangspassiv) benutzt werde, und als *gegeben,* bei denen es in der Form *sein + Partizip II* (Zustandspassiv) benutzt werde.

4. Die Kinder finden den Ball. (einfach)
5. Der Ball wird von den Kindern gefunden. (bewirkt)
6. Der Ball ist von den Kindern gefunden. (gegeben)

Noch konsequenter als Glinz geht Fränkel[4] vor, der vorschlägt, den irreführenden ‚sprechenden' Namen ‚Aktiv' durch den neutralen Terminus ‚Rektiv' (rectus = gerade) zu ersetzen, der nur hervorheben solle, daß es sich um die Grundform des Verbs handele, welche die jeweilige lexikalische Verbsemantik ungefärbt zum Ausdruck bringe. Als verbale Grundform sei das Rektiv kein Gegenstück zum Passiv, während das Passiv aber durchaus als markierte *Sproßform* zum Rektiv aufzufassen sei. Daß die Passivform als Sonderform die Verbbedeutung in spezifischer Weise markiere, lasse sich auch daran ablesen,

daß nicht alle Verben eine Passivform besäßen (blühen, fallen, stehen), sondern nur die Verben, deren Semantik das zulasse (lieben, finden, lesen).
Obwohl für eine Reihe von Aussagen die Charakterisierung des Aktivs als *Tätigkeitsform* bzw. *täterbezogene Darstellungsweise* zuzutreffen scheint, muß man wohl davon ausgehen, daß das nicht durch die Verbform selbst bedingt ist, sondern eher durch das indogermanische *Satzschema*. In diesem spielt die Repräsentation der Relation von Ursache und Wirkung bzw. die Relation von Handelndem und Handlung (Agens-Actio-Schema) eine dominierende Rolle und führt zuweilen auch dazu, daß bei bestimmten Sachverhalten handelnde Instanzen postuliert werden, die real gar nicht vorhanden sind (der Wind weht, die Wut vergrößert sich). Zwar lassen sich solche Äußerungsformen als metaphorisch klassifizieren, doch damit hat man nicht das Argument entkräftet, daß alle unsere Aussageformen sehr stark durch das Agens-Actio-Schema geprägt werden. Die starke Neigung der indogermanischen Sprachen, Phänomene in der sprachlichen Objektivierung kognitiv nach den Kategorien der Kausalität, der Tätigkeit und Kraft aufzuschlüsseln, hat insbesondere Whorf[5] im Vergleich mit den nordamerikanischen Indianersprachen herausgearbeitet.
Auf eine sehr brauchbare Möglichkeit der Aufklärung der Genusproblematik hat schon früh Jakob Grimm[6] hingewiesen, die leider ziemlich in Vergessenheit geraten ist. Er hat betont, daß Aktiv und Passiv denselben Tatbestand in unterschiedlicher Akzentuierung zu erfassen versuchten, insofern die aktivische Verb- und Satzform die Kategorie des *Wirkens* hervorhebe und die passivische die Kategorie der *Wirkung*. Wenn man beim Begriff des *Wirkens* seine Aufmerksamkeit nicht gleich auf die Instanz richtet, die wirkt, sondern auf den Prozeß des Wirkens in den drei Varianten von *Handlung* (begrüßen), *Vorgang* (schlafen) und *Zustand* (liegen), dann paßt diese Charakterisierung sehr gut zu der These, daß die Aktivformen als neutrale Grundformen anzusehen sind, in der die jeweilige Verbsemantik *unkommentiert* zur Geltung kommt. Sieht man demgegenüber die Passivformen in der Perspektive des Begriffs der *Wirkung*, dann ergibt sich als Basis ihres Funktionspotentials, daß sie die vom Verb benannte Prozessualität immer *resultativ* akzentuieren.
Die Passivformen haben so gesehen eine ganz bestimmte aufmerksamkeitslenkende Wirkung für den Hörer bzw. eine ganz bestimmte instruktive Funktion für den Verstehensprozeß. Bei den Verben, bei denen der Sprecher die *Wahl* zwischen

einer aktivischen oder passivischen Aussageweise hat (in der Regel die transitiven Handlungsverben), ist dann die Wahl der Passivform ein Zeichen dafür, daß der Sprecher die *kausal* orientierte Standardinterpretation von Prozessualität zugunsten einer *resultativ* orientierten aufhebt. Das bedeutet, daß er dem Hörer die Instruktion gibt, seine Aufmerksamkeit nicht auf das Geschehen, sondern auf die *Geschehensergebnisse* zu konzentrieren. Es bedeutet weiterhin, daß die Aktivformen nicht schlechthin eine *täterbezogene* Darstellungsweise repräsentieren, sondern nur in den Fällen, wo, positiv formuliert, auch eine *resultative* Darstellungsweise möglich ist bzw., negativ formuliert, eine *täterabgewandte* Darstellungsweise. Während das Passiv also immer als Darstellungsmittel und grammatisches Zeichen interpretierbar ist, ist es das Aktiv nur da, wo sein Gebrauch eine Wahlentscheidung gegen die Verwendung des Passivs ist.

c) Intransitivierung transitiver Verben

Die ergebnisorientierte Sichtweise der Passivformen hat zwangsläufig auch Auswirkungen auf die syntaktische Bindungsfunktion von transitiven Verben in Aussagen. Wenn sich bei transitiven Handlungsverben das Interesse nicht mehr auf den Träger und das Ziel eines Prozesses richtet, sondern nur noch auf sein Resultat, dann muß das Verb syntaktisch nicht mehr in Relation zu *zwei* Größen gebracht werden, sondern nur noch zu *einer.*

7. Karl öffnet die Tür.
8. Die Tür wird geöffnet (von Karl).

Da nun einerseits die Subjektposition eines Satzes in der Regel immer besetzt werden muß und da andererseits auch die Größe genannt werden muß, die von dem jeweiligen Handlungsergebnis betroffen ist, ergibt sich die Notwendigkeit, daß das ehemalige Objekt in die Rolle des Subjekts überwechseln muß, von dem etwas ausgesagt wird. Das ehemalige Subjekt wird dagegen logisch und syntaktisch überflüssig, weil in der neuen Sichtweise kein genuines Interesse mehr am Urheber eines Geschehens besteht. Der Träger der Handlung kann, aber muß nicht mit Hilfe einer Präpositionalkonstruktion genannt werden. Semantisch gesehen wird auf diese Weise in der Passivform aus einem *Handlungsverb* ein *Geschehensverb* gemacht und syntaktisch gesehen aus einem *transitiven* Verb ein *intransitives,* das nicht mehr mit einem direkten Objekt verbunden werden muß.

Die semantische und syntaktische Umorientierung des Verbs im Passiv hat auch wichtige *psychologische* Implikationen.

Während in aktivischen Sätzen eine Handlung so dargestellt wird, daß sie von der Subjektgröße auf die *Objektgröße* zuläuft, wird in passivischen Sätzen ein Geschehen so dargestellt, daß es auf die *Subjektgröße* zuläuft. Das bedeutet, daß wir beim Verstehen von passivischen Sätzen nicht das normale Agens-Actio-Schema nutzen können, an das wir gewöhnt sind, sondern genötigt werden, unsere normalen Wahrnehmungsmechanismen zugunsten anderer aufzugeben. Vor allem können wir das Kausalitätsschema nicht mehr direkt auf die Satzstruktur projizieren und müssen das Subjekt des Satzes auf eine ganz andere Weise als gewohnt zum Ausgangspunkt unserer Verstehensoperationen machen.
Aus dem Umstand, daß wir bei passivischen Aussagen nicht auf die Standardmechanismen des Verstehens zurückgreifen können, resultiert die Konsequenz, daß wir für die jeweiligen Verstehensprozesse etwas mehr Zeit brauchen, ähnlich wie wir für das Verstehen negierter Aussagen etwas mehr Zeit brauchen als für das Verständnis normaler. Außerdem ist zu berücksichtigen, daß Kinder beim Verstehen und Produzieren passivischer Sätze besondere Schwierigkeiten haben, da sie zunächst noch viel stärker als Erwachsene auf das normale Agens-Actio-Schema fixiert sind und erst im Alter von 7–9 Jahren Passivformen zu beherrschen und zu nutzen beginnen.

2. Das Vorgangspassiv

a) Die Form

Interessant ist, daß das Deutsche im Gegensatz zum Lateinischen, Französischen und Englischen zwei unterschiedliche Passivvarianten entwickelt hat, nämlich das sogenannte *Vorgangspassiv* (werden + Partizip II) und das *Zustandspassiv* (sein + Partizip II). Ebenso wie bei den zusammengesetzten Tempora lassen sich aus dieser Bildungsweise und der morphologischen Entwicklungsgeschichte des Passivs schon wichtige Rückschlüsse auf das Funktionspotential der Passivformen ziehen.
Das Passiv ist im Althochdeutschen wahrscheinlich kurz vor dem Perfekt entwickelt worden. Daß dabei auf das Partizip II zurückgegriffen wurde, ist zwar nach den bisherigen Überlegungen ganz plausibel, aber keineswegs selbstverständlich. So haben beispielsweise die nordgermanischen Sprachen ihr Standardpassiv nicht mit Hilfe des Partizip II gebildet, sondern über die Reflexivform des Verbs. Sie hängen an das Verb

das grammatische Morphem *s* an, das eine Schwundstufe des Reflexivpronomen *sig* (sich) darstellt (schwedisch: dörren öppnas = die Tür öffenet sich/wird geöffnet).
Ebenso wie bei der Bildung der Perfektform griff man im Deutschen auf das Partizip II zurück, weil es ursprünglich als Adjektiv gedient hatte und besonders gut dazu geeignet war, das Resultat eines Prozesses zu bezeichnen, dessen Entstehungsgeschichte über den Verbalstamm noch mithörbar war. Die Wahl des mit dem Partizip II zu verbindenden Hilfsverbs ist zunächst nur davon abhängig, ob das Resultat des Prozesses, der zu der spezifischen Verfassung der Subjektgröße geführt hat, aktional als *entstehend* (werden) oder aktional als schon *abgeschlossen* (sein) akzentuiert werden soll. Diese aktionale Differenzierung zwischen *zwei* passivischen Perspektiven steht dabei zunächst sehr viel deutlicher im Mittelpunkt des Interesses als die Ausbildung einer temporalen Systematik für die Aktiv- und Passivformen.

1. Karl wird ein Geschlagener. / Karl wird geschlagen.
2. Karl ist ein Geschlagener. / Karl ist geschlagen.

Bemerkenswert ist nun, daß das Vorgangspassiv sowohl von transitiven wie von intransitiven Verben gebildet werden kann. Da bei den intransitiven Verben aber kein Akkusativobjekt die Subjektrolle übernehmen kann, muß die Subjektfunktion von dem neutralen Pronomen *es* übernommen werden. Aber auch das kann noch getilgt werden, so daß sogar ein anderes Satzglied psychologisch Gegenstand der Aussage werden kann.

3. Das Publikum lacht.
4. Es wird (vom Publikum) gelacht.
5. Vom Publikum wird gelacht.
6. Dem Kranken wird geholfen.

b) Die Funktion
Bei den transitiven Verben mit direktem Akkusativobjekt tritt die agensorientierte bzw. täterbezogene Prozessualität des Geschehens im Aktiv und die resultatsorientierte Prozessualität des Geschehens im Passiv besonders deutlich hervor.

7. Kolumbus entdeckt Amerika.
8. Amerika wird (von Kolumbus) entdeckt.
9. Von Kolumbus wird Amerika entdeckt.

Im Satz 7 folgen wir im Verstehensprozeß der Handlung entsprechend dem Agens-Actio-Schema vom Urheber bis zu dem Bezugspunkt, auf den es zuläuft. Im Satz 8 wird uns dagegen zuerst der Bezugspunkt eines Geschehens genannt und dann erst das Geschehen, das auf diesen Bezugspunkt zuläuft, wobei der Urheber genannt werden kann oder nicht. Während im Satz 7 das Verb obligatorisch mit zwei Elementen ergänzt werden muß, um eine sinnvolle Äußerung herzustellen, muß es im Satz 8 nur durch ein Element ergänzt werden, das charakteristischerweise nicht den Urheber des Geschehens nennen muß, sondern nur den Bezugspunkt.

Bei dieser Charakterisierung der Aktiv- und Passivformen ist festzuhalten, daß die *prozessuale* bzw. *resultative* Akzentuierung einer Aktion die genuine Leistung der jeweiligen Genusform ist, während die agenszugewandte oder die agensabgewandte Darstellungsweise als eine sekundäre Leistung anzusehen ist, die sich aus der Änderung der Bindefähigkeit des Verbs bzw. seiner Intransitivierung ergibt. Wie der Satz 9 zeigt, ist es durchaus möglich, auch in passivischen Sätzen täterbezogene Aussagen zu machen, die sich allerdings von den aktivischen durch die resultative Akzentuierung unterscheiden. Entweder kann man mit Hilfe der Intonation das Präpositionalgefüge als Agens hervorheben oder durch das grammatische Mittel der Spitzenstellung im Satz.

Die grammatische Funktion der Position der Satzglieder im Satz, die für die Analyse der Genusproblematik eine zentrale Rolle spielt, hat man unter dem Stichwort *funktionale Satzperspektive* bzw. *Thema-Rhema Gliederung* zu systematisieren versucht. Der verstehenspsychologische Ansatz von Boost[7] ist dabei für unsere Zwecke am fruchtbarsten. Boost geht von dem Grundgedanken aus, daß sprachliche Äußerungen neben der grammatisch-morphologischen auch eine grammatisch-psychologische Ordnungsstruktur haben. In jeder Äußerung bzw. jedem Satz müsse für den Hörer zunächst eine Ausgangsbasis geschaffen werden – *das Thema.* Dieses konstituiere sich auf ganz natürliche Weise für den Hörer aus dem, was er zuerst hört, also der ersten abgrenzbaren Sinneinheit einer Äußerung bzw. dem ersten Satzglied. Diese Sinneinheit löse eine kommunikative Dynamik aus, weil der Hörer in die Erwartungsspannung versetzt werde, was es denn mit dieser Sinneinheit auf sich habe. Die dem Thema folgenden Sinneinheiten bzw. Satzglieder – *das Rhema* – lösten dann diese Erwartungsspannung.

Wenn man auf diese Weise die Reihenfolge der Satzglieder als grammatische Instruktionssignale betrachtet, dann ist offensichtlich, daß auch passivische Sätze agensorientiert realisiert werden können, wenn die Agensgröße syntaktisch in die Themaposition

gebracht wird. Psychologisch gesehen teilt nämlich ein Satz immer Neuigkeiten über die zuerst präsentierte Sinneinheit mit, sei sie nun Subjekt, Objekt, Präpositionalgefüge, Adverbial oder Gliedsatz.
Informationspsychologisch ergibt sich für den passivischen Satz gegenüber dem aktivischen eine ganz andere *Aussagespannung,* weil in ihm das Akkusativobjekt des aktivischen Satzes die Rolle des Subjekts übernimmt und damit in der Regel auf die Position des Themas rückt, während es vorher Bestandteil des Rhemas war. Was vorher Erläuterungsfunktion hatte, wird auf diese Weise selbst Gegenstand für eine nähere Erläuterung. Obwohl der aktivische und passivische Satz auf dasselbe Faktum Bezug nehmen, erscheint dieses doch jeweils in einer ganz anderen *Wahrnehmungsperspektive* und bekommt deswegen auch ein ganz anderes Relevanzrelief. Dazu trägt sowohl die unterschiedlich realisierte Verbform bei als auch die jeweils unterschiedlich realisierte Thema-Rhema-Struktur.
Beim passivischen Gebrauch von intransitiven Verben, wo formal oft gar kein Subjekt faßbar ist, wenn das Pronomen *es* getilgt worden ist, ergibt sich dann die Chance, daß andere Satzglieder (Objekte der verschiedenen Art, Adverbiale) unangefochten die Thema-Position einnehmen können, wodurch dann sowohl eine besondere Ausgangslage als auch eine besondere Erwartungsspannung geschaffen wird.

10. Für Spaß wird gesorgt.
11. Morgen wird für Spaß gesorgt.
12. Mit Hingabe wird überall geholfen.

3. Das Zustandspassiv

a) Die Form
Während beim Vorgangspassiv *werden* mit dem Partizip II kombiniert wird, ist es beim Zustandspassiv das Hilfsverb *sein.* Daraus ergibt sich schon, daß beim Vorgangspassiv ein Prozeß mit seinem Ergebnis ins Auge gefaßt wird, während beim Zustandspassiv allein das Ergebnis des Prozesses aktuell ist und die Genese dieses Ergebnisses aus dem Interessenshorizont ausgeblendet wird. Das Zustandspassiv repräsentiert die Verfassung der Subjektgröße auch nicht als *geworden* wie im Vorgangspassiv, sondern als zuständlich *gegeben.* Deswegen ist es im Gegensatz zum Vorgangspassiv auch gut mit Zeitadverbialen kombinierbar, die eine Dauer angeben (lange, seit gestern usw.).

Die größte morphologische und funktionale Verwandtschaft hat das Zustandspassiv, das in der Regel auch nur im Präsens vorkommt, mit dem Vorgangspassiv im Perfekt, weil auch hier das Ergebnis eines Prozesses im Mittelpunkt des Interesses steht. Allerdings lassen sich Sätze im Perfekt des Vorgangspassivs schlecht mit Zeitadverbialen der Dauer kombinieren, wodurch sich zeigt, daß auch in ihnen der Genese eines Ergebnisses Aufmerksamkeit geschenkt wird.

1. Das Fenster ist geöffnet (seit gestern). (Zustandspassiv)
2. Das Fenster wird geöffnet. (Vorgangspassiv)
3. Das Fenster ist geöffnet worden. (Perfekt des Vorgangspassivs)

Die Identifikation des Zustandspassivs ist nicht immer leicht, weil es Sprachformen gibt, die eine große morphologische und funktionale Ähnlichkeit mit ihm haben. Vor allem macht die Unterscheidung des Zustandspassivs vom prädikativen Gebrauch des Adjektivs, vom Zustandsreflexiv und vom Perfekt derjenigen Verben Schwierigkeiten, die ihr Perfekt mit dem Hilfsverb *sein* bilden. Die Identifikation gelingt oft nur über Transformationsoperationen[8].

4. Das Fenster ist geöffnet. (Zustandspassiv)
5. Der Schuler ist begabt. (prädikatives Adjektiv)
6. Das Mädchen ist verliebt. (Zustandsreflexiv)
7. Das Obst ist gereift. (Perfekt Aktiv)

Sowohl das prädikativ gebrauchte Adjektiv als auch das Zustandsreflexiv lassen im Gegensatz zum Zustandspassiv keine Umformung in ein Vorgangspassiv zu. Das Adjektiv kann natürlich auch nicht in eine Präsensform gebracht werden. Das Zustandsreflexiv kann nur über eine Reflexivkonstruktion in ein Präsens Aktiv transformiert werden. Das Perfekt Aktiv kann ohne Schwierigkeiten in ein Präsens transformiert werden, aber nicht in ein Vorgangspassiv, weil in dieser Perfektform nur transitive Verben vorkommen.

b) Die Funktion

Während das Vorgangspassiv die Endverfassung der Subjektsgröße in der Perspektive ihres Werdeprozesses sprachlich objektiviert, zentriert das Zustandspassiv unsere Aufmerksamkeit auf die stabile Endverfassung der Subjektgröße nach Abschluß des prozessualen Vorgangs. Daraus ergibt sich, daß das Vorgangspassiv in gewisser Weise eine größere Ähnlichkeit mit dem Aktiv als mit dem Zustandspassiv hat. Aussagen im Aktiv und im

Vorgangspassiv können sich auf denselben empirischen Tatbestand beziehen, den sie allerdings in verschiedener Perspektive und aktionaler Akzentuierung sprachlich darstellen. Beim Vorgangspassiv wird trotz aller resultativen Akzentsetzungen durch die Verwendung des Verbs *werden* immer noch ein Prozeß ins Auge gefaßt, wenn auch nicht so klar akzentuiert wie im Aktiv. Demgegenüber repräsentiert das Zustandspassiv im Prinzip einen *anderen* Tatbestand, weil die Verfassung der Subjektsgröße nicht als *geworden,* sondern als zuständlich *gegeben* sprachlich objektiviert wird.

Aus diesen Überlegungen wird auch verständlich, warum jedes transitive Verb, das ein Zustandspassiv ermöglicht, auch ein Vorgangspassiv bilden kann, wohingegen nicht jedes transitive Verb, das ein Vorgangspassiv ermöglicht, auch ein Zustandspassiv bilden kann. Ein Zustandspassiv kommt aus semantischen Gründen natürlicherweise gar nicht oder selten bei den Verben vor, die durative Vorgänge bezeichnen, die nicht auf eine stabile Endverfassung hinauslaufen (loben, erinnern, brauchen).

Wenn man das Funktionsfeld der drei Genera des Verbs nach ihren Hauptcharakteristika strukturieren will, so läßt sich folgendes sagen. Das *Aktiv* ist *prozessual* orientiert und *agensbezogen,* das *Vorgangspassiv* ist *prozessual* orientiert und *nicht agensbezogen,* das *Zustandspassiv* ist weder *prozessual* orientiert noch *agensbezogen.* Diese Strukturierung bietet natürlich nur ein grobes Orientierungsraster, weil durch die Thema-Rhema-Relation, durch den Aktionalitätsgehalt der einzelnen Tempusformen und durch die Semantik der jeweiligen Verben Varianten möglich werden.

4. Passivähnliche sprachliche Formen

Die Frage nach den passivähnlichen sprachlichen Formen ist eine Frage nach den sprachlichen Mitteln, die pragmatisch ähnliche Funktionen wie das Passiv wahrnehmen, obwohl sie sich morphologisch deutlich von ihm unterscheiden. Bei einer solchen Frage nach den sprachlichen Realisationsmöglichkeiten für eine *passivische Perspektive* wird methodisch die Unterscheidung zwischen grammatischen und lexikalischen Mitteln vernachlässigt, weil nur die pragmatischen Funktionen im Mittelpunkt des Interesses stehen. Außerdem ist immer zu beachten, daß diese passivähnlichen Formen natürlich nicht identische Funktionen wie das Passiv ausüben, weil das dem

Ökonomieprinzip in der Sprache widerspräche. Die wichtigsten passivähnlichen sprachlichen Formen sollen nach Stichworten geordnet kurz vorgestellt werden.

Agensneutralisierende Ausdrucksformen
Wenn es nur darum geht, den Träger einer Handlung oder eines Geschehens auszublenden, weil er unwichtig ist, sich von selbst ergibt, nicht identifizierbar ist oder weil man ihn verschweigen will, dann muß man nicht unbedingt das Passiv benutzen, sondern kann auch die Subjektposition mit neutralen Pronomina oder mit metaphorisch gebrauchten Ausdrücken besetzen.

1. Man achtet auf Traditionen.
2. Es regnet.
3. Die Geschichte lehrt.

Reflexivkonstruktionen
Oft werden Reflexivkonstruktionen neben Aktiv und Passiv als drittes Verbgenus angesehen, da sie die Alternative von Aktiv und Passiv unterlaufen und sowohl Ähnlichkeiten als auch Unterschiede zu den beiden anderen Genera aufweisen. Charakteristisch für Reflexivkonstruktionen ist, daß sie keine linearen Prozesse bezeichnen, die von der Subjektgröße auf eine Objektgröße zulaufen, sondern Prozesse, die in sich selbst zurücklaufen, weil die Subjektgröße und die Objektgröße faktisch identisch sind.

4. Karl begeistert sich.

Da Reflexivkonstruktionen einen in sich kreisenden Prozeß benennen, haben sie aktional gesehen auch immer eher einen durativen und iterativen Charakter als einen resultativen. Deshalb ist es auch konsequent, daß sie sich nicht ins Passiv umformen lassen, weil das zu semantischen Widersprüchen führte. Reflexivkonstruktionen, bei denen das Subjekt keine Person ist, sondern ein abstrakter Begriff oder ein Gegenstand, haben eine große Nähe zum Passiv, weil sie trotz der aktivischen Satzform ein Geschehen faktisch agensabgewandt darstellen.

5. Das Problem löst sich./Das Problem wird gelöst.
6. Das Fenster öffnet sich./Das Fenster wird geöffnet.

Im Gegensatz zum Vorgangspassiv wird das Geschehen in solchen Aussagen aber nicht resultativ akzentuiert, sondern durch die Reflexivierung eher prozessual. Resultative Akzente können allerdings durch die Begriffsstruktur des jeweiligen Verbs einfließen. Für die Funktionsähnlichkeit mit dem Passiv ist aber auch kennzeichnend, daß durch die metaphorische Subjektgröße der faktische Ursachenzusammenhang des Geschehens nicht thematisiert wird.

Funktionsverbgefüge

Als Funktionsverbgefüge bezeichnet man formelhafte Wendungen, bei denen in der Regel ein Verbalabstraktum fest mit einem Verb verbunden wird. Die Funktionsverbgefüge treten als Aussagemittel dann in Konkurrenz zu den Verben, aus denen ihr nominaler Teil abgeleitet worden ist.

7. Zur Aufführung bringen/aufführen
8. In Angst versetzen/ängstigen

Charakteristisch für solche Funktionsverbgefüge ist, daß in ihnen die Verben ihre spezifische Semantik verlieren und nur noch als syntaktische Funktionselemente dienen. Der eigentliche Aussagegehalt verlagert sich in diesen Gefügen ganz auf das vom Verb abgeleitete Verbalabstraktum, das nun allerdings ein ehemals dynamisches Geschehen statisch vergegenständlicht repräsentiert. Diese Formeigentümlichkeiten der Funktionsverbgefüge verdeutlichen schon ihre pragmatischen Funktionen. Im Vergleich mit dem konkurrierenden Verb wird der jeweilige Prozeß in der Nominalisierung resultativ akzentuiert. Da im Funktionsverbgefüge die Semantik des Verbs verblaßt, müssen sich alle Handlungsvorstellungen notwendigerweise aus dem Verbalabstraktum ableiten, so daß sich zwangsläufig die Aufmerksamkeit nicht auf die Dynamik des Geschehens richtet, sondern auf das durch das Geschehen erzielte Ergebnis.

9. Der Mörder ängstigt die Stadt.
10. Der Mörder versetzt die Stadt in Angst.
11. Die Stadt wird durch den Mörder geängstigt.

Die Funktionsähnlichkeit zwischen dem Funktionsverbgefüge und dem Passiv besteht im wesentlichen in den resultativen Akzentsetzungen in beiden Aussagen. Im Funktionsverbgefüge tritt allerdings durch die spezifische Thema-Rhema-Relation das Interesse für das Agens des Geschehens sehr viel deutlicher hervor als in der passivischen Aussageweise.
Innerhalb der Funktionsverbgefüge gibt es eine bestimmte Sondergruppe, weil gewisse Funktionsverben mit den jeweiligen Verbalabstrakta in einer passivischen Transformationsrelation stehen (erfahren, finden, gehen, kommen, bekommen, erhalten, gelangen).

12. Anerkennung erfahren/anerkannt werden
13. Lob erhalten/gelobt werden

Bei diesen Funktionsverbgefügen ist eine gewisse Agensabgewandtheit festzustellen, weil in ihnen die Funktionsverben semantisch noch nicht ganz verblaßt sind und die Aufmerksamkeit so kanalisieren, daß der jeweilige Prozeß als auf das Subjekt zulaufend wahrgenommen wird und nicht von ihm weglaufend. Angesichts dieser schon vorhandenen passivischen Perspektive ist es auch folgerichtig, daß sich solche Funktionsverbgefüge im Gegensatz zu anderen nicht in eine passivische Form bringen lassen.

Konstruktionen mit ‚erhalten/bekommen/bringen + Partizip II'
Solchen Konstruktionen ist eine passivische Perspektive eigen, weil sie einen Prozeß bezeichnen, der auf das Subjekt zuläuft und nicht von ihm wegläuft.

14. Karl bekommt das Bild geschenkt.
15. Das Bild wird Karl geschenkt.

Im Unterschied zum Vorgangspassiv wird das Geschehen bei diesen Konstruktionen aber so dargestellt, daß der Vorgang des jeweiligen Geschehens stärker als das Ergebnis betont wird und daß die Personen deutlicher in den Vordergrund der Aufmerksamkeit rücken als die Sachen.

Konstruktionen mit ‚sich lassen + Infinitiv'
Diese Konstruktionen können der passivischen Perspektive zugeordnet werden, weil sie einen Sachverhalt agensabgewandt darzustellen versuchen.

16. Die Aufgabe läßt sich lösen.
17. Der Minister läßt sich entschuldigen.

Bei der Umformung dieser Konstruktionen in ein Vorgangspassiv stellt sich heraus, daß sie modale Implikationen haben, weil bei den Umformungsoperationen zusätzliche Modalverben (können, sollen, wollen, mögen) verwendet werden müssen. Die Art der modalen Implikation ergibt sich dann aus den jeweiligen Sachverhalten und Kontexten, die festlegen, ob ein *Zulassen* oder ein *Veranlassen* gemeint ist.
Der pragmatische Wert dieser Konstruktionen gründet sich sogar auch darauf, daß sie modale Aussageweisen erlauben, ohne diese eindeutig spezifizieren zu müssen. In den wissenschaftlichen Fachsprachen sind diese Konstruktionen besonders beliebt, weil sie eine gewisse Vergegenständlichungs- und Objektivierungstendenz haben. Sie konzentrieren die Aufmerksamkeit auf die Natur der Gegenstände und lenken die Aufmerksamkeit vom Sprecher als urteilender und beurteilender Instanz ab.

Konstruktionen mit ,sein + zu + Infinitiv'
Diese Konstruktionen lassen sich der passivischen Perspektive zurechnen, weil sie ebenfalls agensabgewandte Aussagestrukturen ermöglichen. Auch ihnen sind unterschiedliche modale Implikationen eigen, die sich bei Umformungsoperationen klar zeigen. Im Unterschied zu den Konstruktionen mit *sich lassen + Infinitiv* wirken diese Konstruktionen weniger verbindlich, weil sie handlungsmäßg einen ausgeprägten Feststellungscharakter haben.

18. Die Aufgabe ist zu lösen.

Konstruktionen mit ,es gibt / es bleibt + zu + Infinitiv'
Auch diese Konstruktionen sind zu den agensabgewandten Darstellungsformen zu rechnen, weil kein konkretes Agens bei ihnen zu identifizieren ist. Auch in ihnen können unterschiedliche modale Implikationen zur Geltung kommen.

19. Es gibt Neuigkeiten zu erzählen.

Konstruktionen mit ,sein + Adjektiv auf -bar und -lich'
Konstruktionen mit von Verben abgeleiteten Adjektiven dieser Art sind insbesondere in den Fachsprachen sehr beliebt, weil sie es erlauben, prozessuale Möglichkeiten als konstante Eigenschaften von Phänomenen darzustellen. Diese pragmatische Funktion bedingt auch die modale Einfärbung dieser Konstruktionen, die bei Sinnparaphrasen mit Hilfe des Modalverbs *können* verdeutlicht werden muß.

20. Die Schrift ist lesbar. / Die Schrift kann gelesen werden.
21. Glas ist zerbrechlich. / Glas kann zerbrochen werden.

Die pragmatische Verwandtschaft dieser Konstruktionen zum Passiv ergibt sich daraus, daß es in solchen Aussageweisen nicht um den Verursacher oder das Agens eines Geschehens geht. Im Gegensatz zu den Passivkonstruktionen wird hier aber nicht auf das Resultat eines Prozesses Bezug genommen, sondern nur auf die statischen Eigenschaften, die bestimmte Geschehensmöglichkeiten zulassen.

5. Die textuelle Funktion des Passivs

Die Frage nach der textuellen Funktion des Passivs ist die Frage nach dem Beitrag der passivischen Darstellungsweise (resultative Akzentsetzung, Agensabgewandtheit) zur Textkonstitution und

Textfunktionalität. Unter Text wird dabei eine sprachliche Äußerung unterschiedlichen Umfangs verstanden, die dadurch gekennzeichnet ist, daß sich in ihr unterschiedliche Einzelelemente zu einer strukturellen und funktionalen Ganzheit zusammenfügen, die eine besondere pragmatische Wirksamkeit entfaltet. Texte kommen so gesehen nicht an sich vor, sondern immer in Form von spezifischen *Textgestalten* bzw. *Textsorten.* Bei der Textkonstitution, die immer auch als eine Wahlentscheidung des Sprechers für oder gegen bestimmte sprachliche Muster zu verstehen ist, lassen sich drei unterschiedliche Problemzusammenhänge voneinander trennen.

Zum einen läßt sich danach fragen, bei welchen Erkenntnis- und Mitteilungsinteressen passivische Sprachformen besonders wirksame und ökonomische kognitive und kommunikative Werkzeuge sind. Zum zweiten läßt sich danach fragen, welche Einflüsse die passivischen Darstellungsformen auf Verstehensvorgänge ausüben, wie über sie Verstehensprozesse akzentuiert, konzentriert und manipuliert werden können. Zum dritten läßt sich danach fragen, welche strukturellen und funktionalen Vorteile sich aus dem Wechsel von passivischen und aktivischen Aussageweisen ergeben.

In allen drei Analyseansätzen ist die Frage nach der textuellen Funktion des Passivs eine Frage nach der semantischen *Feinstruktur* und dem *Sinnrelief* von Texten. Es geht nicht um die Referenz von Äußerungen zu der außersprachlichen Realität und nicht um ihren jeweiligen Tatsachengehalt, sondern um die pragmatische Interpretation und aktionale Akzentuierung von Tatsachen bei ihrer sprachlichen Objektivierung. Die Wahl der passivischen Darstellungsweise ist so gesehen auch immer als Negation der Verwendung der aktivischen Darstellungsweise zu interpretieren. Passivformen sind deshalb auch im Gegensatz zu Aktivformen durchgängig als metakommunikative Zeichen zu verstehen, die die *Rezeptionsweise* von Sachverhalten zu regulieren versuchen. Die metakommunikative Kraft und textbildende Funktion der passivischen Formen entfaltet sich in der Regel auf einer vorbewußten Ebene. In reflexiven Rückwendungen läßt sich aber die instruktive Kraft und kognitive Funktion dieser Formen auch explizit thematisieren.

Bei der Frage nach der Funktionalität des Passivs für bestimmte Textsorten und Äußerungssituationen stößt man sehr schnell auf die wissenschaftlichen, technischen und administrativen *Fachsprachen.* In wissenschaftlichen Texten sind Passivformen und passivverwandte Formen sehr beliebt, weil sie dabei helfen,

die Aufmerksamkeit von Prozessen auf Resultate zu lenken. Wissenschaftliche Aussagen wollen zeitlose Strukturen abbilden, aber keine individuellen zeitabhängigen Handlungen. Ein erzählender Satz läßt sich deshalb durchaus sinnvoll nach dem Agens-Actio-Schema analysieren, weil er eben dieses Schema konkretisiert. Dagegen erweist sich dieses Schema bei wissenschaftlichen Aussagen als nicht sehr analysekräftig, weil es in ihnen weniger um Handlungen als um logische Determinationsrelationen geht. Da Passivformen resultative und agensabgewandte Aussageformen sind, kommen sie den sprachlichen Objektivierungsintentionen wissenschaftlicher Aussagen sehr entgegen.
In der technischen Sprache sind Passivformen sehr beliebt, weil in ihnen der *Geschehensbezug* in der Regel wichtiger ist als der Geschehensträger. Im Kontext technischer Prozesse ist nicht interessant, wer einen Prozeß ausführt, sondern worauf er sich richtet und welches Ergebnis er erbringt. Deshalb ist das Passiv auch in allen Formen von *Instruktionen* sehr beliebt, von Bauanleitungen über Bastelanweisungen bis hin zu Kochrezepten.
Auch in der administrativen Sprache ist das konkrete Agens in der Regel uninteressant, weil die jeweiligen Personen im Namen allgemein bekannter Instanzen informieren, verordnen, warnen usw. So ist beispielsweise nur die Tatsache interessant, daß der Verkehr umgeleitet wird, aber nicht welcher Polizist oder welches Schild die Umleitung bewirkt. Passivformen erlauben bei diesen Informationsabsichten gegenüber Aktivformen deshalb auch eine sehr viel bessere funktionale Zentrierung der Aufmerksamkeit.
Die Funktionalität der Passivformen für bestimmte Textsorten resultiert aus ihrer *aufmerksamkeitslenkenden Kraft* auf den Hörer, dessen Informationsverarbeitungsprozesse durch die Passivformen ökonomisiert werden können. So ermöglichen Passivformen in einem Protokoll beispielsweise eine klare resultative Zusammenfassung von Vorgängen und verhindern ein unangemessenes Abgleiten in einen erzählerischen Sprachduktus. In allen Informationsprozessen, in denen der Träger einer Handlung selbstverständlich, belanglos oder unbekannt ist, liegt deshalb der Passivgebrauch besonders nahe.
Die aufmerksamkeitslenkende Kraft der Passivformen macht sie natürlich auch anfällig für die Verwendung in manipulativen und täuschenden Redeweisen. Unter dem Stichwort *Täterverschweigung* sind Passivformen oft als manipulative Sprachformen denunziert worden, da sie insbesondere bei der Verwendung in Geboten und Verboten die jeweils Verantwortlichen

aussparen und damit im Schutz der Anonymität belassen. Übersehen wird bei dieser Argumentation aber meist, daß in der Regel durch den Kontext oder die Situation klar ist, wer die Gebote und Verbote ausspricht bzw. wer die Autorität dazu hat. Weiter wird übersehen, daß Gebote und Verbote ihre Funktionalität als soziale Kommunikationsmuster nur entfalten können, wenn sie sich im Sinne der Thema-Rhema-Relation auch informationspsychologisch aussagekräftig organisieren können. Im Normalfall ist beispielsweise nicht in erster Linie interessant, wer das Baden in einem Tümpel verboten hat, sondern daß es verboten ist.
Manipulativ sind nicht die Passivformen als solche, sondern ihr Gebrauch in Situationen, in denen eigentlich Sprachformen zu erwarten sind, die eine andere thematische Konzentration bewirken und die die Aufmerksamkeit des Hörers so lenken, wie es die Sache erfordert. Beispiele dafür lassen sich leicht in autoritären Sprachverwendungsformen sowie in der Sprache der Politik und Werbung finden. Allerdings muß bei der inadäquaten Verwendung von Passivformen nicht immer eine bewußte Täuschungsabsicht vorliegen, sie kann auch durch die individuelle Unfähigkeit bedingt sein, Sprachformen funktional zu verwenden.
Die sprachliche Prägnanz und Funktionalität der Passivformen ist Vorbedingung dafür, daß diese im Wechsel mit Aktivformen gut zur *Reliefbildung* in Texten verwendet werden können. Selbst in Satzgefügen ist zuweilen ein Wechsel der Genusformen für die kommunikative Ökonomie und strukturelle Kohärenz unabdingbar. Es ergibt sich nämlich dadurch die Möglichkeit, durch Gliedsätze, in denen Handlungsträger und Handlungsbezug wechseln, präzisierende Informationen für die Hauptprädikation oder ihre Glieder nachzutragen, ohne das grammatische Subjekt wechseln zu müssen.

1. Der Vorsitzende, der allerdings heftig kritisiert wurde, setzte sich am Ende mit seiner Meinung durch.

Die Beibehaltung identischer grammatischer Subjekte in Satzgefügen ist für die Klarheit der Thema-Rhema-Relation sehr wichtig. Dadurch wird es möglich, die Aufmerksamkeit thematisch zu konzentrieren, eine klare Erwartungsspannung zu erzeugen und deutlich zwischen Vordergrundsinformationen und Hintergrundsinformationen zu unterscheiden.

II. DIDAKTISCHE ÜBERLEGUNGEN

1. Genus als kognitives Muster

Die didaktischen Überlegungen werden sich im wesentlichen auf das Passiv konzentrieren, weil es in Opposition zur Standardform Aktiv einen ganz spezifischen Darstellungswillen des Sprechers zum Ausdruck bringt. In der Opposition von Aktiv und Passiv läßt sich besonders gut demonstrieren, daß die sprachliche Objektivation eines Sachzusammenhanges nicht gleichbedeutend mit der sprachlichen Wiedergabe eines nackten Faktums ist bzw. gleichbedeutend mit der Verdoppelung eines Realitätsausschnittes auf der Ebene der Zeichen. Die sprachliche Repräsentation eines Realitätsausschnittes führt nicht zu seiner spiegelbildlichen Abbildung in der Sprache, sondern zur Konstitution eines nach bestimmten Wahrnehmungsinteressen perspektivisch geordneten Vorstellungsbildes. Die Einsicht, daß dieselben außersprachlich existenten Gegebenheiten sich auf unterschiedliche Weise sprachlich objektivieren lassen und deshalb auch auf ganz unterschiedliche Weise für unsere Vorstellung ‚existieren', ist didaktisch mindestens in drei Hinsichten wichtig.

Zum einen läßt sich durch diese Einsicht verdeutlichen, daß die Wahl der Aussageform für die sprachliche Objektivation eines Sachverhaltes ein Hinweis darauf ist, in welcher Perspektive ein Sprecher einen Realitätsausschnitt wahrgenommen hat bzw. wahrgenommen haben will. Daraus läßt sich dann wieder ableiten, daß die sprachlichen Darstellungsformen weniger als Abbildungsformen von Realität betrachtet werden können, sondern eher als *Aneignungsformen* für Realität. Solche sprachphilosophischen Einsichten müssen im Unterricht nicht gleich auf den Begriff gebracht werden, für sie kann aber vorbereitend sensibilisiert werden.

Zum zweiten ist die Einsicht in die spezifische Interpretationskraft sprachlicher Muster didaktisch wichtig, weil sie auf die *Reflexivität* unseres Denkens verweist. Die Erkenntnis, daß man Realität nach unterschiedlichen kognitiven Strategien sprachlich objektivieren kann, legt nahe, die in bestimmten Situationen konkret gewählten Darstellungsmuster nicht als natürlich und zwingend anzusehen, sondern als eine Möglichkeit im Dienste von bestimmten Darstellungsabsichten. Wenn man aber auf diese Weise die Voraussetzungen der eigenen Denk- und Wahrnehmungsbedingungen problematisieren kann, dann wird man auch dazu angeregt, Alternativen zu den jeweiligen sprachlichen Objektivationsweisen zu entwickeln, was wiederum eine Grundvoraussetzung für Dialogfähigkeit ist.

Zum dritten ist die Einsicht in die spezifische kognitive Ordnungskraft von sprachlichen Darstellungsformen wegen ihrer Bezüge zur *Textsortenproblematik* didaktisch wichtig. Sprachliche Äußerungen sind in ihren Organisationsformen nicht völlig frei, sondern strukturieren sich entsprechend ihren typisierbaren Funktionen nach bestimmten Mustern bzw. Textsorten. Da gerade den Passivformen eine spezifische kognitive Ordnungskraft eigen ist, spielen sie für die Konstitution und Variation bestimmter Textsorten eine unverzichtbare Rolle.

Konkret werden die spezifischen Leistungen von Aktiv- und Passivformen, wenn man sich die kognitiven Ordnungsstrategien verdeutlicht, die ihnen jeweils eigen sind. Im Aktiv sind Aussagen mit passivfähigen Verben (transitive Verben) durch das *Agens-Actio-Schema* und das *Kausalitätsschema* geprägt. Prozessualität wird in ihnen nach dem Schema Handlungsträger – Handlungsobjekt strukturiert, wobei insbesondere die Spannung zwischen dem Ursprung und dem Ziel des jeweiligen Prozesses hervorgehoben wird. Diese Tendenz zur Akzentuierung von Ursache-Wirkungs-Relationen in aktivischen Aussageformen ermöglicht dann auch metaphorische Redeweisen, in denen bestimmte Kausalrelationen postuliert werden, die so kaum vorhanden sein dürften.

Demgegenüber wird in passivischen Aussageweisen Prozessualität kognitiv so strukturiert, daß das Interesse für den Handlungsträger und die Kausalstrukturen zugunsten des Interesses für die *Handlungsergebnisse* weitgehend ausgeblendet wird. Ein Geschehen wird im Hinblick auf ein Endresultat ins Auge gefaßt bzw. im Hinblick auf die Größe, auf die es zuläuft. Obwohl sich aktivische und passivische Aussagen auf denselben Realitätsausschnitt beziehen können, nehmen sie ihn dennoch in sehr unterschiedlichen Perspektiven wahr und objektivieren ihn damit sprachlich auf ganz andere Weise.

Wenn man die Wahl bestimmter Genusformen zugleich als Wahl bestimmter *Interpretationsstrategien* ansieht, dann kann man sie auch als Indizien für den kognitiven Ordnungs- und Darstellungswillen des Sprechers betrachten. Allerdings ist dabei zu berücksichtigen, daß die Wahl der Genusformen auch durch die Wahl der Textsorte bedingt wird, in die man Einzelaussagen integriert. Gleichwohl kann man aber an der These festhalten, daß insbesondere das Passiv ein wichtiges Mittel ist, um in allgemeinen Informationsprozessen ein spezifisch akzentuiertes Sinnrelief herauszuarbeiten.

2. Genus und Textsorte

Wenn man von der passivischen Darstellungsperspektive spricht, dann muß man berücksichtigen, daß grammatische Formen zwar eine bestimmte kognitive Grundstruktur und ein davon abhängiges Funktionspotential haben, daß aber ihr tatsächlicher pragmatischer Funktionseffekt in konkreten Äußerungen in der Regel durch mindestens vier Faktoren bestimmt wird:

1. durch die sozial eingespielten Instruktionsfunktionen der jeweiligen Form,
2. durch den jeweiligen sprachlichen Kontext,
3. durch den jeweiligen nicht-sprachlichen Kontext und
4. durch die Verstehensoperationen des Hörers, der die ersten drei Funktionen gewichten und aufeinander beziehen muß.

Außerdem ist natürlich zu beachten, daß Informationen nicht eine *informatorische Leere* auffüllen, sondern daß sie auf bestimmte Informationsunsicherheiten und Informationserwartungen eine *Antwort* geben wollen. Gerade am Beispiel des Passivs läßt sich gut demonstrieren, daß grammatische Formen zu Textsorten in einer spezifischen Dialektik stehen. Einerseits helfen sie durch ihr spezifisches Funktionspotential, Textsorten als spezifische pragmatische Kommunikationsmuster zu konstituieren, andererseits ist ihr konkreter Funktionseffekt abhängig von den Informationserwartungen, die an bestimmte Textsorten geknüpft werden. In Textsorten, in denen man ohnehin eine resultatsorientierte Darstellungsweise erwartet (Ergebnisprotokolle, Bauanweisungen, Beschreibungen technischer Abläufe usw.), muß man bei der Sinninterpretation von Passivformen sehr viel zurückhaltender sein als in Textsorten, in denen eine passivische Darstellungsweise weniger selbstverständlich ist.

Aus dieser Dialektik ergibt sich die sprachdidaktische Aufgabe, die Schüler für die *Interdependenz* von grammatischen Formen und Textsorten zu sensibilisieren und grammatische Analysen immer wieder mit Textsortenanalysen zu verbinden bzw. mit Überlegungen zur Textproduktion und Textinterpretation. Im Hinblick auf die Genusproblematik kann dann herausgearbeitet werden, daß insbesondere das *Vorgangspassiv* in allen Kommunikationssituationen seinen genuinen Platz hat,

in denen der Aufweis von Handlungsträgern bzw. Kausalrelationen nicht so wichtig ist, sich von selbst ergibt, nicht aufgeklärt werden kann oder aus bestimmten Gründen nicht beabsichtigt ist.
Die *passivähnlichen* sprachlichen Mittel dürfen aus zweierlei Gründen sprachdidaktische Aufmerksamkeit beanspruchen. Einerseits ergibt sich bei passivnahen Textsorten aus stilistischen Gründen die Notwendigkeit, die Monotonie der passivischen Verbgefüge zu durchbrechen. Andererseits kann es wichtig werden, innerhalb der passivischen Darstellungsperspektive feine Nuancierungen vorzunehmen, die insbesondere die Kombination der passivischen Darstellungsperspektive mit *modalen* Komponenten betreffen können.

3. Genus und Sprachkritik

Wie kaum eine andere grammatische Form hat das Passiv die Aufmerksamkeit der *Sprachkritiker* auf sich gezogen. Bei vielen sprachdidaktischen Analysen zum Passiv stehen sogar die manipulativen und verschleiernden Funktionsmöglichkeiten des Passivs unter den Stichworten *Täterverschweigung* und *Informationsriegel* im Mittelpunkt des Interesses. Hier wird dagegen dafür plädiert, zunächst die spezifizierenden und organisierenden Funktionen des Passivs herauszuarbeiten und erst in einem zweiten Ansatz seine manipulativen Verwendungsmöglichkeiten zu thematisieren, weil sonst die Gefahr besteht, daß sich bei den Schülern der Eindruck festsetzt, das Passiv sei eine negativ zu bewertende und möglichst nicht zu verwendende sprachliche Form.
Sprachdidaktisch ist es wichtig klarzustellen, daß keine sprachliche Form *von Natur aus* einen manipulativen oder verschleiernden Charakter hat, sondern daß sprachliche Formen manipulativ und verschleiernd mißbraucht werden können, wenn man sie in Situationen verwendet, für die sie unangemessen sind. Je prägnanter die aufmerksamkeitslenkende Funktion einer grammatischen Form ist, desto wirksamer kann sie natürlich zur Irreführung der Hörer eingesetzt werden, zumindest so lange, wie diese sich über das spezifische Funktionspotential dieser Form keine Rechenschaft ablegen können.
Ob Passivformen zu verschleiernder oder zu prägnanter Rede verwendet werden, läßt sich nur im Bezug auf die jeweilige Redesituation klären. Voraussetzung ist dabei allerdings, daß man in der Lage ist, die jeweilige Kommunikationssituation

nach ihrer Struktur, ihren Motiven und ihren Zwecken zu durchleuchten und von hier aus dann Überlegungen zu den jeweils angemessenen sprachlichen Formen anzustellen. Nicht immer liegt einem kritikwürdigen Passivgebrauch eine bewußte Strategie zugrunde. Oft ist die Verwendung des Passivs nur symptomatisch für Verdrängungsmechanismen, Anonymitätsbedürfnisse oder Gedankenlosigkeit. Daß Vertreter von Behörden und Institutionen solchen Versuchungen besonders leicht erliegen, ist verständlich, wenn auch nicht immer tolerierbar. Ein Kind hat diesem Problem einmal sehr prägnant Ausdruck verliehen: „Niemand verbietet etwas, es ist nur immer alles verboten."

4. Die Behandlung der Genusformen

Das didaktische Hauptinteresse bei der Behandlung des Genusproblems kann sich auf die Behandlung der Passivformen als *Sonderformen* konzentrieren, da die Aktivformen als Standardformen von den Schülern in der Regel morphologisch und funktional ganz gut beherrscht werden. Erst in der Opposition zu den besonderen Leistungen des Passivs wird es dann sinnvoll, auch auf die kognitive Strukturierungskraft des Aktivs einzugehen.
Ebenso wie die Passivformen sprachgeschichtlich erst in einem relativ späten Stadium verfügbar geworden sind, so sind sie auch für die Kinder erst in einem relativ späten Stadium ihrer Sprachentwicklung aktiv verfügbar. Kinder werden zwar von Anfang an mit Passivformen konfrontiert, sie beginnen aber erst im Alter von ungefähr 7 Jahren, Passivformen in größerem Umfange selbst zu benutzen. Offenbar stellen Passivsätze an unsere *kognitiven* Operationen größere Ansprüche als Aktivsätze. Das wird auch durch psychologische Untersuchungen bestätigt, in denen man festgestellt hat, daß der Verstehensprozeß von Passivkonstruktionen sehr viel längere Zeit beansprucht als der von entsprechenden Aktivkonstruktionen. Die besonderen Schwierigkeiten beim Verstehen und Formulieren von Passivsätzen liegen offenbar darin begründet, daß man bei seinen kognitiven Operationen nicht auf das vertraute Agens-Actio-Schema bzw. Kausalitätsschema zurückgreifen kann. Dieses Schema legt uns in Verbindung mit dem Thema-Rhema-Schema nahe, *Agens* und *grammatisches Subjekt* miteinander zu identifizieren und unsere ganze Aufmerksamkeit darauf zu konzentrieren, welche Aktion von dem Agens auf das jeweilige Objekt zuläuft. Bei Passivsätzen ist dieses vertraute Verstehensschema

nicht mehr anwendbar, weil Agens und grammatisches Subjekt nicht mehr identisch sind und weil das Geschehen auf das grammatische Subjekt zuläuft statt von ihm auszugehen.

Diese Umkehr von Denk- und Verstehensgewohnheiten bei Passivsätzen bereitet Kindern natürlich große Schwierigkeiten. In einem sehr interessanten Versuch hat Urban[9] gezeigt, daß ganz bestimmte kognitive Erwartungen Kinder zum Passivgebrauch besonders disponieren können. Er hat drei Klassen eines 3. Schuljahres Bilder zur Versprachlichung vorgelegt, die sowohl aktivische wie passivische Versprachlichungsformen ermöglichen (Junge streicht Hauswand, Vater pflanzt Baum, Bären sägen Holz). Die erste Klasse wurde durch verbale Erläuterungen zu der Aufgabe so beeinflußt, daß sich das Interesse der Kinder auf das jeweilige *Handlungsziel* bzw. *Handlungsresultat* richtete. Die zweite Klasse wurde so beeinflußt, daß sich das Interesse ganz auf das *Agens* bzw. den *Akteur* richtete. Der dritten Klasse wurden schließlich die Bilder ohne jegliche Beeinflussung zur Versprachlichung vorgelegt.

Das Ergebnis des Versuchs hat gezeigt, daß die *Versprachlichungsweisen* der jeweiligen Bildinhalte sehr stark mit der jeweiligen *Ausrichtung* des kognitiven Interesses korrelierte. Die erste Klasse hat zur Versprachlichung der Bilder in signifikant höherem Maße Passivsätze benutzt als die beiden anderen Klassen. Die zweite Klasse hat wiederum mehr Aktivsätze benutzt als die unbeeinflußte dritte Klasse.

Didaktisch läßt sich aus diesem Versuch der Schluß ziehen, daß es relativ sinnlos ist, die Schüler mit dem Genusproblem zu konfrontieren, wenn man sie nicht *gleichzeitig* darin schult, ihre Wahrnehmungsformen und Darstellungsformen nach unterschiedlichen Zielsetzungen zu variieren. Das bedeutet, daß das Genusproblem nur dann sinnvoll behandelt werden kann, wenn den Schülern gleichzeitig plausibel gemacht wird, daß man dieselbe empirische Gegebenheit in unterschiedlicher Perspektive sehen und sprachlich objektivieren kann.

Auf das Spannungsverhältnis zwischen der empirischen Realität einerseits und ihrer sprachlichen Repräsentation andererseits läßt sich sehr gut bei der Versprachlichung von Bildern hinweisen. Im Gegensatz zu empirischen Gegebenheiten 1. Ordnung bieten Bilder eine stabile und reduzierte Menge von Merkmalen, auf die man bei Streitfragen immer wieder verweisen kann. Gleichwohl bieten sich sehr unterschiedliche Möglichkeiten, die jeweiligen Bildinhalte in konkrete sprachliche Aussagen zu überführen.

Andere und fortführende Ansätze zur Behandlung der Genusproblematik ergeben sich, wenn man nach Textsorten sucht, für die das Passiv bzw. passivverwandte Formen besonders angebracht bzw. unangebracht sind.

III. REALISIERUNGSVORSCHLÄGE

1. Versprachlichung von Bildergeschichten

Wenn man Bildergeschichten allein mit Hilfe von passivischen Aussagen versprachlicht, ergeben sich in der Regel schwerwiegende *strukturelle Mängel,* weil die Kausalstruktur der aufeinander bezogenen Handlungen unklar wird, wenn die jeweiligen Handlungssubjekte entweder gar nicht oder nur nebenbei genannt werden. In resultatsorientierten passivischen Aussagen lassen sich zwar faktisch gegebene Tatsachen sprachlich objektivieren, aber diese Einzeltatsachen lassen sich oft nur schwer oder gar nicht als Glieder einer zusammenhängenden Aktionskette begreifen. Deshalb verbietet es sich auch von selbst, Geschichten vollständig im Passiv zu erzählen, während es durchaus angemessen sein kann, technische Abläufe wie etwa die Papier- oder Bierherstellung mit Hilfe passivischer Aussagen darzustellen.

Wenn man die Schüler mit einem Text konfrontiert, in dem jedes Einzelbild einer Bildergeschichte durch eine passivische Aussage repräsentiert wird, welche das Agens des jeweiligen Geschehens bewußt ausspart, dann entstehen notwendigerweise große Verstehensprobleme. Für eine sechsteilige Bildergeschichte[10] vom Dackel Willi, Vater Kaiser und seinem Sohn läßt sich beispielsweise folgender unangemessener Text formulieren.

> Ein Garten wird aus einem Wasserschlauch gesprengt. Ein ahnungsloser Dackel wird dabei auch naßgespritzt. Der Dackel wird anschließend ausgelacht. Dann wird der Garten wieder gesprengt. Nun wird der Schlauch zerbissen. Vater und Sohn werden von hinten naßgespritzt.

Ein solcher Text muß auf die Schüler befremdlich wirken, weil sie selbst nie auf den Gedanken kämen, eine Bildergeschichte mit Hilfe solcher Aussagen zu versprachlichen. Noch absurder wäre der Text, wenn auch die Zeitadverbiale aus ihm getilgt würden, welche die Handlungsabläufe wenigstens ahnbar machen. Obwohl die Schüler einen solchen Text spontan als inadäquat beurteilen, wird es ihnen dennoch nicht leicht fallen, seine *strukturellen Mängel* in pragmatischer und grammatischer Hinsicht zu benennen. Diese Spannung zwischen dem konkreten *Sprachgefühl* und dem noch unklaren *Sprachwissen* läßt sich nutzen, um auf den Unterschied zwischen den handlungsorientierten aktivischen und den ergebnisorientierten passivischen Aussageweisen aufmerksam zu machen. In einem ersten Arbeitsansatz kann über *beschreibende* Verfahren geklärt werden, wo die Mängel dieses Textes liegen bzw. welche wichtigen Informationen fehlen, um sich eine klare Vorstellung von dem gesamten Geschehenszusammenhang zu machen. Ziel dieser ersten Arbeitsphase muß es keineswegs sein, die Mängel begrifflich zu fixieren. Es genügt, wenn einzelne Probleme erkannt und möglicherweise Alternativvorschläge gemacht werden. Die Denkanstrengungen in dieser Arbeitsphase dürfen nicht unterschätzt werden, da die Präzisierung des allgemeinen Unbehagens an dem Text schon eine große kognitive Leistung darstellt. In einem zweiten Arbeitsschritt läßt sich dann der passivische Text mit dem folgenden aktivischen vergleichen.

> Vater und Sohn besprengen aus einem Wasserschlauch den Garten. Dabei spritzen sie aus Spaß auch einen ahnungslosen Dackel naß. Anschließend lachen beide den Dackel sogar noch aus. Dann besprengen Vater und Sohn wieder den Garten. Der Dackel zerbeißt nun den Schlauch. Ein Wasserstrahl bespritzt jetzt von hinten Vater und Sohn.

Der zweite Text kann mit dem ersten daraufhin verglichen werden, welche *neuen* Informationen er enthält, welchen *Stellenwert* diese neuen Informationen für die Geschichte haben, worauf sich die Aufmerksamkeit in beiden Texten jeweils richtet und welchen Text man bevorzugen würde, wenn man danach eine Bildergeschichte malen müßte. Ein solcher Textvergleich soll dazu dienen, die Elemente herauszuarbeiten, die unbedingt genannt werden müssen, wenn man eine spannende Handlung erzählen will. Insbesondere muß dabei darauf aufmerksam gemacht werden, daß man nur dann einen Handlungszusammenhang darstellen kann, wenn klar gesagt wird, wer handelt und worauf sich das Handeln jeweils richtet bzw. wer oder was durch das Handeln betroffen wird.

In einer dritten Arbeitsphase kann man dann die beiden Texte mit der tatsächlichen Bildergeschichte vergleichen und zur Diskussion stellen, welchen *Wahrheitsgehalt* die jeweiligen Sätze im ersten und im zweiten Text haben. Bei dieser Fragestellung lassen sich die bisherigen Arbeitsergebnisse aus etwas veränderter Perspektive rekapitulieren und zugleich ein neuer Problemzusammenhang thematisieren. Es stellt sich nun nämlich das Problem, nach welchen Gesichtspunkten man überhaupt die Frage nach der ‚falschen' oder ‚richtigen' Versprachlichung eines Bildes oder einer Bildergeschichte beantworten kann. Dabei muß dann herausgearbeitet werden, daß es einen Unterschied macht, ob man ein Bild als Einzelbild oder als Bild einer Serie versprachlicht, und daß es außerdem einen Unterschied macht, ob derjenige, für den man ein Bild versprachlicht, dieses Bild zugleich sieht oder nicht. Aus solchen Überlegungen heraus läßt sich dann auch einsichtig machen, daß mit jedem Text eine bestimmte *Informationsabsicht* verbunden ist und daß jeder Text auf eine bestimmte *Informationserwartung* antwortet. Wenn man auf diese Weise den gesamten Problemzusammenhang strukturiert hat, kann in einem vierten Arbeitsschritt die eigentliche grammatische Analyse einsetzen, die den Funktionsunterschied zwischen den Verbgenera auf der begrifflichen Ebene zu präzisieren hat. Dazu ist es notwendig, die grammatischen Termini *Subjekt, Prädikat, Akkusativobjekt* zu rekapitulieren und auf ihren Stellenwert in aktivischen und passivischen Aussageweisen hin zu befragen.

Bei dieser Aufgabe kann man zunächst auf die vereinfachten Anfangssätze zurückgreifen. Der Satz – *Der Vater besprengt den Garten* – wird zunächst nach dem Schema *Subjekt – Prädikat – Akkusativobjekt* analysiert. Dann werden die Schüler aufgefordert, Beschreibungstermini zu finden, die die Satzglieder als Funktionselemente eines Handlungszusammenhanges beschreiben. Als mögliche Lösung können sich die Termini *Handelnder – Handlung – Handlungsgegenstand* ergeben. Diese ‚sprechenden' Termini, die natürlich nur für Handlungsverben angemessen sind, lassen sich auch über graphische Symbole darstellen.

Subjekt – Prädikat – Akkusativobjekt

✳ ⟶ □

Handelnder – Handlung – Handlungsgegenstand

Wenn man dieses Analysekonzept für den Satz – *Der Garten wird besprengt* – anwendet, dann zeigt sich, daß die grammatischen Termini hier nicht auf die gleiche Weise mit inhaltlich orientierten Beschreibungsbegriffen korrespondieren wie im ersten Fall. Es stellt sich heraus, daß das Subjekt keine Größe ist, von der eine Handlung ausgeht, sondern eine Größe, auf die sich eine Handlung richtet, wobei überhaupt nicht mitgeteilt wird, wer diese Handlung ausführt. Deshalb muß das Handlungsschema für diesen Satz graphisch auch anders dargestellt werden.

Subjekt – Prädikat (Präpositionalgefüge)

□ ⟵ (✳)

Handlungsgegenstand – Handlung (Handelnder)

Diese strukturelle und terminologische Analyse läßt sich dadurch abschließen, daß man die unterschiedlichen grammatischen Aussageformen, die zugleich unterschiedliche Sichtweisen auf einen Realitätsausschnitt realisieren, mit den grammatischen Termini *Aktiv* und *Passiv* etikettiert. Wenn die Differenzierungsfunktion dieser Termini gefestigt ist, dann lassen sich auch Überlegungen darüber anstellen, welche Möglichkeit es gibt, auch in passivischen Sätzen die Urheber einer Handlung zu nennen. In diesem Zusammenhang stößt man dann auf das Problem der fakultativen Präpositionalkonstruktionen, durch die ein Handelnder in einer Aussage zusätzlich genannt werden kann, und auf das Problem der Intransitivierung des Verbs im Passiv. An diese Problemzusammenhänge lassen sich auch leicht Überlegungen darüber anschließen, wer oder was überhaupt handeln kann (Mensch, Tier, Ding/Sache), ob beispielsweise ein ‚Wasserstrahl' handeln kann oder nicht. Bei Bedarf läßt sich diese Diskussion dann auch auf unsere animistische Naturinterpretation ausdehnen (Der Wind weht.).

Zum Abschluß kann dann in einem letzten Arbeitsschritt die Frage erörtert werden, ob bei der Versprachlichung der Bildergeschichte unter bestimmten Bedingungen nicht auch passivische Aussageweisen ihr gutes Recht haben, wobei insbesondere auf das letzte Bild hinzuweisen ist. Eine solche Fragestellung kann didaktisch mehrere Funktionen haben. Durch sie lassen sich Schüler in *Argumentationsketten* verwickeln, in denen sie die bisherigen Arbeitsergebnisse rekapitulieren müssen. Außerdem kann sie die Schüler dazu anregen, sich in *reflexive Denkprozesse* einzuüben und ihre Aussageweisen optimal auf die jeweils wichtigen Informationsinhalte bzw. Informationsabsichten abzustimmen. Es kann dann klargestellt werden, daß auch bei der Darstellung von Handlungsabläufen ergebnisorientierte Darstellungsweisen wichtig sein können und daß man die spezifische *Thema-Rhema-Struktur* in passivischen Aussageweisen gut dazu benutzen kann, um informationspsychologisch bestimmte Akzente zu setzen.

2. Korrektur und Kritik von Texten

Es wurde schon betont, daß das Passiv eine sehr prägnante und ökonomische Aussageform für solche Texte ist, die eine *instruktive* Grundfunktion haben. Didaktisch und methodisch bietet sich deshalb an, gerade im Hinblick auf solche Texte die ökonomisierende und aufmerksamkeitslenkende Kraft des Passivs zu behandeln. So läßt sich beispielsweise die Aufgabe stellen, einen sehr umständlich formulierten aktivischen Instruktionstext durch den Gebrauch von passivischen oder passivähnlichen Aussageformen *prägnanter* zu machen. Sprachlich inadäquat formuliert ist beispielsweise folgender Text.

KARTOFFELDRUCK

> Derjenige, der einen Kartoffeldruck machen will, wäscht große Kartoffeln und halbiert sie. Dann besorgt er sich Ausstechformen für Plätzchen und sticht damit von der Schnittstelle her beliebige Formen aus. Wenn die Schnittstellen trocken sind, bestreicht der Bastler sie mit Plakafarbe. Dann kann er die Kartoffelstücke als Stempel benutzen und mit ihnen unterschiedliche Formen auf Papier oder Stoff aufstempeln. Wenn bei dem Druck Farblücken entstehen, dann kann der Bastler sie mit einem Pinsel ausbessern.

In einem ersten Arbeitsansatz kann man prüfen, welche Informationen in einem solchen Text *überflüssig* sind, weil sie sich von selbst aus den allgemeinen Umständen ergeben, und welche Informationen unbedingt vermittelt werden müssen. In einem zweiten Arbeitsansatz ist dann zu prüfen, mit Hilfe welcher sprachlicher Mittel man einen kurzen und sprachlich abwechslungsreichen Text herstellen kann. Bei dieser Zielsetzung muß man dann den Text entweder in eine *imperativische Form* bringen oder aber auf das *Passiv* bzw. *passivverwandte Ausdrucksmittel* zurückgreifen. Die inadäquate agensorientierte Darstellungsform läßt sich auf diese Weise durch eine agensneutralisierende bzw. ergebnisorientierte Darstellungsform ersetzen. Das Ergebnis könnte ein Text folgenden Typs sein:

KARTOFFELDRUCK

> Große Kartoffeln werden gewaschen und halbiert. Mit Ausstechformen für Plätzchen sticht man beliebige Formen aus. Die abgetrockneten Schnittflächen bekommen einen Anstrich aus Plakafarbe. Mit den Kartoffelstückchen lassen sich unterschiedliche Formen auf Papier und Stoff aufstempeln. Farblücken werden mit dem Pinsel ausgebessert.

Vergleichbare Korrekturen von umständlich geschriebenen Texten lassen sich auch an Protokollen, Schulordnungen, Gesetzen, Berichten usw. durchführen. Dabei kann man auch den Gesichtspunkt der Informationsverschleierung einführen. Es muß dann geklärt werden, unter welchen Bedingungen der Gebrauch des Passivs zu prägnanten und sachadäquaten Aussageweisen führt und unter welchen zu defizitären und manipulativen. Man kann die Schüler auch dazu auffordern, instruktive, berichtende und werbende Texte zu sammeln und auf ihren Genusgebrauch hin zu überprüfen. Stichworte wie *Täterverschweigung* und *Informationsriegel* lassen sich dann ohne Schwierigkeiten einführen. Schlagzeilen, Werbetexte und Redewendungen sind hier dankbare Untersuchungsobjekte.

3. Herstellung von Texten

Größere Schwierigkeiten als die Beschreibung, Analyse und Korrektur von Texten bietet die selbständige Herstellung von Textsorten mit funktional sinnvollem Passivgebrauch für die Schüler. Um das zu üben, kann man die Aufgabe stellen, kurze Instruktionstexte zu verfassen, die in ein Bastelbuch übernommen werden können, oder Texte herzustellen, in denen der Vollzug komplexer Aktionsabläufe beschrieben wird (Radwechsel beim Auto, Flicken eines Fahrradschlauchs, Aufbau eines Turngerätes, Veredeln eines Obstbaumes). Noch anspruchsvoller wird es, wenn man die Schüler auffordert, komplexe Produktionsverfahren zu beschreiben, die sie entweder selbst gesehen haben oder über die sie sich die notwendigen Informationen beschaffen müssen (Bierherstellung, Papierherstellung usw.).

Es bietet sich auch an, der Klasse ein naturwissenschaftlich orientiertes Experiment vorzuführen und den Schülern dann die Aufgabe zu stellen, es in seinem Aufbau und Ablauf präzise zu beschreiben, so daß auch Schüler, die es nicht gesehen haben, es verstehen und wiederholen können. Das ist nicht leicht, weil Schüler einerseits dazu neigen, nur Teile des Experimentes zu verbalisieren, da sie für sich selbst ja alle fehlenden Informationen aus der Erinnerung abrufen können, und weil sie andererseits dazu neigen, das Experiment in der Form einer *agensorientierten Erlebnisgeschichte* zu verbalisieren und nicht in der Form einer *ergebnisorientierten Strukturbeschreibung*.

Als Anregungsgrundlage für eine solche Aufgabe läßt sich vielleicht folgendes Experiment nutzen, mit dem man nachweisen kann, daß Luft ein Gewicht hat. Dazu werden zwei aufgeblasene Luftballons an den Enden eines etwa 50 cm langen Drahtes befestigt. Das Ganze wird dann mittels eines Fadens wie eine Balkenwaage im Gleichgewicht aufgehängt. Wenn man nun mit einer Schere ein Loch in den oberen Teil eines der beiden Luftballons schneidet, so daß dessen Luft allmählich entweichen kann, kommt die Waage langsam ins Ungleichgewicht.

Die textsortenadäquate Verwendung von Genusformen läßt sich auch dadurch üben, daß man denselben Realitätsausschnitt sprachlich durch zwei unterschiedliche Texte objektiviert, die jeweils in ganz andere Funktionszusammenhänge eingebunden sind. So kann man beispielsweise über einen Verkehrsunfall einen Text herzustellen versuchen, der für die Veröffentlichung in einer Zeitung bestimmt ist, und andererseits einen Text, der als Aussageprotokoll vor Gericht verwendbar ist. Aus den unterschiedlichen Funktionen der Texte läßt sich dann plausibel ableiten, welche Darstellungsformen jeweils für sie funktional sind und welche nicht.[11]

E DIE MODUSFORMEN DES VERBS

I. DIE SACHPROBLEMATIK

1. Modalität und Modus

Ähnlich wie bei der Analyse der Tempusproblematik stellt sich auch bei der der Modusproblematik die Frage, ob ein *ontologisch* oder ein *psychologisch* orientierter Untersuchungsansatz der angemessenere ist. Dienen Modi primär dazu, die Modalitätsstrukturen der faktischen Welt zu differenzieren, oder dienen sie primär dazu, die unterschiedlichen Geltungsgrade, die Sprecher ihren Aussageinhalten zugeordnet wissen wollen, zu differenzieren? Diese idealtypische Konfrontation von zwei unterschiedlichen Betrachtungsmöglichkeiten beleuchtet ganz gut die Modusproblematik, sie ist aber noch nicht der methodologischen Weisheit letzter Schluß.
Da die psychologische Betrachtungsweise umfassender ist als die ontologische und diese zu integrieren vermag, wird auch hier wieder ein psychologisch orientierter Untersuchungsansatz gewählt. Es wird wiederum davon ausgegangen, daß die sprachlichen Formen sowohl genetisch als auch funktional nicht Mittel sind, um die Realität auf der Ebene der Sprache zu verdoppeln, sondern Mittel, um die Realität für die menschlichen Bedürfnisse zu interpretieren und zu strukturieren. Primär dienen die sprachlichen Formen dazu, das zu differenzieren und kommunikativ zu bewältigen, was die Sprachbenutzer als *Welt* erleben, weshalb die sprachlichen Ordnungsformen ja auch von Kultur zu Kultur erheblich differieren und sich historisch ständig wandeln. Das schließt natürlich nicht aus, daß die Sprachformen auch *realitätsförmig* sind und als Handlungsinstrumente in sich etwas von dem abbilden, was sie pragmatisch handhabbar machen wollen und müssen. Daraus ist abzuleiten, daß die Modusformen natürlich auch etwas mit den Modalitätsstrukturen der Realität zu tun haben, ebenso wie die Tempusformen etwas mit den chronologischen Strukturen der Realität, daß sie aber nicht primär in dieser Perspektive analysiert werden müssen.
Aus diesen Überlegungen ergeben sich nun zwei methodologische Probleme. Einerseits stellt sich die Frage, ob die Modusproblematik überhaupt zureichend behandelt werden kann, wenn man

seinen *Beobachtungsrahmen* auf die Modusformen des Verbs einschränkt. Im Sinne des Gedankens vom sprachlichen Feld müßten eigentlich alle modalitätshaltigen sprachlichen Formen (modaler Infinitiv, Modalverben, Modaladverbien, Partikel usw.) konfrontativ mit den Modusformen des Verbs behandelt werden. Auf eine ausführliche Darstellung des ganzen Modalsystems wird hier aus naheliegenden Gründen verzichtet, dennoch sollen einige Hinweise in dieser Richtung gegeben werden. Andererseits stellt sich die noch grundsätzlichere Frage, ob man nicht generell auf den *Modusbegriff* beim Verb verzichten sollte, insbesondere dann, wenn man den Tempusbegriff primär nicht unter chronologischen, sondern unter psychologischen und modalen Kategorien entfaltet, wie es hier geschehen ist. Solange man von der These ausgeht, daß auch Tempusformen dazu dienen, den Geltungsanspruch von Aussagen zu differenzieren, ist die Überschneidung des Tempus- und des Modusbegriffs ja offensichtlich. Das hat sich insbesondere bei der Analyse des Futur I ja auch schon sehr deutlich gezeigt.
In bewunderungswürdiger Konsequenz hat Weinrich deshalb auch den Vorschlag gemacht, den Modusbegriff ganz aufzugeben, weil die traditionell als Modusformen des Verbs betrachteten Phänomene (Indikativ, Konjunktiv, Infinitiv, Imperativ) viel zu heterogen seien, um sie unter gemeinsamen Gesichtspunkten zusammenzufassen. „Ich halte den Modusbegriff für unbrauchbar und irreführend, weil er alle Beschreibungen der Sprachstruktur zu verfälschen droht."[1] Für diese Kritik Weinrichs, die insbesondere von seiner Tempuskonzeption aus verständlich wird, spricht vieles. Modusformen differenzieren wie Tempusformen *Geltungsansprüche* und *Aktualitätsunterschiede* von Aussagen, beide haben *chronologische Implikationen*, was insbesondere bei der indirekten Rede deutlich wird, beide sind als *Satzmorpheme* anzusehen, die metakommunikativ die ganze Aussage einfärben. Außerdem spräche für eine integrative Darstellung von Modus- und Tempusformen, daß die indikativischen Tempusformen keine direkten konjunktivischen Gegenstücke haben und daß der Unterschied zwischen den beiden Konjunktivformen heute kaum noch temporale Qualität hat.
Trotz dieser sehr bedenkenswerten Argumente wird hier mit gewissen Einschränkungen doch an der traditionellen Unterscheidung des Modus- und Tempusparadigmas festgehalten. Dafür spricht vor allem, daß es sicher nicht sinnvoll ist, über den schulischen Grammatikunterricht die Forderung nach einem *integrierten* Modus-Tempus-Paradigma einzulösen, daß

auch bei einer systematischen Trennung beider Paradigmen auf Überschneidungsbereiche hingewiesen werden kann und daß sich die Modusproblematik in vielen Aspekten deutlich von der Tempusproblematik unterscheidet.

2. Die Kategorie ‚Modalität'

Um die spezifische Leistung der Modusformen und der anderen Modalisierungsmittel herausarbeiten zu können, muß man zunächst klären, was man sich unter der ontologischen Kategorie der *Modalität* vorzustellen hat. Den Philosophen hat die Kategorie der Modalität zunächst dazu gedient, die Art und Weise zu differenzieren, in der Sachverhalte existieren. Mit den Subkategorien *Wirklichkeit, Möglichkeit* und *Notwendigkeit* bzw. ihren Negationen hat man die charakteristische Existenzweise bestimmter Sachverhalte zu unterscheiden versucht bzw. festgelegt, auf welche Weise ihnen charakteristische Eigenschaften bzw. Prädikate zukommen.
Bei Kant ergibt sich dann eine neue Sicht auf das Modalitätsproblem, insofern er die Kategorie der Modalität von der Ebene des Seins auf die Ebene des Urteils über das Sein verlagert. Modalität kommt nicht mehr den faktischen Sachverhalten zu, sondern den Urteilen über diese Sachverhalte. Das ist nun sehr wichtig, weil damit die Kategorie der Modalität auch für die Darstellungsintentionen eines Sprechers geöffnet wird. Die Kategorie der Wirklichkeit erscheint nun als *assertorisches Urteil*, die Kategorie der Möglichkeit als *problematisches Urteil* und die Kategorie der Notwendigkeit als *apodiktisches Urteil.* Durch diese Transformation des Modalitätsbegriffs lassen sich nun die philosophische und sprachwissenschaftliche Modalitätsproblematik in einen gemeinsamen Horizont bringen und auf einer psychologischen Ebene verankern, ohne die ontologische ganz aufzugeben.
Vor dem Hintergrund dieser Überlegungen zeigt sich sehr deutlich, wie problematisch es ist, den Indikativ als ‚Wirklichkeitsform' und den Konjunktiv als ‚Möglichkeitsform' zu bezeichnen, weil die sprachliche Darstellungsweise von Sachverhalten nichts über deren faktische Existenzweise aussagen kann, sondern höchstens darüber, welche Existenzweise ein Sprecher einem Sachverhalt zuschreibt oder zugeschrieben haben möchte. Die sprachliche Darstellungsweise kann so gesehen kein Indiz für den Modalitätsgehalt eines Sachverhalts sein, sondern nur ein Indiz für die spezifische *Wahrnehmungsweise,* in der ein Sprecher

zu dem jeweiligen Sachverhalt steht. Eine ganz andere Frage ist dann, wie weit der Sprecher durch die Wahl seiner Aussagemittel beansprucht, objektive Modalitätsstrukturen der Realität wiederzugeben, oder wie weit er nur kenntlich machen will, daß er in einer bestimmten Wahrnehmungs- und Behauptungsrelation zu den jeweils sprachlich objektivierten Sachverhalten steht.

Wenn man die Kategorie der Modalität unter sprachwissenschaftlichen Gesichtspunkten entfalten will, dann muß man bei der Frage ansetzen, welche sprachlichen Mittel dem Sprecher zur Verfügung stehen, den Geltungsanspruch seiner Aussagen metakommunikativ präzise zu qualifizieren. Diese sprachlichen Mittel können lexikalischer oder grammatischer Natur sein, sie können sprachlich auf explizite oder auf implizite Weise realisiert werden. Das Inventar dieser Modalisierungsmittel gliedert sich in der Regel feldmäßig, und dementsprechend kann man auch von einem Modalsystem sprechen, wenn man den Systembegriff als geordneten Strukturzusammenhang interpretiert.

Bei der Analyse des Geltungsanspruchs von Aussagen lassen sich zwei Betrachtungsperspektiven unterscheiden. Zum einen können die in Äußerungen vorkommenden Modalisierungsmittel im Hinblick auf den Hörer untersucht werden. Dann geben sie uns Hinweise darauf, welche Gesichtspunkte zu berücksichtigen sind, wenn wir die Intentionalität einer Äußerung richtig verstehen wollen. Zum anderen können die in Äußerungen vorkommenden Modalisierungsmittel im Hinblick auf den Sprecher untersucht werden. Dann geben sie uns Aufschluß darüber, in welchen Denkweisen der Sprecher befangen ist und welche Einwirkungsintentionen er auf seine Hörer hat.

Diese pragmatisch orientierte Ausrichtung des sprachwissenschaftlichen Modalitätsbegriffs am Geltungsbegriff darf allerdings nicht übersehen, daß die vom Sprecher vorgenommene Modalisierung einer Äußerung intentional zwei ganz unterschiedliche Zielrichtungen haben kann, worauf schon hingewiesen worden ist. Wenn der Sprecher beabsichtigt, durch die Modalisierung die spezifische Modalitätsstruktur eines Sachverhalts abzubilden, dann soll von einer *sachverhaltsbezogenen Modalität* gesprochen werden, da in diesem Fall seine Differenzierungsabsicht ontologisch orientiert ist. Diese Modalisierungsabsicht kann insbesondere durch Modalverben und Modaladverbien realisiert werden. Wenn ein Sprecher beabsichtigt, metakommunikativ den Geltungsanspruch einer Aussage in einer bestimmten Situation zu modalisieren, dann soll von *kommunikationsbezogener Modalität* gesprochen werden.[2]

Dieser Typ von Modalität, der insbesondere durch die Modusformen des Verbs repräsentiert wird, wird hier im Mittelpunkt des Interesses stehen. Diese Modalität dokumentiert auch unmittelbar ihre metakommunikative Funktion, während bei der sachverhaltsbezogenen Modalität einige gedankliche Zwischenschritte notwendig sind, um ihr eine metakommunikative Funktion zuordnen zu können. Welche sprachlichen Realisierungsweisen es für beide Modalitätsformen gibt, wird das folgende Kapitel zeigen.

3. Das Modalsystem

Wenn man unter dem Modalsystem den systematischen Zusammenhang aller sprachlichen Mittel versteht, die den Geltungsanspruch von Äußerungen modal präzisieren, dann ist dieser Begriff so umfangreich, daß er kaum noch sinnvoll handhabbar ist. In der Sprache gibt es unendlich viele und völlig unterschiedliche Mittel, um den Geltungsanspruch von Aussagen metakommunikativ zu kommentieren. So könnte man beispielsweise die Textsortenproblematik (fiktive, normative, unterhaltende Texte usw.), die Ironieproblematik, die Intonationsproblematik und vieles andere mehr dem Modalsystem zuordnen. Um den Begriff des Modalsystems sprachwissenschaftlich handhabbar zu machen, wird hier sein Umfang auf die folgenden lexikalischen und grammatischen Modalisierungsmittel eingeschränkt: Modaladverbiale, Modalpartikel, modaler Infinitiv, Modalverben und Modusformen des Verbs. Da die Modusformen des Verbs besonders behandelt werden, soll sich die Aufmerksamkeit hier zunächst auf die ersten vier Modalisierungsmittel konzentrieren.
Am einfachsten und offensichtlichsten kann man den Geltungsanspruch einer Aussage bzw. eines Aussagegliedes durch Modaladverbiale näher präzisieren, wenn man einmal davon absieht, daß sich natürlich der Geltungsanspruch jeder Aussage oder jedes Aussagegliedes auch explizit durch einen Metasatz qualifizieren läßt. Modaladverbiale können in sehr unterschiedlichen lexikalischen und syntaktischen Formen vorkommen.

1. Karl arbeitet *vielleicht*. (Adverb/Modalwort)
2. Karl arbeitet *langsam*. (Adjektiv)
3. Karl arbeitet an dem Bild *mit Hingabe*. (Präpositionalgefüge)
4. Karl arbeitet, *als ob er besessen wäre*. (Gliedsatz)

Wenn man den *Bezugsbereich* der Adverbiale als Modalisierungsmittel näher untersucht, dann stellt sich heraus, daß sie keineswegs alle als *Satzadverbiale* anzusehen sind, die wie die Modusformen des Verbs eine ganze Aussage metakommunikativ modal präzisieren. Es zeigt sich, daß es neben den *Satzadverbialen* auch noch sogenannte *Prädikatsadverbiale* gibt, die nur den vom Verb bezeichneten Prozeß bzw. den vom Verb auf ein bestimmtes Objekt gerichteten Prozeß modal näher präzisieren wollen. Im Satz 1 stellt der Sprecher eine Vermutung über die faktische Existenz eines Sachverhalts an. Hier handelt es sich eindeutig um ein *Satzadverbial,* weil die ganze Aussage durch die Modalisierung betroffen wird. In den Sätzen 2, 3 und 4 handelt es sich demgegenüber um *Prädikatsadverbiale*, weil der Sprecher hier nur den prozessualen Vorgang bzw. den prozessualen Vorgang in seiner besonderen Zielgerichtetheit präzisieren will.[3] Das zeigt sich sehr deutlich, wenn man die Modaladverbiale durch explizite Metasätze zu ersetzen versucht. Im Gegensatz zu modalen Satzadverbialen, wo der Sprecher im Metasatz als Subjekt auftauchen muß (Karl arbeitet. Ich vermute das.), muß bei modalen Prädikatsadverbialen der Verbalprozeß zum Subjekt gemacht werden (Karl arbeitet. Das Arbeiten geschieht langsam.).

Modale Satzadverbiale sind als *kommunikationsbezogene Modalisierungsmittel* zu klassifizieren, weil sie den Stellenwert einer Aussage für die jeweilige Kommunikationssituation präzisieren wollen. Demgegenüber sind *modale Prädikatsadverbiale* als *sachverhaltsbezogene Modalisierungsmittel* einzuordnen, weil sie die modale Struktur eines faktisch gegebenen Vorgangs näher qualifizieren wollen. Während Prädikatsadverbiale unsere Aufmerksamkeit ganz auf die modale Struktur von Vorgängen und Sachverhalten richten und den Sprecher ganz hinter die vermittelten Fakten zurücktreten lassen, richten Satzadverbiale unsere Aufmerksamkeit sehr viel stärker auf den Sprecher und seine Handlungsintentionen und Wahrnehmungsbedingungen zum Sprechzeitpunkt. Modale Satzadverbiale vermehren nicht unsere Kenntnis über die Struktur von Sachverhalten, sondern nur über die Bedingungen, unter denen wir von der Struktur von Sachverhalten Kenntnis bekommen. Satzadverbiale gehören im Gegensatz zu Prädikatsadverbialen deshalb auch zum gleichen kommunikationsbezogenen Modalisierungstyp wie die Modusformen des Verbs.

Nicht alle vom Duden als Modaladverbien bezeichneten Adverbien lassen sich als Satzadverbiale benutzen (blindlings, anstandslos usw.).[4] Formal eindeutige Differenzierungskriterien lassen

sich kaum anwenden, ohne die ganze traditionelle Wortarteneinteilung zu problematisieren. Deshalb soll es hier genügen, die Modaladverbien, die als Satzadverbiale und kommunikationsbezogene Modalisierungsmittel dienen können, mit Admoni[5] als *Modalwörter* in Form einer Beispielsliste auszugrenzen: *vielleicht, schwerlich, vermutlich, offensichtlich, wahrscheinlich, glücklicherweise, leider, hoffentlich, zweifellos usw.*
Ähnliche pragmatische Funktionen wie die Modalwörter haben die sogenannten *Modalpartikel*, die sich ebenfalls wieder sehr schwer von den Modalwörtern abgrenzen lassen und syntaktisch viele Rätsel aufgeben. Zu den Modalpartikeln, die in den Grammatiken auch als Abtönungspartikel, Satzpartikel, Würzwörter, Flickwörter usw. bezeichnet werden, lassen sich Wörter folgenden Typs zählen: *aber, also, auch, bloß, beinahe, eben, eigentlich, doch, ja, nämlich, nur, schon, sogar, überhaupt* usw. Manche Wörter lassen sich sowohl als Modalwörter wie als Modalpartikel verwenden.

5. Vielleicht kommt er. (Modalwort)
6. Das war vielleicht spannend. (Modalpartikel)

Ein einigermaßen verläßliches Verfahren für die Abgrenzung von Modalwörtern und Modalpartikeln ist in vielen Fällen die Umstellprobe. Wörter, die als Modalpartikel dienen können, lassen sich in der Regel nicht an den Satzanfang stellen.
Besonders häufig kommen Modalpartikel im mundlichen Sprachgebrauch vor, und viele Stilistiker möchten sie als ‚Läuse im Pelz der Sprache' zumindest aus der Schriftsprache ganz eliminieren. Bei der Übersetzung von Modalpartikeln in fremde Sprachen ergeben sich fast unüberwindliche Schwierigkeiten, weil Äquivalente oft gar nicht vorhanden sind. Modalpartikel dienen offensichtlich den Sprechern dazu, ihre Aussageinhalte expressiv, emotional und situational zu kommentieren, weshalb ihnen ebenso wie den Modalwörtern eine metakommunikative Funktion zugeordnet werden muß. Von den als Satzadverbialen gebrauchten Modalwörtern unterscheiden sie sich neben ihren syntaktischen Besonderheiten dadurch, daß sich ihre Funktion nicht so einfach in einem expliziten Metasatz über einen Basissatz darstellen läßt. Deshalb lassen sie sich auch nicht ganz eindeutig als Satzadverbiale ansprechen, die den Geltungsanspruch einer Gesamtaussage präzisieren.
Die Funktionen der Modalpartikel sind sehr vielfältig und können in ganz unterschiedlichen Perspektiven beschrieben werden.

7. Das war aber schön.
8. Du wirst nämlich erwartet.
9. Das kannst du dir überhaupt nicht leisten.

In Satz 7 dient der Modalpartikel offensichtlich als *Verstärker* für die expressive Komponente der Aussage und gibt uns so eine spezifische Auskunft über den jeweiligen Sprecher und seine Ausdrucksintentionen. In Satz 8 gibt uns der Modalpartikel Aufschluß darüber, aus welcher *Erwartungshaltung* eine Aussage hervorgegangen ist und in welche Kontexte und Voraussetzungsstrukturen sie gehört. In Satz 9 kann der Modalpartikel als Indikator und Verstärker für einen spezifischen *Sprechakt* angesehen werden. Er kann dabei helfen zu verdeutlichen, daß ein Sprecher mit einer Äußerung nicht nur einen propositionalen Gehalt vermitteln will, sondern möglicherweise zugleich widersprechen, drohen, beleidigen oder kritisieren will. Trotz der verschiedenartigsten Funktionsmöglichkeiten von Modalpartikeln ist aber unbestreitbar, daß sie in Äußerungen eine modalisierende Funktion ausüben.[6]
Als ein Modalisierungsmittel der deutschen Sprache muß auch der *modale Infinitiv* gewertet werden. Bei der Wahl der Konstruktion *haben/sein + zu + Infinitiv* stellt der Sprecher einen Sachverhalt nicht als gegebenes Faktum dar, sondern hebt es als ein noch zu bestimmten modalen Bedingungen zu realisierendes Faktum hervor. Der komplexe Sinngehalt dieser Äußerungsform läßt sich deshalb in zwei Einzelprädikationen auflösen, die in der Relation von Basissatz und Metasatz zueinander stehen müssen.

10. Er hat zu kommen. (Er kommt. Das Kommen ist notwendig.)

Der modale Infinitiv bringt Postulate zum Ausdruck, die gleichzeitig den Charakter von verdeckten Imperativen bzw. befehlenden Sprechakten haben. Am leichtesten kann er durch Modalverben (müssen, sollen) ersetzt werden. Kategorial gesehen gehört der modale Infinitiv zum *sachverhaltsbezogenen* Modalisierungstyp, da der Sprecher mit ihm die Modalitätsstruktur eines Sachverhalts sprachlich zu objektivieren versucht und nicht die modalen Implikationen einer Kommunikationssituation.
Außerordentliche Schwierigkeiten bietet die Beschreibung des Funktionspotentials der *Modalverben*[7] (*können, müssen, wollen, sollen, mögen, dürfen*), weil sie sowohl zur *sachverhaltsbezogenen* als auch zur *kommunikationsbezogenen* Modalisierung

dienen können und obendrein sowohl im Indikativ als auch im Konjunktiv gebraucht werden können, aber nicht im Imperativ. Die enge syntaktische Verknüpfung der Modalverben mit dem Infinitiv anderer Verben hat manche Grammatiker dazu angeregt, sie nicht als eigenständige Verben anzusehen, sondern als Hilfsverben, um grammatische Varianten von Vollverben herzustellen, vergleichbar mit der Funktion von *werden* bei der Bildung des Futur I. Bei einer solchen Sichtweise verlören dann allerdings die Modalverben ihren besonderen Status zwischen Voll- und Hilfsverben. Im Standardgebrauch dienen Modalverben zur *sachverhaltsbezogenen* Modalisierung. Sie bezeichnen die spezifische Modalität, die der Sprecher zwischen der jeweiligen Subjektgröße und dem vom Infinitiv benannten Geschehen vorliegen sieht. Modalverben qualifizieren in dieser Gebrauchsweise also nicht wie Prädikatsadverbiale nur den vom Verb bezeichneten Vorgang, sondern geben die modale Struktur an, die die Relation zwischen Subjektgröße und Prädikatsgröße kennzeichnet.

11. Karl kann/muß/will ... schwimmen.
12. Karl schwimmt. Das Schwimmen ist eine Fähigkeit/ eine Verpflichtung/ein Wille ... von/für Karl.

Wenn man den komplexen Informationsgehalt einer Aussage mit Modalverben kategorial aufschlüsseln will, dann muß man einen Basissatz bilden, der einen bestimmten Sachverhalt vorstellbar macht und einen Metasatz, der präzisiert, unter welcher Modalitätsprämisse diese Aussage Gültigkeit beansprucht. Da Sätze mit Modalverben die spezifische modale Disposition der Subjektgröße zur Realisierung bestimmter Vorgänge präzisieren wollen, kann bei ihnen die Wahrheitsfrage auch nur der besonderen modalen Handlungsdisposition der Subjektgröße gelten und nie dem Vorgang als empirischem Faktum.
Da Aussagen mit Modalverben Modalitätsstrukturen kennzeichnen wollen und keine empirischen Fakten, spielt für sie die Kategorie der Potentialität immer eine wichtige Rolle. Bei der sachverhaltsbezogenen Modalisierungsfunktion der Modalverben hat die Potentialität ein *ontologisches* Fundament, weil der Sprecher die Modalitätsstrukturen eines möglichen Vorgangs kennzeichnen will. Bei der kommunikationsbezogenen Modalisierungsfunktion von Modalverben hat die Potentialität ein *psychologisches* Fundament, weil der Sprecher Vermutungen über die Modalitätsverhältnisse bei Ereignissen anstellt, die sich jenseits seiner Wahrnehmungsmöglichkeiten bereits vollzogen haben.

13. Karl will/kann/soll geschwommen haben.

Bei diesen kommunikationsbezogenen Modalisierungen mit Hilfe von Modalverben wird nicht die spezifische modale Disposition einer Subjektgröße für einen Vorgang herausgearbeitet, sondern im Sinne Kants ein *problematisches Urteil* gefällt, für dessen Wahrheitsgehalt der Sprecher nicht die volle Verantwortung übernehmen will. Bei diesen Sätzen kann die Wahrheitsfrage folglich auch nicht den Modalitätsverhältnissen bei einem Vorgang gelten, sondern dem faktischen Realitätsgehalt der jeweiligen Aussage. Die Modalverben dienen bei diesem Gebrauch dazu, dem Sprechakt des *Vermutens* oder *Vermittelns* Ausdruck zu geben, damit der Hörer den pragmatischen Stellenwert einer Aussage richtig einschätzt.
Die kommunikationsbezogene Modalisierungsfunktion der Modalverben ist historisch jüngeren Datums als ihre sachverhaltsbezogene Modalisierungsfunktion. Erst seit Anfang des 16. Jh. lassen sich die Modalverben in diesem Sinne verwenden.[8] Das hängt wohl damit zusammen, daß sich im Laufe der Zeit das Bedürfnis immer stärker entwickelt hat, den Geltungsanspruch von Aussagen implizit im Vollzug der Aussage selbst auf variantenreiche Weise modalisierend abzutönen, um explizite Vorspannsätze oder Metasätze zu vermeiden.

4. Der Indikativ

a) Die Form
Der Indikativ läßt sich als grammatische Form morphologisch und funktional schwer beschreiben, weil er im System der Modusformen ebenso als *universale* Basisform anzusprechen ist wie das Präsens im System der Tempusformen und das Aktiv im System der Genusformen. Das Verb im Präsens Indikativ Aktiv bildet die Standardform für alle Aussagen. Spezifische Formmerkmale lassen sich deshalb für den Indikativ selbst kaum herausarbeiten, weil diese grammatische Form eigentlich erst in der Oppositonsrelation zum Imperativ und zum Konjunktiv I und II als den jüngeren Sproßformen hervortritt. Diese Besonderheit spiegelt sich auch schon in der Namengebung wider. Die lateinischen Grammatiker nannten diese Form ,modus indicativus' (lat. indicare = anzeigen) oder ,modus rectus' (lat. rectus = gerade, gradlinig), um deutlich zu machen, daß es sich hier im Prinzip um eine Standardform des Verbs handelt.

b) Die Funktion

Das Funktionspotential des Indikativs ist schwer zu beschreiben, weil er einerseits als neutrale Standardform keine spezifischen modalen Instruktionssignale zu geben scheint und weil er andererseits als Alternative zu den jüngeren Sproßformen doch irgendwie ins Modusparadigma eingeordnet werden muß.

Herausgestellt wurde schon, daß es in die Irre führt, den Indikativ als ‚Wirklichkeitsform' anzusehen, weil die Verbform allein nichts über den Faktizitätsgehalt eines Satzes aussagen kann und weil mit Modaladverbialen jederzeit Einschränkungen des faktischen Gehaltes einer Aussage vorgenommen werden können. Der Indikativ scheint als grammatische Form und Satzmorphem semantisch leer zu sein, weil er offenbar nichts anderes repräsentiert als die Standardform des Verbs für Aussagen, die höchstens noch signalisiert, daß kein Imperativ und kein Konjunktiv vorliegt.[9] Hinsichtlich des Geltungsanspruchs gilt für indikativische Aussagen dann nur die allgemeine pragmatische Regel, daß jeder Sprecher die Verantwortung für den Wahrheitsgehalt einer Aussage trägt, wenn er diese Verantwortlichkeit nicht durch explizite oder implizite Vorbehaltssignale einschränkt.

Diese Charakterisierung des Indikativs als neutrale Standardform wird zum Teil fragwürdig, wenn man ihn im Rahmen des Sproßmodells betrachtet. Das Sproßmodell ermöglicht es nämlich, den Indikativ sowohl als neutrale Standardform als auch als spezifische Modusform mit einem bestimmten Instruktionsgehalt zu betrachten. Der modale Instruktionsgehalt des Indikativs tritt besonders dann hervor, wenn der Sprecher die *Wahl* zwischen verschiedenen Modusformen hat und der Indikativ in einer direkten Konkurrenzsituation zu anderen Modusformen steht, wie beispielsweise in der indirekten Rede. Hier kann der Indikativ Aussagen ein modales Profil geben, das durch andere Modalformen auf keinen Fall realisiert werden kann.

Wenn man auf diese Weise die pragmatische Funktion des Indikativs und seinen metakommunikativen Instruktionsgehalt im wesentlichen aus der Wahlentscheidung des Sprechers für ihn abzuleiten versucht, dann muß man zwangsläufig auf psychologisch orientierte Kategorien Bezug nehmen. Brinkmann hat deshalb auf sehr zutreffende Weise den Indikativ als Modus der *Setzung*[10] charakterisiert und betont, daß die Wahl des Indikativs nicht von irgendwelchen faktischen Gegebenheiten abhänge, sondern von dem *Denkhorizont* und *Darstellungswillen* des Sprechers. Die Entscheidung für eine Indikativform, die dann zugleich immer eine Entscheidung gegen eine Konjunktivform ist, kann so gesehen als Indiz dafür aufgefaßt werden, daß der Sprecher entweder selbst keine Vorbehalte gegen den Realitätsgehalt oder Geltungsanspruch einer Aussage hat oder zumindest dem Hörer keinerlei Vorbehalte dieser Art signalisieren will. Das gilt natürlich nur solange, wie der Sprecher nicht lexikalische Relativierungsmittel verwendet (Modaladverbiale, Metasätze). Bei der Verwendung der Indikativform konzentriert sich der Sprecher bewußtseinsmäßig ganz auf seine Aussageinhalte bzw. betont, das zu tun. Deshalb läßt sich die Auffassung rechtfertigen, den Indikativ in psychologischer Hinsicht als eine Art *Identifikationsmodus* zu betrachten.

Als Identifikationsmodus kann der Indikativ allerdings nur dann angesprochen werden, wenn der Sprecher eine andere Wahl gehabt hätte, diese aber aus welchen Gründen auch immer nicht realisiert hat. Bei der Verwendung des Indikativs bewegt sich der Sprecher, was den Geltungsanspruch seiner Aussagen angeht, psychisch immer auf einer einzigen Reflexionsebene, solange er keine lexikalischen Kommentierungsmittel einsetzt. Es wird sich zeigen, daß er sich bei der Verwendung des Konjunktivs immer zugleich auf zwei Reflexionsebenen bewegt, nämlich auf einer, wo es um die sprachliche Objektivierung von Sachverhalten geht, und auf einer anderen, wo es um die Kommentierung des Geltungsanspruchs dieser sprachlichen Objektivierungen geht. Natürlich kann man nun einwenden, daß auch der Gebrauch des Indikativs als *setzende* Aussageform eine zweite Reflexionsebene aktiviere, weil damit auch eine modale Kommentierung der Aussage verbunden sei. Das ist richtig, solange man aus der Distanz der wissenschaftlichen Analyse argumentiert, es ist aber nicht richtig, wenn man aus der Situation des spontanen Sprechens argumentiert, wo der Indikativ in der Regel nicht bewußt als modalisierendes grammatisches Mittel eingesetzt wird.

Besonders klar tritt der Indikativ als Identifikationsmodus in solchen Äußerungen hervor, in denen der Vollzug einer Aussage zugleich der Vollzug einer spezifischen Handlung ist, wo also propositionaler Gehalt und illokutionäre Funktion zusammenfallen. In solchen Fällen muß der Indikativ im Präsens benutzt werden, denn grammatische oder lexikalische Vorbehaltssignale aller Art würden die Handlung als Handlung aufheben.

1. Ich taufe dich auf den Namen X.

5. Der Imperativ

a) Die Form
Die morphologische Kategorie *Imperativ,* die sich auf eine bestimmte Realisationsweise des Verbs bezieht, muß deutlich von der pragmatischen Kategorie *Imperativ* unterschieden werden, die sich auf einen bestimmten Typ sprachlicher Handlungen bezieht, die durch unterschiedliche sprachliche Mittel realisiert werden können. Aus naheliegenden Gründen ist das Paradigma der Imperativformen beim Verb nicht voll ausgebildet. Abgesehen von Sonderformen gibt es eigentlich nur eine Imperativform von der 2. Person Singular und Plural im Präsens Aktiv, wo entweder ein *-e* oder ein *-t* an den Verbstamm angehängt wird, wobei das ‚*-e*' mundartlich auch wegfallen kann und das *-t* sich zu einem *-et* ergänzen kann.

1. Gehe/geht nach Hause!

Zur Form des Imperativs gehören außerdem noch bestimmte syntaktische und intonatorische Merkmale. In imperativischen Äußerungen muß das Verb eine Spitzenstellung einnehmen und einen dominanten Tonakzent tragen. Die Intonationskurve ist besonders dann wichtig, wenn die 3. Person Plural Präsens Aktiv als besonders höfliche Imperativform verwendet wird, weil sonst nicht zwischen der imperativischen und der fragenden Funktion einer Äußerung unterschieden werden kann.

2. Gehen sie nach Hause (!) (?)

b) Die Funktion
Traditionell wird die Imperativform des Verbs als *Befehlsform* qualifiziert. Das ist aber eine sehr grobe Charakterisierung, die das Funktionspotential dieser grammatischen Form nur sehr ungenau kennzeichnet. Aufschlußreicher ist es, wenn Schmidt den Imperativ als *Modus der Aufforderung* bezeichnet und Brinkmann als *Modus der Realisierung,* dessen Funktion es sei, den Angesprochenen aufzufordern, den vom Verb bezeichneten Prozeß zu vollziehen.[11] Betrachtet man den Imperativ in dieser Perspektive, dann kann er als kommunikationsbezogenes Modalisierungsmittel angesehen werden, weil er ein Satzmorphem ist, das den spezifischen pragmatischen Geltungsanspruch einer Basisaussage metakommunikativ qualifiziert. Wenn man die unterschiedlichen Informationsschichten in einer imperativischen Äußerung voneinander trennen will, dann muß man einen deskriptiven Basissatz bilden, der ein bestimmtes Vorstellungsbild

wachruft und einen kommentierenden Metasatz, der darüber informiert, daß dieses Vorstellungsbild noch keine faktische Korrespondenz zur Realität hat, sondern erst noch vom Angesprochenen in Realität umgesetzt werden muß.

3. Geh nach Hause! (Du gehst nach Hause. Realisiere das!)

Da der Imperativ zu einer Aktion auffordert, ist auch verständlich, warum nicht von allen Verben Imperativformen vorkommen können, sondern nur von denen, die einen Prozeß bezeichnen, der menschlichem Willen unterliegt. Von manchen Verben gibt es aus sachlogischen Gründen keine Imperativformen (gären, frieren, regnen), von anderen nur negierte Imperativformen, weil sie unerwünschte Prozesse bezeichnen (lügen, verschlucken, hinfallen). Da Imperative einen unmittelbaren Zukunftsbezug haben, ist auch verständlich, warum es keine Imperative mit Vergangenheitsbezug geben kann.
Aufforderungshandlungen sind für das soziale Zusammenleben der Menschen so wichtig, daß es ganz natürlich ist, daß neben dem Imperativ noch eine Reihe anderer sprachlicher Mittel diese Funktionen wahrnehmen können. Die Vielfalt dieser Mittel dient dazu, die Intensität und Direktheit von Aufforderungshandlungen abzustufen und neben direkten auch indirekte einzusetzen, die Autoritätsstrukturen oder Legitimationsprobleme nicht so deutlich hervortreten lassen.
Das Inventar von sprachlichen Mitteln für Aufforderungshandlungen läßt sich systematisch kaum darstellen, weil sich diese oft erst als Implikationen von Äußerungen in bestimmten Situationskontexten ergeben. Oft werden deshalb auch die Aufforderungsimplikationen von Äußerungen nicht wahrgenommen oder anders wahrgenommen, als sie vom Sprecher intendiert worden sind. Gerade die Sprechakttheorie hat herausgestellt, mit welch unterschiedlichen Mitteln Handlungsaufforderungen sprachlich explizit oder implizit objektiviert werden können.

4. Es zieht hier.
5. Ich bekomme ein Bier.
6. Ich habe Hunger.
7. Kennen sie den Weg zum Bahnhof?

6. Der Konjunktiv

a) Der Konjunktiv als sprachtheoretisches Problem

„Es ist mit unserm Conjunctiv ein wunderlich Ding". Dieser Stoßseufzer, mit dem vor fast 100 Jahren Rudolf Hildebrand[12] einen Aufsatz zum Konjunktiv einleitete, ist auch heute noch nicht anachronistisch geworden. Am Konjunktiv scheinen sich nicht nur in der Praxis, sondern auch in der Theorie die Geister zu scheiden. In seinem Manifest schreibt Wolfgang Borchert[13]:

1. „Wir brauchen keine Dichter mit guter Grammatik. Zu guter Grammatik fehlt uns Geduld. Wir brauchen die mit dem heißen heiser geschluchzten Gefühl. Die zu Baum Baum und zu Weib Weib sagen und ja sagen und nein sagen: laut und deutlich und dreifach und ohne Konjunktiv."

Demgegenüber gibt es Liebhaber des Konjunktivs wie Robert Musil, die ihn als Experimentierfeld schätzen, da er Gelegenheit gebe, dem *Möglichkeitssinn* Ausdruck zu geben. Diesen hat *Ulrich* im *Mann ohne Eigenschaften* soweit entwickelt, daß für ihn der Konjunktiv schon ein Modus der Existenz geworden ist.

2. „Wenn es aber Wirklichkeitssinn gibt, und niemand wird bezweifeln, daß er seine Daseinsberechtigung hat, dann muß es auch etwas geben, das man Möglichkeitssinn nennen kann.
   Wer ihn besitzt, sagt beispielsweise nicht: Hier ist dies oder das geschehen, wird geschehen, muß geschehen; sondern er erfindet: Hier könnte, sollte oder müßte geschehn, und wenn man ihm von irgend etwas erklärt, daß es so sei, wie es sei, dann denkt er: Nun, es könnte wahrscheinlich auch ganz anders sein. So ließe sich der Möglichkeitssinn geradezu als die Fähigkeit definieren, alles, was ebensogut sein könnte, zu denken und das, was ist, nicht wichtiger zu nehmen als das, was nicht ist ... Solche Möglichkeitsmenschen leben, wie man sagt, in einem feineren Gespinst, in einem Gespinst von Dunst, Einbildung, Träumerei und Konjunktiven; ...[14]

Immer wieder ist der Konjunktiv als ein Mittel gepriesen worden, sich gegen die normative Kraft des Faktischen zur Wehr zu setzen und das Tatsächliche in Gedankenexperimenten zu relativieren. Konjunktivliebhaberei und Kulturkritik liegen deshalb meist nicht weit auseinander. So argwöhnte Hildebrand schon vor fast 100 Jahren, daß der Konjunktivgebrauch verfalle, weil der „Cultus der Thatsachen" in der Gegenwart „immer mehr in Blüthe" komme.[15]
Hildebrands Kulturpessimismus hat sich bisher nicht bestätigt, und dem Konjunktiv droht auch in der Gegenwartssprache keineswegs der Auszehrungstod, wie jüngere Untersuchungen

beweisen. Dennoch ist nicht zu bezweifeln, daß der Konjunktiv eine sehr ausgeprägte kulturgeschichtliche Dimension hat und daß sich sein Gebrauch in der indirekten Rede in den letzten 200 Jahren stark verändert hat, ohne seine Lebenskraft allerdings zu schwächen.

Wenn man bei der kulturgeschichtlichen Bewertung des Konjunktivs auch sehr vorsichtig sein sollte, so darf die Tatsache doch Aufmerksamkeit beanspruchen, daß die hebräische Sprache keine Verbform entwickelt hat, die dem indogermanischen Konjunktiv entspricht. Kartagener motiviert diesen Mangel kultur- und religionsgeschichtlich.[16]

> 3. „Die größte Überraschung für das an indogermanische Sprachen gewöhnte Denken stellt aber das Fehlen des Konjunktivs dar. Für die Welt des Möglichen, des nur bedingt Wirklichen und des Irrealen gibt es keine eigene Sprachform ... Es ist, wie wenn die hebräische Sprache nur für klare assertorische Sätze, für klare Positionen und Negationen, ohne jeden Sinn für Problematik, geschaffen wäre. Zusammengesetzte Sätze sind selten, eigentliche ‚Perioden' kommen kaum vor. Möglicherweise hängt damit das Fehlen eines jeden Hinweises auf ein Jenseits (wenigstens im Pentateuch) zusammen, – es gibt nur die Wirklichkeit des Diesseits."

Aus dem Fehlen des Konjunktivs in der hebräischen Sprache kann sicher nicht geschlossen werden, daß es in ihr keine Möglichkeit gibt, den Geltungsanspruch von Aussagen zu spezifizieren, denn dafür gibt es auch lexikalische Mittel und Metasätze. Dennoch ist es sicher kein kulturgeschichtlicher Zufall, daß dafür keine grammatische Form beim Verb entwickelt worden ist, die implizit wirksam ist und die bei jeder Äußerung gewählt oder nicht gewählt werden muß. Offenbar stand bei den Hebräern die vom Konjunktiv erbrachte Differenzierungsleistung nicht so im Mittelpunkt des Interesses wie bei anderen Völkern.

Für die kulturgeschichtlichen und entwicklungsgeschichtlichen Implikationen des Konjunktivs spricht auch, daß ihn Kinder in komplexen Satzgefügen im Wechsel mit dem Indikativ (abhängige Rede) erst recht spät benutzen. Es fällt ihnen offenbar schwer, komplexe sprachliche Gebilde herzustellen, in denen Einzelaussagen mit unterschiedlichen Geltungsansprüchen unmittelbar ineinander verschränkt sind. Dagegen haben schon Dreijährige keine Schwierigkeiten, sich ganz auf eine andere Wirklichkeitsebene zu begeben und den Konjunktiv II als Fiktionssignal für den Eintritt in eine *andere Welt* zu benutzen. Dieser

Konjunktivgebrauch ist umso erstaunlicher, weil er den Kindern in der Erwachsenensprache eigentlich nicht begegnet, sie aber dennoch erfaßt haben, daß er dazu dient, Äußerungen einen vom Üblichen abweichenden Geltungsanspruch zu geben.

4. Ich wäre der König, und du wärest die Königin.

Die Korrelation der grammatischen Formkategorie *Konjunktiv* mit der psychologischen Kategorie *Möglichkeitssinn* spielt in allen Konjunktivtheorien eine mehr oder weniger zentrale Rolle. Brinkmann[17] betont, daß der Konjunktiv dazu diene, den gegebenen Horizont der faktischen Situation zu überschreiten, wobei sich der Konjunktiv I und der Konjunktiv II darin unterschieden, wie sie das jeweils täten. Graf[18] hebt hervor, daß die beiden Konjunktivvarianten dazu dienten, Äußerungen die Geltung *‚gültig in einer anderen Welt'* zuzuweisen. Durch eine solche Charakterisierung sei zwar noch nicht alles gelöst, aber auch noch nicht alles verbaut, weil *‚andere Welt'* in der abhängigen Rede *‚Welt eines anderen'* bedeuten könne und im sogenannten irrealen Bedingungssatz *‚nicht – reale Welt'*.
Solche Sichtweisen auf den Konjunktiv lassen sich auch anthropologisch rechtfertigen. Im Gegensatz zum Tier kann der Mensch den Horizont, in dem er lebt, immer gedanklich überschreiten, weil er geschichtsfähig ist, sich zu sich selbst verhalten kann und nicht fest in seine Umwelt eingepaßt ist. Der Konjunktiv ist so gesehen nicht nur aufschlußreich für die Denkverfassung derjenigen, die ihn benutzen, sondern auch für die Gattung, die ihn entwickelt hat. Der Konjunktiv ist ein genuines Mittel der Reflexion und fällt deswegen wohl auch nicht zufällig in Situationen aus, in denen Leidenschaften unmittelbar durchbrechen.
Wenn man den Konjunktiv vor dieser sprachtheoretischen Hintergrundsfolie als metakommunikatives grammatisches Instruktionssignal analysieren will, dann kann man sein Interesse auf drei Problemzusammenhänge konzentrieren, die sich natürlich überschneiden.

1. Der Konjunktiv als Signal für die Modalisierung des Geltungsanspruchs von Aussagen.
2. Der Konjunktiv als Signal für die mittelbare und raffende Wiedergabe fremder Aussagen.
3. Der Konjunktiv als Signal für die syntaktische Abhängigkeit von Aussagen.

b) Die Form des Konjunktiv I und des Konjunktiv II
Die beiden Konjunktive (K I und K II) werden hier zusammen dargestellt, weil sie im Gefüge der Modusformen ein spezielles

Subparadigma bilden und sich am besten in Kontrast zueinander identifizieren lassen. Als K I bezeichnet man alle Konjunktivformen, die vom *Infinitiv* des Verbs bzw. bei den zusammengesetzten Verbgefügen vom Infinitiv des jeweiligen Hilfsverbs (sein, haben, werden) abgeleitet werden. Als K II bezeichnet man alle Konjunktivformen, die vom *Präteritumstamm* des Verbs bzw. vom Präteritum des Hilfsverbs abgeleitet werden.

Indikativ	K I	K II
er läuft	er laufe	er liefe
er hat gelaufen	er habe gelaufen	er hätte gelaufen
er ist gefallen	er sei gefallen	er wäre gefallen
er wird laufen	er werde laufen	er würde laufen

Die neutralen Bezeichnungen K I und K II haben sich durchgesetzt, weil in der Gegenwartssprache die beiden Konjunktivvarianten auf der chronologischen Ebene eigentlich keine Differenzierungsleistungen mehr erbringen, sondern nur noch auf der *modalen*. Die aktionalen Unterschiede bei den zusammengesetzten Konjunktivformen müssen natürlich weiterhin berücksichtigt werden.

Die Identifizierbarkeit der einzelnen Konjunktivformen leidet darunter, daß bei den einfachen Formen die Konjunktivformen zum Teil morphologisch identisch mit den entsprechenden Indikativformen sind. Das betrifft den K I und den Indikativ Präsens bei allen Verben in der 1. Person Singular und in der 1. und 3. Person Plural sowie den K II und den Indikativ Präteritum bei starken Verben in der 1. und 3. Person Plural. Bei den schwachen Verben ist der K II ohnehin völlig identisch mit dem Präteritum.

Indikativ Präsens	K I	Indikativ Präteritum	K II
ich gehe	*ich gehe*	ich lief	ich liefe
du gehst	du gehest	du liefst	du liefest
er geht	er gehe	er lief	er liefe
wir gehen	*wir gehen*	*wir liefen*	*wir liefen*
ihr geht	ihr gehet	ihr lieft	ihr liefet
sie gehen	*sie gehen*	*sie liefen*	*sie liefen*

Die Formkongruenzen zwischen Indikativ- und Konjunktivformen haben wichtige Rückwirkungen. Wenn der K I mit dem Präsens identisch ist, wird in der Regel anstelle des K I der K II

benutzt, damit ein eindeutiges Konjunktivsignal für die Modalisierung zur Verfügung steht. Das hat nun aber wieder zur Folge, daß eine strenge Funktionsdifferenzierung zwischen K I und K II unterlaufen wird und das Sprachgefühl in dieser Hinsicht verunsichert wird. Der Sprachunterricht hat hier deshalb eine wichtige normative Funktion.
Zu diesen Schwierigkeiten bei der Identifizierung und Funktionsbestimmung der Konjunktivformen kommt noch hinzu, daß man sich beim K II außerdem noch die Umlautformen der Ablautreihen merken muß (bot – böte) und daß der K I und der K II sich oft phonetisch sehr ähneln (lese – läse, sehe – sähe). Das hat wohl dazu geführt, daß sich in den letzten 100 Jahren die Tendenz sehr stark durchgesetzt hat, den synthetisch gebildeten ursprünglichen K II durch einen analytisch gebildeten neuen zu ersetzen (würde + Infinitiv). Dadurch ergibt sich zwar eine gewisse konstruktive Umständlichkeit, die insbesondere bei reihendem Gebrauch störend wirkt, aber der K II kann dadurch in allen Formen klar vom Präteritum unterschieden werden.
Obwohl heute im allgemeinen von einer funktionellen Identität der ursprünglichen Form und der umschriebenen Form des K II ausgegangen werden kann, sind in bestimmten Fällen noch Funktionsdifferenzen faßbar. Diese zeigen sich besonders darin, daß das *würde-Gefüge* noch einen gewissen futurischen Einschlag hat und einer Erwartungshaltung Ausdruck geben kann.

5. Es schien, als ob sie sich nie verständen.
6. Es schien, als ob sie sich nie verstehen würden.

c) Die Funktion des Konjunktiv I
Sein typisches Anwendungsfeld hat der K I in der *abhängigen Rede* und da wiederum insbesondere in der *indirekten Rede*. Das bedeutet, daß sich die Modalisierungsfunktion des K I zugleich mit der Funktion verknüpft, die strukturelle Abhängigkeit einer Aussage von einer anderen zu signalisieren. Für den Gebrauch des K I in der abhängigen Rede liefern Final- und Vergleichssätze gute Beispiele.

7. Er ging zum Psychiater, damit dieser seine Probleme löse.
8. Er macht den Eindruck, als ob er alles wisse.

Da auf die strukturelle Abhängigkeit des Final- bzw. Vergleichssatzes durch die unterordnende Konjunktion, die Endstellung des Finitums und den K I mehrfach aufmerksam gemacht wird, könnte in ihnen prinzipiell auch der Indikativ benutzt werden, ohne daß sich dadurch die logischen Bezüge verunklärten. Allerdings ergäbe sich für die ganze Äußerung dann ein anderes kommunikatives Relief. Bei der Verwendung des Indikativs ist für die Gesamtaussage gleichsam psychisch nur ein Denkhorizont gegeben, während durch den Gebrauch des K I nachdrücklich auf *zwei Denkhorizonte* aufmerksam gemacht wird, nämlich auf den Denkhorizont, in dem *berichtet* wird, und den Denkhorizont, in dem *Reflexionen* angestellt und *Schlüsse* gezogen werden. Durch die Verwendung des K I kann der Sprecher deshalb in der abhängigen Rede sehr viel deutlicher als durch den Gebrauch des Indikativs auf sich selbst als urteilende und beurteilende Instanz aufmerksam machen.

Noch deutlicher als bei den Final- und Vergleichssätzen kommt die Funktion des K I, einen zweiten Denkhorizont zu eröffnen, in der indirekten Rede als der typischsten Form der abhängigen Rede zum Ausdruck. Bei der indirekten Rede verweist der Sprecher im Vorspannsatz durch ein Verb des Sagens, Denkens oder Fühlens auf eine dritte Person bzw. auf sich selbst zu einer anderen Zeit und referiert dann Aussagen oder mentale Inhalte in dem jeweiligen abhängigen konjunktivischen Satz.

9. Karl hat 1980 erklärt, daß er nicht mit einer Pleite rechne.
10. Ich hatte 1980 das Gefühl, daß das unwahrscheinlich sei.

Im Kontext der indirekten Rede haben wir es in der Regel nicht nur mit zwei Denkhorizonten zu tun, sondern auch mit *zwei Zeithorizonten*. Deswegen wird hier besonders deutlich, daß der Konjunktiv signalisiert, daß die mit seiner Hilfe realisierten Aussagen nur vermittelte Aussagen sind, wobei der gegenwärtige Sprecher immer nur für die authentische Wiedergabe von Informationen verantwortlich gemacht werden kann, nicht aber für deren Wahrheitsgehalt. Dem K I kann so gesehen als *Satzmorphem* die Modalisierungsfunktion *Vermittlung* zugeschrieben werden. Der Sprecher signalisiert dem Hörer durch den Gebrauch des K I, daß eine Aussage strukturell von einer anderen abhängt und daß mit ihr nur mittelbar etwas festgestellt werden soll.

Wenn man eine Kategorie des Sprachpsychologen Bühler[19] aufnehmen will, dann kann man sagen, daß der K I zum *Zeigfeld* der Sprache gehört, insofern er die Aufforderung an den Hörer richtet, seine Aufmerksamkeit auf einen Dritten zu richten. Wenn man in den Kategorien der Sprachhandlungstheorie denkt, dann läßt sich der K I als Indikator für die Sprachhandlung des *Vermittelns, Referierens* und *Zitierens* qualifizieren.

Bei dieser Funktionsbestimmung des KI ist nun allerdings zu berücksichtigen, daß seine Vermittlungsfunktion auch durch andere Faktoren, wie die subordinierende Konjunktion, die Endstellung des Finitums und den Vorspannsatz mitbedingt ist. Wir haben es hier mit dem in der Sprache häufig anzutreffenden *Redundanzphänomen* zu tun, nämlich mit der Erscheinung, daß verschiedene sprachliche Mittel die gleiche Funktion realisieren bzw. zu deren Realisation auf entscheidende Weise beitragen. Beim Gebrauch des Indikativs in der indirekten Rede wäre immer noch deutlich, daß es sich um eine vermittelte Aussage handelt, aber durch den Gebrauch des KI wird das ausdrücklich akzentuiert. Wie sehr der KI dazu beiträgt, eine Aussage als vermittelt zu kennzeichnen, wird deutlich, wenn man die subordinierende Konjunktion tilgt oder formal selbständige Sätze reiht, ohne jedesmal den entsprechenden Vorspannsatz zu wiederholen (Protokoll).

11. Karl hat 1918 erklärt, er rechne nicht mit einer Pleite. Seine Firma werde expandieren. Alle Befürchtungen seien grundlos.

Besonders wichtig ist der KI als Vermittlungssignal in der abhängigen Rede, wenn nicht authentische Aussagen wiederholt werden, sondern wenn der Sinngehalt einer Reihe von Aussagen auf eine Grundaussage eingedampft wird. In solchen Situationen ist der jeweilige Sprecher immer auch *interpretatorisch* tätig, und eben darauf kann der KI sehr viel deutlicher aufmerksam machen als der Indikativ, weil er sowohl *Vermittlung* als auch *Interpretation* zu signalisieren vermag. Besonders wichtig wird diese Funktionsvariante des KI, wenn im Vorspannsatz der indirekten Rede Verben des Denkens und Fühlens verwandt werden, da hier die Interpretationsfunktion des Sprechers besonders deutlich hervortritt.
Wenn man zusammenfassend die Funktion des KI in der indirekten Rede charakterisieren will, läßt sich folgendes sagen. Der KI kann als Signal des Sprechers an den Hörer gewertet werden, daß die jeweilige Aussage eine vermittelte oder eine durch Interpretationsakte konstituierte Aussage ist. Dadurch ergibt sich gleichzeitig, daß der KI als ein gewisses *Distanzsignal* zu werten ist, mit dem der Sprecher den Geltungsanspruch einer Aussage spezifiziert. Die formale Distanzierungsfunktion des KI darf dabei noch nicht als ein verdeckter Zweifel an dem Wahrheitsgehalt einer Aussage verstanden werden, sondern nur als eine Klärung der kommunikationsethischen Verantwortlichkeiten und als eine Klärung der strukturellen

Abhängigkeitsverhältnisse. Falls der Sprecher in der indirekten Rede sich auf eigene Aussage- oder Denkinhalte bezieht, darf er den K I auch nur benutzen, wenn eine Zeitdifferenz zwischen Bezugs- und Sprechzeitpunkt besteht. Wenn beide Aussagen in einen Zeithorizont fallen (präsentischer Vorspannsatz), ist der Konjunktivgebrauch nicht möglich.

12. Ich glaubte, daß ich krank sei.

Neben dem Gebrauch des K I in unselbständigen Sätzen kommt auch ein solcher in oberflächenstrukturell selbständigen Sätzen vor, die man auch als Heische- bzw. Hypothesesätze klassifizieren kann.

13. Dein Wille geschehe.
14. X sei eine Zahl zwischen 1 und 100.

Hier hat der K I die Funktion, deutlich zu machen, daß nicht ein existierender Sachverhalt sprachlich objektiviert wird, sondern ein zu wünschender oder angenommener Sachverhalt. Solche Sätze, die auf den Möglichkeitssinn bezogen sind, haben tiefenstrukturell gar keinen so selbständigen Charakter, wie es oberflächenstrukturell zunächst scheint. Man kann ihnen ohne Schwierigkeiten einen Vorspannsatz vom Typ – ‚Ich wünsche, daß ...' – vorausschicken, ohne ihre pragmatische Funktion zu verändern. In diesem Fall läßt sich sogar der K I durch den Indikativ ersetzen. Daraus ergibt sich, daß der K I in solchen Sätzen offenbar eine Modalisierungsfunktion ausübt, die ersatzweise auch durch einen präzisierenden Vorspannsatz oder durch die Modalverben *sollen* und *können* ausgeübt werden kann. Da hier aber auf die Denk- und Willensstruktur des Sprechers Bezug genommen wird und nicht auf dritte Personen, muß der paraphrasierende Vorspannsatz immer in die 1. Person Präsens gesetzt werden. Der K I ist so gesehen dann auch ein Indikator für die Sprachhandlungen des *Wünschens, Aufforderns* oder *hypothetischen Setzens.*

d) Die Funktion des Konjunktiv II

Sprachgeschichtlich hat der vom Präteritalstamm des Verbs abgeleitete K II seit dem Mittelhochdeutschen mehr und mehr seine chronologischen Ordnungsimplikationen eingebüßt und seine Funktionen als Modalisierungsmittel ausgebaut. Da er aber oft ersatzweise für den K I benutzt wird, wenn dessen Form morphologisch identisch mit der des Indikativs ist, gibt es im allgemeinen Sprachgefühl erhebliche Unsicherheiten über die Funktionsdifferenzen zwischen K I und K II. Methodisch

läßt sich das spezifische Funktionsprofil des K II am besten herausarbeiten, wenn man sich zunächst auf seine *typischen* Verwendungsweisen konzentriert, in denen er in deutlicher Opposition zum Indikativ und K I steht.
Wenn man in dieser Weise im Prinzip induktiv vorgeht, braucht man gleichwohl gewisse Ordnungskategorien, um bestimmte Problemstrukturen herausarbeiten zu können. Meist hat man dafür die Kategorien Irrealität und Potentialität benutzt und den K II in ‚Irrealis' und ‚Potentialis' unterteilt. Diese Betrachtungsweise wird nicht für fruchtbar gehalten, weil sie eher ontologisch als psychologisch orientiert ist. Hier soll versucht werden, die Modalisierungsfunktion des K II von der Frage nach seinem Negationspotential her aufzuschlüsseln bzw. von seiner Fähigkeit zur *inneren Negation.*[20]
Unter Negation wird dabei eine metakommunikative Handlung verstanden, bei der der Sprecher mit *expliziten* oder *impliziten Negationsmitteln* den *Geltungsanspruch* einer Aussage ganz oder teilweise zurücknimmt. Es wird weiter die Auffassung vertreten, daß das Phänomen der Negation viel zu komplex und variantenreich ist – insbesondere das der impliziten Negation – als daß man es zureichend über die Alternative positive/negative Existenzbehauptung abhandeln könnte. Das läge natürlich nahe, wenn man bei dem Stichwort *Negation* nur an die expliziten Negationsmittel *nicht* und *kein* denkt. Hier wird davon ausgegangen, daß den verschiedenen Negationsmitteln unterschiedliche *Negationsintensitäten* und *Negationsbezüge* zukommen. Das bedeutet, daß im Kontext des K II die Negation nicht als logischer Operator im Rahmen der zweiwertigen Logik von ‚wahr' und ‚falsch' interessiert, sondern als ein metakommunikatives Instruktionssignal unterschiedlicher Intensität und unterschiedlicher Reichweite.
Die Betrachtung der Modalisierungsfunktion des K II in der Perspektive seines Negationspotentials schließt ontologische Fragestellungen nicht aus, ruckt sie aber nicht in den Mittelpunkt. Im Vordergrund des Interesses steht die Frage, in welcher Weise der K II dazu beiträgt, die faktisch gegebene Welt gedanklich überholen und relativieren zu können, ohne sie als normativen Hintergrundsmaßstab zu verlieren. Daraus ergibt sich dann auch die Frage, ob der K II eine sprachlich objektivierte Vorstellung *prinzipiell* negiert und damit als *irreal* kennzeichnet oder ob er sie *aktuell* negiert und damit als *potential* kennzeichnet. Die Negationsimplikation einer Aussage können wir im Verstehensprozeß direkt aus dem K II ableiten,

die Intensität und Reichweite der Negation aber nur aus dem Zusammenspiel des K II mit anderen Faktoren.
Am klarsten tritt das Negationspotential des K II und seine Opposition zum K I und zum Indikativ in solchen Äußerungsformen hervor, die in den Grammatiken normalerweise als *irreale Wunschsätze* und als *irreale Bedingungssätze* bezeichnet werden. Die Verwendung des K I oder des Indikativs ergeben hier entweder agrammatische Sätze (K I) oder ergeben einen völlig anderen Sinn, weil die Negationsimplikationen verloren gehen (Indikativ). Die Negationsintensität des K II hängt in solchen Aussagen allerdings auch stark von ihren jeweiligen aktionalen Implikationen ab.

15. Hätte Karl doch sein Versprechen gehalten.
16. Hielte Karl doch sein Versprechen.
17. Wäre ich doch unsichtbar.

Da es sich im Satz 15 um einen aktional abgeschlossenen Vorgang handelt, kommt es hier durch den K II zu einer *prinzipiellen Negation* des sprachlich objektivierten Vorstellungsbildes. Ein bestimmtes Ereignis ist bis zu einem bestimmten relevanten Zeitpunkt nicht eingetreten und kann bis dahin auch nicht mehr eintreten, weil der Fluß der Zeit nicht umkehrbar ist und historische Fakten stabil sind. Im Satz 16 ist die Negation nur *aktueller Natur,* weil durch den aktionalen Gehalt der Aussage keine negationsverschärfenden Faktoren hinzukommen. Insofern ist dieser Satz auch besonders typisch für das normale Funktionspotential des K II. Der Sprecher erzeugt eine Vorstellung und macht durch die Verwendung des K II zugleich deutlich, daß sie keine faktische Geltung hat, sondern nur als wünschenswert anzusehen ist. In Satz 17 verschärft sich die Negationsfunktion des K II wieder zu einer *prinzipiellen Negation*, weil wir es ontologisch für unmöglich halten, daß wir unsere Existenzform auf diese Weise verändern können.
Ganz ähnliche Verhältnisse wie bei den sogenannten irrealen Wunschsätzen begegnen uns auch in den sogenannten irrealen Bedingungsgefügen.

18. Wenn Karl nachgedacht hätte, wäre er auf die Lösung gekommen.
19. Wenn Karl nachdächte, käme er auf die Lösung.

Im Satz 18 kommt es aus aktionalen Gründen wieder zu einer *prinzipiellen Negation*. Da der Faktizitätsgehalt der bedingenden Aussage negiert wird, muß notwendigerweise auch der folgernden Aussage Faktizität abgesprochen werden, so daß das ganze

Gefüge den Charakter eines nachträglich durchgeführten Hypothesenspiels bekommt. Dagegen liegt aus aktionalen Gründen im Satz 19 nur eine *aktuelle Negation* vor. Mit dem K II wird eine Prämisse negiert, was dann notwendigerweise auch eine Negation in der Folgerung bedingt.
Ein Ersatz des K II durch den K I ist in beiden Bedingungsgefügen nicht möglich. Ein Ersatz durch den Indikativ Präsens ist dagegen möglich. Allerdings wird dann nur das abstrakte Bedingungsverhältnis zwischen Vordersatz und Nachsatz thematisiert, und das Negations- und Faktizitätsproblem verflüchtigt sich ganz. Es geht dann nicht mehr um einen empirischen Einzelfall, sondern um die Disposition zu einer bestimmten Handlung.
Zu den sogenannten irrealen Bedingungsgefügen lassen sich auch solche Äußerungsformen im K II rechnen, die *oberflächenstrukturell* gar nicht als Bedingungsgefüge erscheinen, die aber *tiefenstrukturell* durchaus eine konditionale Struktur haben. Diese läßt sich in Paraphrasen leicht repräsentieren.

20. Ein Lob wäre mir lieber.
21. Wenn ich die Wahl hätte, wäre mir ein Lob lieber.

Zusammenfassend läßt sich sagen, daß die Modalisierungsfunktion des K II darin besteht, den Faktizitätsgehalt der jeweils mit ihm realisierten Aussagen auf *implizite Weise* zu negieren. Die *Negationsintensität* (prinzipiell, aktuell) hängt dabei von anderen modalisierungsrelevanten Faktoren ab. Die *Sachinformation der Aussage* und die *Negationsinformation des K II* müssen deshalb deutlich voneinander unterschieden werden.
Eine typische und durch andere Modusformen nicht ersetzbare Verwendungsweise findet der K II auch in folgenden Redeformen, die als besonders höflich gelten.

22. Ich hätte gern ein Bier.
23. Wir könnten beginnen.

Bei diesen Äußerungen fällt es auf den ersten Blick schwer, dem K II eine implizite Negationsfunktion zuzuordnen, da die Intention dieser Äußerungen ja darin besteht, die sprachlich objektivierten Vorstellungsbilder faktisch zu realisieren. Bei diesen Äußerungen liegt ein *anderer Negationsbezug* vor als in den bisher diskutierten Fällen. Solche Äußerungen dienen intentional ja nicht dazu, gegebene Tatbestände sprachlich zu repräsentieren, sondern dazu, Tatbestände herzustellen. Sie sind keine deklarativen Sätze, sondern *Aufforderungssätze.* Ihr propositionaler Gehalt ist Träger einer bestimmten illokutionären

Funktion (Bestellung, Bitte). Dementsprechend kann sich die Negationskraft des K II auch nicht auf die Faktizität des deklarativen oder propositionalen Gehaltes der Äußerung beziehen, sondern nur auf die damit verbundene sprachliche *Handlung*.
Diese Interpretation löst das Problem aber noch keineswegs ganz, da ja mit solchen Äußerungen die Realisation einer Handlung befördert und nicht verhindert werden soll. Es muß wohl davon ausgegangen werden, daß der K II hier nicht die intendierte Handlung als solche negieren will, sondern nur die *Direktheit* der jeweiligen Handlung, die den Angesprochenen unmittelbar in eine Entscheidungssituation bringt. Durch die Verwendung des K II wird die jeweilige Handlung gleichsam in Form einer Hypothese vorgetragen. Dadurch wird es dem Angesprochenen ermöglicht, flexibel zu reagieren, da sich nicht sofort feste Fronten bilden können. Solche Redeformen gelten als besonders höflich, weil sie den Reaktionsrahmen des Angesprochenen nicht fest vorstrukturieren.
Diese Modalisierungsvariante des K II kann allerdings auch zu absonderlichen Äußerungsformen führen, nämlich dann, wenn eigene, tatsächlich realisierte Handlungen so dargestellt werden, als wären sie nur hypothetische Handlungen. Das zeigt sich besonders klar, wenn man die sogenannten performativen Formeln, mit denen man implizite Handlungen explizit zu machen versucht, in den K II setzt. Solche Verwendungsweisen des K II können als Höflichkeitssignale gewertet werden, sie wirken aber lächerlich, wenn sie zum Ritual werden.

24. Ich dächte, daß man das anders sehen muß.
25. Ich würde sagen, daß das nicht zutrifft.

7. Der Modusgebrauch in der abhängigen Rede

Unter *abhängiger Rede* wird hier ein Ordnungsbegriff verstanden, unter den alle Äußerungsformen fallen sollen, bei denen eine syntaktisch unselbständige Aussage erläuternd auf eine syntaktisch selbständige bezogen ist. Die unterschiedlichen Möglichkeiten zur Moduswahl in der abhängigen Rede stellen für den Sprecher ein wirksames Mittel dar, den Informationsverarbeitungsprozeß des Hörers zu steuern und den Stellenwert von Sachinformationen aus seiner Sicht metakommunikativ zu qualifizieren. Wenn man den Modusgebrauch in der abhängigen Rede nur unter dem Stichwort *Manipulation* zu analysieren

versucht, greift man zu kurz, weil dann die strukturierende und ökonomisierende Funktionskraft der Modi leicht aus dem Blickfeld gerät. Am Beispiel der *explikativen Inhaltssätze* und der *indirekten Rede* soll das näher erläutert werden.
Explikative Inhaltssätze sind abhängige Sätze, die entweder eine übergeordnete Aussage oder ein Glied einer übergeordneten Aussage präzisieren. Ein besonders typischer Fall dafür sind Vergleichssätze. Sie sind für uns unverzichtbar, weil sie es ermöglichen, das Unbekannte durch Bezüge zum Bekannten allmählich bekannter und vertrauter zu machen. Da in der Regel die zum Vergleich herangezogenen Sachverhalte entweder gar nicht existieren oder in keinem faktischen Realzusammenhang mit dem zu erläuternden Sachverhalt stehen, wird in ihnen normalerweise der K II benutzt. Dadurch wird auf die Irrealität des Vergleichs aufmerksam gemacht und zugleich mitsignalisiert, daß es sich nur um einen subjektiven Eindruck oder um ein hypothetisches Denkmodell handelt.

1. Er schreit, als ob er am Spieß steckte.

Die implizite Negationskraft des K II wird in solchen Sätzen natürlich auch durch die *Vergleichskonjunktion* unterstützt und durch unser *Weltwissen*. Viel klarer tritt die Negationskraft des K II hervor, wenn wir unsere Aufmerksamkeit auf Vergleichssätze richten, die faktisch durchaus in einem Zusammenhang mit der übergeordneten Aussage stehen können. Hier ergeben sich durch den unterschiedlichen Modusgebrauch wichtige Informationsunterschiede, wenn man davon ausgeht, daß der faktische Sachverhalt Sprecher und Hörer unbekannt ist.

2. Er führt sich auf, als ob er der Chef ist.
3. Er führt sich auf, als ob er der Chef sei.
4. Er führt sich auf, als ob er der Chef wäre.

Bei Satz 2 ist es aus der Perspektive des Sprechers nicht ausgeschlossen, daß der Betreffende tatsächlich der Chef ist. Bei Satz 3 ist es wohl gleich wahrscheinlich, daß der Betreffende der Chef ist oder nicht ist. Bei Satz 4 ist es für den Sprecher am unwahrscheinlichsten, daß der Betreffende der Chef ist. Bei der semantischen Interpretation des Modusgebrauchs in solchen Vergleichssätzen ist allerdings auch der Tempusgebrauch im übergeordneten Satz zu berücksichtigen, weil der K II in abhängigen Sätzen besonders häufig dann vorkommt, wenn im übergeordneten Satz das Präteritum verwendet wird. Hier zeigen sich wohl noch Nachwirkungen der geregelten

Tempusfolge im Mittelhochdeutschen und Spuren der ehemaligen temporalen Qualität des K II.
Während der K II bei *explikativen Konsekutivsätzen* häufig angewendet wird, weil man durch ihn hypothetisch auf Konsequenzen aufmerksam machen kann, ist er bei *explikativen Finalsätzen* kaum anzutreffen, weil hier sein Negationspotential nur stört.

5. Er ist viel zu höflich, als daß er darauf reagieren würde.
6. Sie schicken ihn ins Ausland, damit er seinen Horizont erweitert/erweitere.

Wenn durch explikative Inhaltssätze Ordnungsbegriffe oder Satzglieder erläutert werden, kann der Sprecher durch die Moduswahl auf implizite Weise seine *Zustimmung*, seine *Neutralität* oder seine *Vorbehalte* in bezug auf die Adäquatheit bestimmter Inhaltsexplikationen signalisieren.

7. Die These, daß die Geschichte nur als Geschichte von Klassenkämpfen darzustellen ist/sei/wäre, wurde von allen akzeptiert.

In solchen Kontexten ist zu beachten, daß sich die Negationskraft des K II normalerweise zu einem *Vorbehaltssignal* abschwächt, weil wir im Bereich komplexer theoretischer Konstrukte keine allgemein akzeptierten Verfahren haben, um das faktisch Gültige vom faktisch Nicht-Gültigen zu trennen.
Ähnliche Strukturverhältnisse für den Modusgebrauch wie bei den explikativen Inhaltssätzen ergeben sich auch bei der *indirekten Rede*. In ihr werden in einer bestimmten Situation fremde oder eigene Rede-, Denk- und Gefühlsinhalte aus einer anderen Situation in abhängigen Sätzen reproduziert. Durch die Moduswahl kann hier der Sprecher auf *implizite Weise* zu den reproduzierten Inhalten Stellung nehmen. Der Sprecher kann durch den Modusgebrauch deutlich machen, daß er einen reproduzierten Inhalt für *gültig* bzw. für sachlich richtig hält, daß er ihn nur *vermittelt*, ohne ihn zu bewerten, oder daß er seinem Wahrheitsgehalt *skeptisch* gegenübersteht. Diese Differenzierungen sind allerdings nur dann möglich, wenn es keinen grammatischen Zwang gibt, einen bestimmten Modus in der indirekten Rede anzuwenden, wovon in der deutschen Gegenwartssprache wohl auszugehen ist.
Jeder Blick in eine Zeitung bestätigt, daß die indirekte Rede ein unverzichtbares sprachliches Ordnungsmuster für alle ist, die sich mit der Vermittlung von Informationen beschäftigen. Die indirekte Rede ermöglicht es, Informationen in beliebigen

neuen Redesituationen zu *reproduzieren,* sprachlich unkorrekte Äußerungen zu *glätten,* umfangreiche Äußerungen zu *komprimieren,* nichtverbale Kontextinformationen über redeeinleitende Verben zu *thematisieren* und Denkinhalte sprachlich zu *objektivieren*, die auf sehr unterschiedlichen Wegen konstituiert worden sind.
Mit Hilfe der indirekten Rede kann unter bestimmten Bedingungen sehr viel angemessener der Sinn einer Äußerung wiedergegeben werden als durch die wortwörtliche Wiedergabe der Äußerung selbst, weil über den einleitenden Vorspannsatz die Intention der Rede charakterisiert werden kann. So läßt sich insbesondere durch handlungsbezeichnende Verben im Vorspannsatz der *Handlungsgehalt* einer Äußerung herausarbeiten (X stellte fest, bat, drohte usw.). Daß ein Sprecher durch die Wahl von inadäquaten Vorspannsätzen den Sinn von Äußerungen verfälschen kann, ist natürlich immer zu berücksichtigen.
Die Anteile der lexikalischen und der grammatischen Modalisierungsmittel an der tatsächlichen Modalstruktur einer Äußerung sind nicht immer klar voneinander zu trennen. Idealtypisch läßt sich aber die Modalisierungsfunktion der einzelnen Modi vielleicht folgendermaßen zusammenfassen.
Den *Indikativ* benutzt ein Sprecher in der indirekten Rede immer dann, wenn er dem wiedergegebenen Inhalt ohne Bedenken gegenübersteht, wenn er keinerlei Distanz zu der Position des ursprünglichen Sprechers signalisieren will und wenn er seine Rolle als Vermittler und Interpret nicht besonders akzentuieren will.
Den *Konjunktiv I* benutzt ein Sprecher in der indirekten Rede dann, wenn er seine natürliche, zeitliche und räumliche Distanz zur Primaräußerung hervorheben will und wenn er als bloßer Vermittler einer Information keinerlei Gewähr für deren Gültigkeit übernehmen will. Der K I hat dann gleichsam die Funktion eines Zitierzeichens, durch das die kommunikationsethischen Verantwortlichkeiten geklärt werden. Deshalb ist der K I auch weithin der obligate Modus der indirekten Rede in der Zeitungssprache.
Den *Konjunktiv II* benutzt ein Sprecher in der indirekten Rede dann, wenn er dem Wahrheitsgehalt der vermittelten Informationen mit einer gewissen Skepsis oder zumindest mit einem gewissen Vorbehalt gegenübersteht. Falls noch andere Modalisierungsfaktoren wirksam werden, kann sich diese Skepsis bis zur Negation verschärfen.

8. Der Autor vertritt die Meinung, daß der Untergang des Abendlandes nicht zu verhindern ist/sei/wäre.

Diese idealtypische Charakterisierung der Modalisierungsfunktion der drei Modi wird durch eine empirische Untersuchung aus der DDR zum Modusgebrauch bei vermittelten Äußerungen in der Zeitung *Neues Deutschland* bestätigt. Für die indirekte Rede hat Sommerfeldt[21] folgende Tatbestände festgestellt.

Bei der Wiedergabe fremder Rede von Personen aus ‚sozialistischen Ländern' und ‚jungen Nationalstaaten' betrage das Verhältnis von Indikativ und Konjunktiv 48,8% zu 51,2%, wobei es sich überwiegend um den K I handele und in einigen Fällen um den K II als Ersatzform für den K I. Besonders häufig trete der Konjunktiv dann auf, wenn sonst kein Hinweis auf vermittelte Rede in dem Satz vorliege (80% zu 20%). Im signifikanten Gegensatz dazu stehe der Modusgebrauch bei der Redewiedergabe von ‚Vertretern imperialistischer Staaten', wo das Verhältnis von Indikativ und Konjunktiv 11,4% zu 88,6% betrage (K I 85,4%, K II 14,6%), wobei der K II nicht überwiegend als Ersatzform für den K I verwendet werde. Besonders häufig komme der Konjunktiv in solchen Sätzen vor, die sonst keinen Hinweis auf vermittelte Rede hätten (92,6% zu 7,4%). Bei den ‚progressiven' Informanten aus den ‚imperialistischen Staaten' betrage das Verhältnis von Indikativ und Konjunktiv 48,8% zu 51,2%, während es bei den ‚reaktionären' Informanten 12,3% zu 87,7% betrage. Im Hinblick auf vergleichbares Textmaterial aus der Bundesrepublik stellt Sommerfeldt fest, daß hier in den Publikationsorganen der Konjunktiv häufiger benutzt werde als im *Neuen Deutschland*.

Wenn man dieses Zahlenmaterial betrachtet, bestätigt sich die These, daß der Modusgebrauch in der indirekten Rede als wirksames Modalisierungsmittel eingesetzt werden kann. Zu berücksichtigen ist dabei allerdings, daß der K II nicht in eine *feste* Oppositionsrelation zum K I gebracht werden kann, weil er immer wieder als *Ersatzform* für den K I verwendet werden muß. In jedem Fall kann aber der K II als *Intensivform* des K I angesehen werden. Außerdem ist natürlich zu berücksichtigen, daß der K II in der indirekten Rede sein Negationspotential nicht so deutlich entfalten kann wie in anderen Verwendungssituationen.

Bei der Festlegung der Modalisierungseffekte der einzelnen Modi müssen auch die anderen Modalisierungsfaktoren in Betracht gezogen werden, die auf eine Aussage Einfluß nehmen können. So hängt der tatsächliche Modalisierungseffekt einer Modusform auch davon ab, ob durch einen Vorspannsatz, eine unterordnende Konjunktion oder durch die Stellung des Finitums die strukturelle Abhängigkeit einer Aussage klar signalisiert wird oder nicht. Außerdem ist in diesem Zusammenhang die Pronominalverschiebung in der indirekten Rede zu berücksichtigen (aus *ich* kann *er* werden usw.) und die Veränderung der Ort- und Zeitadverbien (aus *hierhin* kann *dorthin* werden, aus *morgen* kann *gestern* werden), weil in einer konkreten Sprechsituation nicht gleichzeitig zwei unterschiedliche personale, räumliche und zeitliche Verweisungssysteme gelten können.

In der indirekten Rede muß der Indikativ obligatorisch verwendet werden, wenn im Vorspannsatz das Verb in der 1. Person Präsens Indikativ realisiert wird und der Sprecher in dem abhängigen Satz seine eigenen Denkinhalte sprachlich objektiviert. Ähnliches gilt, wenn im Vorspannsatz der Sprechakt explizit thematisiert wird, der der Äußerung zugrunde liegt. In diesen Fällen verbietet sich die Problematisierung des Gültigkeitsanspruchs von Aussagen aus logischen Gründen.

9. Ich glaube/behaupte, daß er gewinnt.

Eine ganz andere Situation ergibt sich allerdings, wenn das Verb im Vorspannsatz in einem Vergangenheitstempus realisiert wird. Dann können im abhängigen Satz alle drei Modi verwendet werden. Außerdem ist zu beachten, daß die Semantik von *glauben,* aber auch die von verwandten Verben durch eine wichtige logisch-pragmatische Implikation gekennzeichnet ist. Wenn ein Sprecher Glaubensinhalte aus früheren Zeitstufen reproduziert, negiert er unabhängig vom jeweiligen Modusgebrauch in der Regel deren Gültigkeit für die aktuelle Situation.

Bei der Festlegung der konkreten Modalisierungseffekte sind auch die Moduskonventionen für bestimmte Textsorten zu beachten. Wenn die Konvention gilt, daß bei der Berichterstattung in der Zeitung generell der K I in der indirekten Rede verwendet werden muß, dann kann durch den Gebrauch des Indikativs ein besonderer Modalisierungseffekt erreicht werden. Weiter ist zu berücksichtigen, daß im mündlichen Sprachgebrauch der Konjunktiv sehr viel seltener in der indirekten Rede benutzt wird als im schriftlichen Sprachgebrauch, weshalb sich hier durch den Konjunktivgebrauch wiederum ganz spezifische Wirkungen erzielen lassen. Die Modalisierungsfunktion der Modi muß also *textsortenspezifisch* und *situationsspezifisch* differenziert beschrieben werden.

Schließlich muß noch ganz besonders nachdrücklich auf einen historischen Bedingungszusammenhang hingewiesen werden. Wie der Gebrauch der Modi gruppen-, situations- und textsortenspezifisch ist, so ist er auch *geschichtsspezifisch.*

Das muß insbesondere bei der Modusinterpretation in älteren Texten berücksichtigt werden.[22]
So ist beispielsweise im Alt- und Mittelhochdeutschen noch eine ausgeprägte Kombinationsobligatorik zu beachten (Präsens – K I, Präteritum – K II). Diese Obligatorik hat sich im Laufe der Zeit immer mehr abgeschwächt und damit zugleich auch der temporale Gehalt der Konjunktivformen. Im 18. Jh. ist der Konjunktivgebrauch in der indirekten Rede zwar immer noch obligatorisch, seine temporalen Implikationen spielen aber kaum noch eine Rolle. Offen ist zu dieser Zeit noch, ob der K I oder der viel eindeutigere K II Standardmodus für die indirekte Rede wird. Einen dezidierten Funktionsunterschied scheint es zumindest in den literarischen Texten dieser Zeit nicht gegeben zu haben. Erst im Laufe des 19. Jh. wird der K I *Standardmodus* der indirekten Rede. Der K II wird in der Regel nur bei uneindeutigen Formen des K I verwendet. Über den mündlichen Sprachgebrauch, der sich insbesondere über die Unterhaltungsliteratur immer mehr Einfluß auf den schriftlichen Sprachgebrauch verschafft hat, ist es dann zu einer immer weitgehenderen Aufhebung der Obligatorik des Konjunktivgebrauchs in der indirekten Rede gekommen.
Diese Sprachentwicklung ist sicher positiv zu bewerten, weil sie den Modusgebrauch zu einem *sinndifferenzierenden Stilistikum* gemacht hat. Es ist offensichtlich, daß sich die unterschiedlichen Modalisierungsfunktionen der drei Modi in der indirekten Rede erst dann voll entfalten können, wenn ihre Wahl nicht von obligatorischen Sprachkonventionen abhängig ist, sondern vom Darstellungswillen des Sprechers, wobei natürlich textsortenspezifische Gebrauchskonventionen nicht übersehen werden dürfen.

II. DIDAKTISCHE ÜBERLEGUNGEN

1. Modalität und Modalsystem

Wenn man der Idee der *kategorialen Bildung* im Grammatikunterricht folgt, dann ergibt sich die Notwendigkeit, die sprachlichen Modalisierungsmittel auf die ontologischen Modalitätsstrukturen zu beziehen und zugleich von diesen abzuheben. Auf diese Weise kann dann wiederum verdeutlicht werden, daß Sprachstrukturen Realitätsstrukturen nicht direkt abbilden,

sondern diese für das menschliche Denken und Kommunizieren handhabbar zu machen versuchen.
Aus einem solchen Ansatz ergeben sich dann zwei didaktische Konsequenzen. Einerseits muß man die unterschiedlichen sprachlichen *Modalisierungsmittel* herauszuarbeiten versuchen, und andererseits muß man die Unterscheidung zwischen *sachverhaltsbezogener Modalität* und *kommunikationsbezogener Modalität* zu klären versuchen, um die unterschiedlichen Differenzierungsfunktionen der einzelnen Modalisierungsmittel zu verdeutlichen. Im Hinblick auf die Modusformen des Verbs stellt sich außerdem noch die Aufgabe, die *Verwandtschaft* und *Differenz* der Kategorien Tempus und Modus herauszuarbeiten.
Natürlich lassen sich auf der Sek. I nicht die ganzen sprachlichen Aspekte der Modalitätsproblematik veranschaulichen. Es genügt, wenn den Schülern klar wird, daß wir eine Reihe von sprachlichen Mitteln haben, um die modalen Ordnungsstrukturen der Realität zu differenzieren, und daß wir eine Reihe von sprachlichen Mitteln haben, um den Geltungsanspruch von Aussagen in konkreten Situationen zu spezifizieren. Wenn die Schüler in der Lage sind, die verschiedenen Modalisierungsmittel der Sprache zu identifizieren und in ihren Grundfunktionen zu beschreiben bzw. differenziert zu verwenden, dann ist schon viel gewonnen.
Am Beispiel der vielfältigen Modalisierungsmittel läßt sich möglicherweise auch noch darauf hinweisen, daß der Mensch ein Wesen ist, das sich ständig um *Interpretationen* bemüht. Alles, was er sprachlich objektiviert, versucht er zugleich in übergeordnete Strukturzusammenhänge einzuordnen bzw. von diesen her zu deuten. So gesehen ist deshalb auch der Gebrauch von Modalisierungsmitteln nicht nur eine Instruktion des Sprechers an den Hörer, bestimmte Informationsinhalte richtig einzuordnen, sondern auch ein Indiz, das uns über die Denkstruktur und die Differenzierungsanstrengungen des jeweiligen Sprechers Aufschluß gibt.
Die Behandlung der sprachlichen Modalisierungsmittel und insbesondere der Modusformen des Verbs trägt deshalb auch zu der übergeordneten sprachdidaktischen Zielsetzung bei, die Schüler dazu zu befähigen, Texte auch *gegen den Strich* ihrer unmittelbaren Informationsabsicht zu lesen. Texte gegen den Strich zu lesen, um auf diese Weise aus ihnen verdeckte oder nichtthematische Informationsinhalte zu entnehmen, ist nicht leicht und bedarf sorgfältiger methodischer Überlegungen.

2. Die Funktionen der Konjunktivformen

Bei der Behandlung der Modusproblematik kann sich das didaktische Hauptinteresse auf den K I und den K II richten, weil diese Modi morphologisch und funktional die größten Schwierigkeiten bieten. Da der Imperativ für die Schüler morphologisch und funktional relativ unproblematisch ist, sollte man ihn eher im Rahmen der unterschiedlichen Sprachformen behandeln, mit denen man Aufforderungshandlungen realisieren kann. Der Indikativ ist nicht als Modus schlechthin interessant, sondern nur dann, wenn er in einem möglichen Konkurrenzverhältnis zu den beiden Konjunktiven steht. Daraus ergibt sich, daß er als spezifischer Modus erst dann ins Blickfeld gerückt werden sollte, wenn die Schüler ihn in seiner Opposition zum Konjunktiv betrachten können.

Didaktisch bietet der Konjunktiv aus mehreren Gründen besondere Schwierigkeiten. In seiner ursprünglichen Erscheinungsform ist er nicht immer leicht zu bilden und vom Indikativ zu unterscheiden. Deshalb muß seine Bildungsweise in *paradigmatischen Reihen* verdeutlicht werden. Gleichzeitig ist auch darauf zu verweisen, wie man sich über Ersatzformen (K II für K I, zusammengesetzte statt einfache Bildung) helfen kann, wenn sich bestimmte Formen nicht klar voneinander unterscheiden lassen. Da nicht alle Konjunktivformen gleich häufig vorkommen, kann man sich dabei vor allem auf die 1. und 3. Person Singular und Plural konzentrieren.

Die einfachen und zusammengesetzten Konjunktivformen können heute im wesentlichen als funktionsäquivalent gelten, wenn man einmal von gewissen futurischen Einschlägen bei den zusammengesetzten Konjunktivformen absieht. Diese Implikationen sind wohl neben klanglichen Gesichtspunkten dafür verantwortlich, daß die normative Stilistik in bedingenden Nebensätzen (Wenn ...) den zusammengesetzten K II verbietet. Das läßt sich den Schülern durch eine Eselsbrücke verdeutlichen (‚wenn' ist würde-los).

Didaktisch gesehen kann man bei der Behandlung des Konjunktivs eine *instruktiv* orientierte und eine *kognitiv* orientierte Betrachtungsweise in den Mittelpunkt des Interesses stellen. Beide Sichtweisen sind natürlich korrelativ aufeinander bezogen, sie sind aber dennoch auf recht unterschiedliche Erkenntnisinteressen bezogen.

Die *instruktiv* orientierte Betrachtungsweise hat zu klären, auf welche spezifische Weise der K I und der K II den Geltungsanspruch von Aussagen aus der Sicht des jeweiligen Sprechers

qualifizieren. Dabei ist folgendes zu verdeutlichen. Den K I kann ein Sprecher gleichsam als *Zitiersignal* einsetzen, um eine Aussage als eine vermittelte Aussage zu kennzeichnen, für deren Wahrheitsgehalt er selbst nicht verantwortlich zu machen ist. Im Unterschied dazu kann ein Sprecher den K II als ein *Hypothesesignal* benutzen, um den Inhalt einer Aussage als bloß theoretisch vorgestellt zu kennzeichnen. Je nach dem Einfluß der übrigen Kontextfaktoren kann der Faktizitätsgehalt der Aussage dann als *prinzipiell* oder als *aktuell* negiert gelten. Falls es sich bei den Aussagen im K II nicht um Aussagen des Sprechers, sondern um referierte Aussagen anderer handelt, muß der K II als ein *Skepsissignal* gewertet werden, mit dem der Sprecher auf den problematischen Wahrheitsgehalt der von ihm referierten Aussagen hinweisen kann. Falls der K II als Ersatzform für einen uneindeutigen K I fungiert, schwächt sich allerdings dieses Skepsissignal wieder weitgehend zu einem Zitiersignal ab. Diese Kennzeichnung der Instruktionsfunktionen der Konjunktivformen impliziert zugleich die These, daß Konjunktivformen in Äußerungen als *Indikatoren* für die Realisierung bestimmter Sprachhandlungen zu werten sind (Referieren, Explizieren, Phantasieren, Negieren usw.).
Die *kognitiv* orientierte Betrachtungsweise, die zugleich strukturelle Überlegungen einzuschließen hat, muß klären, welchen Wert die Konjunktivformen als sprachliche Ordnungs- und Organisationsmuster haben. Das bedeutet, daß einsichtig gemacht werden muß, in welchen *Kommunikationssituationen* und *Textsorten* die Konjunktivformen ihren genuinen Platz haben, welche syntaktischen Abhängigkeitsrelationen durch sie akzentuiert werden können, welchen Beitrag sie zur sprachlichen Differenzierung von unterschiedlichen Denk- und Informationsebenen leisten und warum man sie wegen ihrer Verweisfunktionen auf andere Redesituationen und Welten zum *Zeigfeld* der Sprache rechnen kann.

3. Die Behandlung der Modusformen

Die Untersuchung der Modusproblematik stellt sowohl aus morphologischen als auch aus psychologischen Gründen größere Anforderungen an die Schüler als die Untersuchung der Tempus- und Genusproblematik. Außerdem ist zu berücksichtigen, daß die Konjunktivformen ihre vollen Funktionsmöglichkeiten erst in der situationsabstrakten schriftlichen Kommunikation entfalten, unbeschadet der Tatsache, daß der K II natürlich

auch in der mündlichen Kommunikation einen unverzichtbaren Platz hat. Deshalb muß die Behandlung der Modusproblematik in ganz besonders intensivem Maße mit Aufgaben zur *Textkonstitution* und *Texttransformation* verbunden werden.
Bei der Behandlung der Modusproblematik ist es vorteilhaft, sich zunächst mit dem K II in seiner Oppositionsrelation zum Indikativ zu beschäftigen und erst dann auf den K I einzugehen. Das läßt sich deshalb rechtfertigen, weil der K II den Schülern viel vertrauter ist als der K I und weil er sowohl in funktionaler als auch in morphologischer Hinsicht in einem maximalen Kontrast zum Indikativ als Standardmodus steht.
Da die Schüler den K II in der Regel schon benutzen, um bestimmte Aussageinhalte metakommunikativ als hypothetisch oder phantastisch zu kennzeichnen, kann man von hier aus auch versuchen, das Funktionspotential des K II systematisch aufzuschlüsseln. Der K II kann dabei in Kontrast zum Indikativ als diejenige Aussageform gekennzeichnet werden, die dazu dient, dem *hypothetischen Denken* eine sprachliche Ausdrucksform zu geben und den *Faktizitätsanspruch* von Aussagen auf eine *implizite* Weise zu *negieren.* Dabei ist es sicher vorteilhaft, zunächst auf relativ geschlossene hypothetische Phantasiewelten Bezug zu nehmen und erst danach auf das Problem der hypothetischen Setzungen in Bedingungsgefügen, Wunschsätzen und Höflichkeitswendungen.
Die Behandlung des K I geht am besten vom Gebrauch des K I in der indirekten Rede aus. An ihr kann den Schülern wohl am überzeugendsten verdeutlicht werden, wie wichtig es ist, über grammatische Mittel zu verfügen, mit denen man Aussagen als *referiert* kennzeichnen kann und mit denen man zugleich die kommunikationsethische Verantwortung für den Wahrheitsgehalt dieser Aussagen einem anderen zuordnen kann. Erst wenn den Schülern einsichtig ist, daß *postulierte* Aussagen einen ganz anderen pragmatischen Stellenwert haben als *referierte,* werden sie bereit sein, dem K I Aufmerksamkeit zu schenken.
Wenn auf diese Weise die genuinen Vorkommensorte und Funktionspotentiale des K II und des K I behandelt worden sind, kann man die Oppositionsrelationen von K II, K I und Indikativ in der abhängigen Rede thematisieren und verdeutlichen, wie wirksam man die verschiedenen Modusformen zur indirekten metakommunikativen Qualifizierung von Aussagen einsetzen kann. In diesem Zusammenhang muß dann auch herausgearbeitet werden, daß es natürlich noch andere sprachliche Mittel gibt, um Aussagen metakommunikativ zu kommentieren (Adverbiale,

Metasätze) und daß die *strukturelle Abhängigkeit* von Aussagen auch durch Vorspannsätze und Konjunktionen gekennzeichnet werden kann. Schließlich ist dann auch noch das Problem zu erörtern, daß man durch die Wahl der redeeinleitenden Verben bei der indirekten Rede eine große Palette von Möglichkeiten hat, den handlungsmäßigen Stellenwert einer Aussage explizit zu qualifizieren.
Es ist natürlich klar, daß man in einer Unterrichtsreihe die Modusproblematik nicht abschließend behandeln kann, selbst wenn alle wichtigen Aspekte einmal zur Sprache gekommen sind. Im Sinne des Spiralcurriculums muß diese Thematik bei der Textinterpretation und Textproduktion immer wieder aufgenommen werden, was nicht allzu schwer ist, wenn man einmal die wichtigsten Betrachtungskategorien systematisch entfaltet hat. In allen sprachkritischen und allen sprachökonomischen Überlegungen muß das Modusproblem seinen festen Platz haben.

III. REALISIERUNGSVORSCHLÄGE

1. Phantasiegeschichten im K II

Wie schon hervorgehoben worden ist, kann der K II als genuine grammatische Ausdrucksform für das *hypothetische Denken* gelten, mit dem man in der Vorstellung alles faktisch Gegebene überholen kann. Die implizite Negationsinstruktion des K II stellt immer klar, daß die in der jeweiligen Aussage objektivierten Sachverhalte keine faktische, sondern nur eine gedachte Existenz haben. Dabei ist es zunächst unerheblich, ob die Irrealität des sprachlich objektivierten Sachverhalts ontologisch oder chronologisch bedingt ist.
Natürlich kann sich das hypothetische Denken grammatisch auch in indikativischen Aussageformen manifestieren, wenn aus anderen Faktoren klar ersichtlich ist, daß es sich jeweils um hypothetische Gedankenkonstrukte ohne faktischen Realitätsbezug handelt. Solche Interpretationsannahmen können sich bei Texten beispielsweise zwingend aus der Textsorte, aus der Überschrift, aus dem Einleitungssatz oder aus bestimmten inhaltlichen Besonderheiten ergeben. Wenn man statt des K II solche Mittel als Signale für *Hypothese* einsetzt, dann macht man gleichsam einen bewußten Schritt in die andere Welt,

die man dann in der unmittelbaren Vorstellung so hinnimmt, als ob sie faktisch existent wäre.
Wählt man dagegen den K II als Hypothesesignal, dann ergeben sich psychologisch gesehen etwas andere Strukturverhältnisse. Nun wird nämlich bei jeder einzelnen Aussage metakommunikativ deutlich gemacht, daß nicht von einer faktisch gegebenen Welt die Rede ist. Dadurch entsteht eine reflexiv gebrochene Vorstellung von den einzelnen Sachverhalten, weil diese durch den K II im Vollzug ihrer sprachlichen Objektivierung zugleich immer als bloß *gedacht* qualifiziert werden. Das bedeutet, daß die faktisch gegebene Welt bewußtseinsmäßig immer als normativer Hintergrundsmaßstab präsent bleibt, wie plastisch auch immer die jeweils thematisierte Welt ausgemalt wird.
Aus der Verschränkung und Spiegelung von zwei Bewußtseinsebenen beim Gebrauch des K II ergeben sich eine Reihe didaktischer und methodischer Probleme. Es ist verhältnismäßig leicht, Schüler in Situationen zu versetzen, in denen sie hypothetische Welten und Handlungszusammenhänge entwerfen und ausspinnen. Dazu bedarf es nur solcher Themen, die dazu anregen, phantastische Vorstellungen erzählerisch auszugestalten: *Wenn ich mich einmal unsichtbar machen könnte! Wenn die Schule abgeschafft würde! Wenn der Strom ausfiele!* usw.
Bei der sprachlichen Bewältigung solcher Themen können sich drei unterschiedliche modale Realisationsvarianten ergeben. Entweder wird durchgängig der K II oder der Indikativ benutzt, oder es werden sowohl der K II als auch der Indikativ verwendet. Die Chance, daß der K II benutzt wird, ist natürlich größer, wenn sich aus der Moduswahl der Überschrift schon ein gewisser Analogiezwang ergibt und wenn die jeweiligen Vorstellungsinhalte einen besonders phantastischen Charakter haben. Wenn man unterschiedliche Schülertexte zu solchen Themen vergleicht, dann läßt sich sowohl der formale Unterschied zwischen K II und Indikativ herausarbeiten als auch klären, welchen Einfluß die Moduswahl auf das Sinnrelief eines Textes bzw. auf die Wahrnehmungsweise eines Lesers ausübt.
Der K II ist die adäquate Modusform für Texte zu solchen Themen, bei denen durchgängig die Spannung zwischen der hypothetisch *gesetzten* und der faktisch *gegebenen* Welt akzentuiert werden soll. Dabei ist allerdings zu berücksichtigen, daß die durchgängige Verwendung des K II einem Text Frische und Lebendigkeit nimmt. Durch die ständig wiederholten K II-Signale mit ihren metakommunikativen Negationsimplikationen

wird die lebendige Entfaltung der Vorstellungskraft durch die Blässe der relativierenden Reflexion stark behindert.

Umgekehrt kann sich aber auch ergeben, daß sich die durchgängige Verwendung des Indikativs nachteilig auf die Spannungsstruktur von Texten zu dieser Thematik auswirkt. Mit Hilfe des Indikativs lassen sich bestimmte Situationen zwar plastischer ausmalen, aber eben dadurch können sie sich auch so verselbständigen, daß sich die Spannung zwischen dem faktisch *Gegebenen* und dem bloß *Vorgestellten* ganz verflüchtigt. Der Reiz solcher Themen liegt aber eher darin, die verschiedenen Welten ineinander zu spiegeln, als von einer Welt in die andere zu springen.

Wenn man auf diese Weise die Wirkung von unterschiedlichen Modusformen in Texten erörtert und durch Umformungsoperationen die jeweiligen Funktionsbeschreibungen überprüft, so werden an die Schüler hohe Anforderungen sowohl im Hinblick auf ihre Beobachtungsfähigkeit als auch im Hinblick auf die begriffliche Präzisierung ihres Sprachgefühls gestellt. Es ist deshalb zugleich anspruchsvoll und reizvoll, Schüler in Argumentationen zu verwickeln, auf welche Weise man einem Text zu einem solchen Thema durch einen geplanten Moduswechsel ein besonders prägnantes *Spannungsrelief* geben kann. Vorbedingung dafür ist aber, daß die Schüler die Grundfunktionen von K II und Indikativ klar voneinander abgrenzen können. Nur dann kann der Moduswechsel bewußt als *Stilistikum* eingesetzt werden, um in Phantasiegeschichten die latente Spannung zwischen Faktizität und hypothetischem Denken mit grammatischen Mitteln zu akzentuieren und um Phasen unmittelbarer psychischer Vergegenwärtigung mit Phasen hypothetischer Reflexion miteinander abwechseln zu lassen.

Wenn die Schüler diese Fragestellungen an selbstverfaßten Texten bearbeiten, dann ist die Motivationsspannung für grammatische Analysen naturgemäß höher, als wenn das an fremden Texten geschieht, weil sie sich dann mit der sprachlichen Angemessenheit eigener Wahlentscheidungen beschäftigen müssen. Gleichwohl kann man die ins Auge gefaßten Probleme natürlich auch an fremden Texten behandeln. Dazu eignet sich einerseits Eichendorffs ‚Mondnacht' ganz gut und andererseits Mörikes ‚Tambour'.

MONDNACHT

Es war, als hätt der Himmel
Die Erde still geküßt,
Daß sie im Blütenschimmer
Von ihm nun träumen müßt.

Die Luft ging durch die Felder,
Die Ähren wogten sacht,
Es rauschten leis die Wälder,
So sternklar war die Nacht.

Und meine Seele spannte
Weit ihre Flügel aus,
Flog durch die stillen Lande,
Als flöge sie nach Haus.

DER TAMBOUR

Wenn meine Mutter hexen könnt',
Da müßt' sie mit dem Regiment
Nach Frankreich, überall mit hin,
Und wär' die Marketenderin.
Im Lager, wohl um Mitternacht,
Wenn niemand auf ist als die Wacht
Und alles schnarchet, Roß und Mann,
Vor meiner Trommel säß' ich dann:
Die Trommel müßt' eine Schüssel sein
Ein warmes Sauerkraut darein,
Die Schlegel Messer und Gabel,
Eine lange Wurst mein Sabel;
Mein Tschako wär' ein Humpen gut,
Den füll' ich mit Burgunderblut.
Und weil es mir an Lichte fehlt,
Da scheint der Mond in mein Gezelt;
Scheint er auch auf Franzö'sch herein,
Mir fällt doch meine Liebste ein:
Ach weh? jetzt hat der Spaß ein End'!
– Wenn nur meine Mutter hexen könnt'!

2. Irreale Wunsch-, Vergleichs- und Bedingungssätze

Im Anschluß an das Beispielmaterial aus den Phantasiegeschichten und den Gedichten bietet sich die Behandlung der sogenannten ‚irrealen' Wunsch-, Vergleichs- und Bedingungssätze an, für die der K II unerläßlich ist. Für die Schüler ergeben sich dabei erhöhte Anforderungen, weil neben seinen textuellen Funktionen auch seine logischen Implikationen behandelt werden müssen.

Da in der Regel davon ausgegangen werden kann, daß die Schüler den K II in solchen Satztypen adäquat verwenden, kann sich das didaktische und methodische Interesse ganz auf die Frage konzentrieren, warum der K II in solchen Sätzen unverzichtbar ist und wie sich das begründen läßt. Lösbar wird diese Aufgabe, bei der wiederum nach der *impliziten Negationskraft* des K II zu fragen ist, durch den wechselseitigen Austausch von Indikativ und K II in operativen Verfahren.

Durch solche Austauschproben läßt sich verdeutlichen, daß ein Sprecher durch den Gebrauch des K II signalisieren kann, daß seiner Meinung nach ein Wunsch faktisch nicht zu realisieren ist, daß für ihn ein Vergleich rein assoziativ ist und daß er ein Bedingungsgefüge nur hypothetisch entwickelt. Ob die Erfüllbarkeit des Wunsches, die sachliche Basis des Vergleichs oder der Realitätsbezug des Bedingungsgefüges *prinzipiell* irreal sind (ontologisch begründet) oder nur *aktuell* irreal (situationsmäßig oder wissensmäßig begründet), ist dann eine andere Frage, auf die nicht der Modus der Aussage, sondern nur unser Wissen von der Welt Antwort geben kann.

Um die Funktion des K II in diesen drei Satztypen herauszuarbeiten, setzt man methodisch am besten bei den Bedingungsgefügen an, weil sich in ihnen am besten die Intentionen, Implikationen und Konsequenzen des Modusgebrauchs aufzeigen lassen. Querverweise auf den Modusgebrauch in den anderen Satztypen sind dann relativ unproblematisch.

Der Indikativ ist in Bedingungsgefügen immer dann zu verwenden, wenn man entweder allgemeingültige Korrelationsverhältnisse kennzeichnen will oder situationsspezifische, mit deren Eintritt man zu einem bestimmten Zeitpunkt fest rechnet. Demgegenüber ist der K II in Bedingungsgefügen immer dann zu verwenden, wenn man im bedingenden Satz eine Aussage machen will, die pragmatisch nur als kontrafaktische Hypothese bzw. als Grundlage für ein reines Gedankenexperiment verstanden werden soll. Wenn man nun aber im bedingenden Satz durch die Verwendung des K II den faktischen Realitätsbezug einer Aussage negiert hat, dann muß man aus logischen Gründen auch den faktischen Realitätsbezug des folgernden Satzes durch den K II verneinen.

Um die Schüler darauf aufmerksam zu machen, daß der Modusgebrauch jeweils sehr unterschiedliche Situations- und Intentionszusammenhänge für Bedingungsgefüge nahelegt, kann man sie dazu auffordern, jeweils passende Kontexte für modal unterschiedlich realisierte Bedingungsgefüge zu finden bzw. sie in passende Textzusammenhänge einzufügen.

1. Wenn Schnee fällt/fiele, sind/wären alle Spuren verschwunden.
2. Wenn niemand die Leitung übernimmt/übernähme, muß/müßte der Ausflug ausfallen.

Wenn die Schüler auf diese Weise passende Kontexte für modal unterschiedlich realisierte Bedingungsgefüge entwerfen müssen, dann wird ihnen vielleicht am besten klar, daß die Moduswahl in solchen Gefügen in erster Linie von den *Darstellungsabsichten* des jeweiligen Sprechers abhängt und erst in zweiter Linie von der jeweils gegebenen Realität. Die Unterscheidung des K II in ‚Irrealis' und ‚Potentialis' trägt deshalb auch nicht weit, weil sich diese Unterscheidung nicht sprachlich, sondern nur ontologisch begründen läßt. Ob hypothetische Aussagen prinzipiell hypothetisch sind, weil sie quer zu unserem Wissen von der Welt liegen, oder ob sie aktuell hypothetisch sind, weil sie quer zu unserem gegenwärtigen Informationsstand liegen, bedarf immer einer besonderen Prüfung.
Wichtig für den hypothetischen Gehalt bzw. die Negationsintensität einer Aussage im K II ist allerdings der *aktionale Gehalt* der jeweiligen Verbform. Wenn der bedingende Satz aktional perfektiv gekennzeichnet ist, bekommt das ganze Bedingungsgefüge aus chronologischen Gründen einen prinzipiell hypothetischen Charakter, wenn er aktional nichtperfektiv gekennzeichnet ist, bekommt es einen aktuell hypothetischen Charakter.

3. Wenn er nachgedacht hätte, wäre das nicht passiert.
4. Wenn er nachdächte, passierte das nicht.

Im Anschluß an Überlegungen zu den logischen und pragmatischen Implikationen des Modusgebrauchs läßt sich auch die Verwendung des K II in solchen Sätzen erörtern, die oberflächenstrukturell gar nicht als Folgerungssätze eines Bedingungsgefüges erscheinen, die aber tiefenstrukturell als solche gelten können, weil die Rolle des bedingenden Satzes hilfsweise durch den Situationskontext übernommen wird.

5. Ein Lob wäre mir lieber. (Wenn ich die Wahl hätte.)

Ein besonders Problem stellt die Verwendung des K II in Höflichkeitsformeln dar, weil diese Verwendungsweise das bisher vertretene Konzept von der impliziten Negationskraft des K II in Frage zu stellen scheint.

6. Ich hätte gern noch eine Cola!
7. Könnten Sie mir etwas zu trinken geben?

Bei diesen Redeformen wird auf den ersten Blick nicht recht klar, was durch den Gebrauch des K II negiert wird bzw. was als hypothetisch dargestellt wird. Gerade weil diese Verwendungsweise des K II mit den bisherigen Arbeitsergebnissen nicht so recht zu harmonieren scheint, kann sie didaktisch und methodisch fruchtbar gemacht werden. Dieser Gebrauch des K II zwingt dazu, den Stellenwert der bisherigen Arbeitsergebnisse zu präzisieren und gleichzeitig eine neue Funktionsvariante des K II zu erschließen.
In einem ersten Arbeitsschritt kann man nach der *pragmatischen Funktion* solcher Äußerungen fragen und herauszufinden versuchen, was sich ändert, wenn man den K II durch den Indikativ ersetzt. Dabei ist auf die Einsicht hinzuarbeiten, daß solche Äußerungen nicht wie Behauptungssätze auf der sprachlichen Ebene einen Realitätsausschnitt abbilden wollen, sondern daß sie eigentlich Ausdruck von Handlungsaufforderungen sind, mit denen man ein Stück Realität zu verändern versucht. Die diesen Sätzen immanente Handlungsaufforderung stellt sich dann im Indikativ sehr viel direkter und unmittelbarer dar als im K II.
In einem zweiten Arbeitsschritt läßt sich dann das Problem des Negationsbezuges des K II erörtern. Offensichtlich ist in diesem Zusammenhang, daß sich in Aufforderungssätzen das Problem des *Negationsbezuges* anders stellt als in Behauptungssätzen. Während der K II in Behauptungssätzen die Faktizität des jeweiligen Aussageinhalts auf implizite Weise negiert bzw. als hypothetisch qualifiziert, negiert er in Aufforderungssätzen auf implizite Weise die Faktizität der jeweiligen *Aufforderungshandlung* bzw. stellt diese als hypothetisch dar. Die hypothetisch vorgetragene Aufforderungshandlung wirkt höflicher als die entsprechende direkte Aufforderungshandlung, weil sie Macht- und Willensverhältnisse nicht so deutlich hervortreten läßt und weil sie dem Angesprochenen formal mehr Reaktionsweisen offen läßt. Eine der Form nach hypothetisch vorgetragene Aufforderung muß aber pragmatisch gesehen keineswegs weniger wirksam sein – im Gegenteil. Andere soziale Regelsysteme machen es viel schwieriger, indirekt vorgetragene Aufforderungen abzulehnen als direkt vorgetragene.

3. Der Konjunktiv bei der Redewiedergabe

Am häufigsten wird der Konjunktiv sicher als *Zitiersignal* bei der Vermittlung fremder Redeinhalte verwendet. Der Konjunktiv ist zwar nicht das einzige Mittel, um einen Redeinhalt als referierten Redeinhalt kenntlich zu machen, aber sicher das wichtigste Mittel, das die Schüler aktiv und passiv beherrschen sollten. Folgende vier Zielsetzungen lassen sich in diesem Zusammenhang bei der Behandlung des Konjunktivs ins Auge fassen:

1. Es muß herausgearbeitet werden, daß der K I der *Standardmodus* ist, in dem vermittelte Aussagen sprachlich realisiert werden sollten.

2. Es muß geklärt werden, unter welchen Bedingungen auf die Verwendung des Konjunktivs in vermittelten Aussagen verzichtet werden kann und unter welchen Bedingungen auf keinen Fall.

3. Es muß darauf aufmerksam gemacht werden, daß der K II anstelle des K I zu verwenden ist, wenn der K I in seiner Form identisch mit dem jeweiligen Indikativ ist.

4. Es ist herauszuarbeiten, daß die Verwendung des K II anstelle eines formal klar erkennbaren K I ein *Skepsissignal* des Sprechers im Hinblick auf den Wahrheitsgehalt der von ihm vermittelten Aussage sein kann. Unbedingt festzuhalten ist dabei, daß der K II nur als Skepsissignal des *aktuellen Sprechers* gewertet werden kann, daß er aber nicht dazu dienen kann, die Skepsis anderer Personen gegen den Wahrheitsgehalt einer Aussage zum Ausdruck zu bringen.

Für die Behandlung dieser Problemzusammenhänge läßt sich vielleicht folgender Text nutzen, der im 2. und 3. Absatz inadäquate Modusformen aufweist, die nicht klar kenntlich machen, ob der Sprecher die jeweiligen Aussageinhalte *behauptet* oder ob er sie nur *referiert*. Aus der Doppeldeutigkeit ergeben sich zwei Aufgaben. Einerseits muß geklärt werden, welche Aussagen des Textes doppeldeutig sind, andererseits muß geklärt werden, ob dem Text durch die Veränderung der Modusformen eine eindeutige Informationsstruktur gegeben werden kann. Dabei ist insbesondere klarzustellen, daß die Modusformen dazu dienen können, die Sprachhandlung des *Behauptens* und des *Referierens* klar voneinander abzugrenzen.

DAS VERSCHWUNDENE RAD

Am Mittwoch besuchte ich meinen Freund Jörg mit dem Fahrrad, um mit ihm zu spielen. Wie üblich habe ich mein Rad auf den Mülltonnenplatz gestellt und abgeschlossen. Als ich um 6 Uhr nach Hause fahren wollte, war mein Rad verschwunden.

Jörgs Mutter sagte mir, daß um 5 Uhr noch ein Rad auf dem Mülltonnenplatz gestanden hat. Sie kann sich gut erinnern, weil sie fast davor gelaufen ist, als sie Müll weggebracht hat. Ein Junge hat vor dem Rad gesessen und es geputzt. Das ist vermutlich ein Trick gewesen, um sich unauffällig mit dem Schloß zu beschäftigen.

Als ich zu Hause erzählte, was geschehen war, wurde mein Vater sehr wütend. Er hat behauptet, daß man ohne besondere Werkzeuge kein Fahrradschloß aufbrechen kann. Ich habe das Rad gar nicht abgeschlossen, sondern habe das nur behauptet, damit ich nicht bestraft werde. Mit der Versicherung wird es sicher Schwierigkeiten geben.

In bezug auf diesen Text kann das Problem der vermittelten Aussage mit Hilfe der Frage aufgerollt werden, welche Personen für den *Wahrheitsgehalt* der einzelnen Aussagen verantwortlich sind bzw. für welche Einzelaussagen der Verfasser des Textes notfalls *vereidigt* werden kann und für welche nicht. Wenn auf diese Weise das Problem sichtbar und behandelbar gemacht worden ist, läßt sich unmittelbar die Frage anschließen, mit welchen sprachlichen Mitteln man klar kennzeichnen kann, wer jeweils die Verantwortung für den Wahrheitsgehalt einer Aussage trägt (wörtliche Rede, Konjunktiv).

Im ersten Absatz stellen sich hinsichtlich der kommunikationsethischen Verantwortlichkeiten für den Wahrheitsgehalt der einzelnen Aussagen keine Schwierigkeiten. Der Situationskontext und die Modusform des Verbs stellen klar, daß der aktuelle Sprecher für den Wahrheitsgehalt jeder Einzelaussage haftbar zu machen ist. Schwieriger wird es im zweiten Absatz. Hier ist der Sprecher nur dafür haftbar zu machen, daß Jörgs Mutter bestimmte Aussagen gemacht hat, aber nicht dafür, daß diese Aussagen auch wahr sind. Im 1. Satz wird durch den Vorspannsatz und die unterordnende Konjunktion klar kenntlich gemacht, daß im Gliedsatz eine Aussage von Jörgs Mutter referiert wird. Der K I kann hier nur als zusätzliches Mittel eingesetzt werden, um die Aussage als bloß referiert zu qualifizieren, aber er muß nicht unbedingt verwendet werden. Dagegen muß im 2. und 3. Satz unbedingt der K I benutzt werden, um die einzelnen

Aussagen als referierte Aussagen klar zu kennzeichnen. Im 4. Satz muß der KI benutzt werden, wenn es sich inhaltlich um eine referierte Vermutung von Jörgs Mutter handelt, aber der Indikativ, wenn es sich um eine Vermutung des Sprechers handelt.
Im dritten Absatz sind die ersten beiden Sätze unproblematisch, wenn man einmal davon absieht, daß natürlich auch im Gliedsatz des 2. Satzes der KI verwendet werden kann. Beim 3. Satz fangen aber die Probleme an, weil die vorliegenden Modusformen doppeldeutig sind und sowohl dem Indikativ als auch dem KI zugeordnet werden können. Falls man den 3. Satz als reuevolles Schuldgeständnis des Sprechers wertet, hat man sich entschieden, die jeweiligen Modusformen dem Indikativ zuzuordnen. Falls man den Satz aber als eine referierte Aussage des Vaters versteht, hat man sich entschieden, die jeweiligen Modusformen dem KI zuzuordnen. Um den Informationsgehalt der Aussagen des 3. Satzes klar zu kennzeichnen, ist es notwendig, die Modusformen morphologisch klarer zu kennzeichnen. Wenn man über die Modusform signalisieren will, daß eine Aussage als vermittelt gelten soll, dann muß man statt des uneindeutigen KI den eindeutigen KII wählen (hätte, würde). Beim letzten Satz ist die Wahl der Modusform (Indikativ oder KI) davon abhängig zu machen, ob man die Aussage als Aussage des Sprechers oder als die des Vaters wertet.
Sehr wichtig ist es, den Schülern bewußt zu machen, daß es für den Gebrauch des KII in der indirekten Rede zwei ganz unterschiedliche Motive geben kann, daß er sowohl als *Ersatzform* für uneindeutige KI Formen verwendet werden kann als auch als *Skepsissignal* des Sprechers im Hinblick auf den Wahrheitsgehalt der von ihm vermittelten Aussagen. Wenn diese beiden Motive nicht klar voneinander abgesetzt werden, besteht die Gefahr, daß die Schüler den Gebrauch des KII im 3. Satz des letzten Absatzes mit dem Argument begründen, der Vater glaube dem Sohn nicht und diese Skepsis müsse durch den KII zum Ausdruck gebracht werden. Eine solche Argumentation ist nur möglich, wenn man nicht berücksichtigt, daß durch den KII nur eine Skepsis des aktuellen Sprechers zum Wahrheitsgehalt einer Aussage signalisiert werden kann, daß in der hier vorliegenden Aussage schon Negationspartikel enthalten sind, die die Auffassungen des Vaters zum Ausdruck bringen, und daß durch die Pronominalverschiebung schon verdeutlicht wird, daß es sich nicht um eine direkte Wiedergabe der ursprünglichen Aussage des Vaters handeln kann (Du hast das Rad gar nicht abgeschlossen ...).

Die Funktion des K II als Skepsissignal zu dienen, kann in bezug auf den zweiten Absatz des Textes erörtert werden. Hier läßt sich überprüfen, welchen kommunikativen Unterschied es machen kann, wenn man in der indirekten Rede statt des formal eindeutigen K I den K II benutzt. Diese semantische Feindifferenzierung zwischen K I und K II sollte aber gerade an diesem Beispiel nicht überstrapaziert werden, weil es hier sonst keinerlei Hinweise dafür gibt, den Wahrheitsgehalt der Aussagen der Mutter in Zweifel zu ziehen.
Die letzten Sätze des zweiten und dritten Absatzes bieten außerdem Gelegenheit, die Schüler darauf aufmerksam zu machen, daß ein Sprecher auch mit Hilfe von *Modaladverbialen* (vermutlich, sicher) den Gültigkeitsanspruch einer Aussage aus seiner Sicht metakommunikativ relativieren kann. Beim Einsatz von Modaladverbialen in referierten Aussagen ist allerdings zu beachten, daß diese dann den Gültigkeitsanspruch einer Aussage aus der Sicht des *ursprünglichen* Sprechers relativieren. Dabei ist zu berücksichtigen, daß der aktuelle Sprecher entweder tatsächlich verwendete Adverbiale referiert oder daß er diese zusätzlich einsetzt, um bei der raffenden Redewiedergabe deren ursprünglichen Sinn angemessen wiederzugeben.

4. Interpretierende und raffende Redewiedergabe

Zu den wichtigsten Fähigkeiten, die im Deutschunterricht zu entwickeln und zu schulen sind, gehört sicher auch die Fähigkeit, den Inhalt von umfangreichen Äußerungen und Gesprächen sinngerecht *gerafft* und *akzentuiert* wiederzugeben. Solche Textumformungen stellen hohe interpretatorische und stilistische Anforderungen, die je nach Typ der betreffenden Primäräußerungen sehr unterschiedlich ausgeprägt sein können.
Einerseits ergibt sich bei solchen Redewiedergaben die Notwendigkeit, eine Reihe von Einzelaussagen zu wenigen *Grundaussagen* zu verdichten. Das bedeutet, daß man zwischen zentralen und peripheren Informationsinhalten unterscheiden muß und daß man zusammenfassen muß, ohne zu verfälschen. Andererseits stellt sich die Aufgabe, nicht nur den Wortlaut, sondern auch den *Sinn* von Aussagen richtig zu erfassen. Dazu muß man in Äußerungen mindestens zwei unterschiedliche *Inhaltsebenen* voneinander unterscheiden, worauf insbesondere die Sprachhandlungstheorie aufmerksam gemacht hat. Es ist klar zwischen dem *Inhalt* und der *Funktion* einer Aussage

zu differenzieren bzw. zwischen dem, was wortwörtlich *gesagt* wird, und dem, was handlungsmäßig mit einer Aussage *bezweckt* wird.

Um die *Handlungen* oder Sprechakte zu identifizieren, die mit den jeweiligen Aussagen verbunden sind, muß man sich bei geschriebenen Texten vor allem auf die Kontexteinbettung der jeweiligen Aussagen konzentrieren sowie auf die in ihnen verwendeten grammatischen Formen, Adverbien und Partikel. Bei gesprochenen Texten können zusätzlich noch Gestik, Mimik und Tonführung als *Indikatoren* für die Handlungsimplikationen von Aussagen betrachtet werden. Wenn man bei der Wiedergabe von Äußerungen solche Handlungsimplikationen nicht berücksichtigt, dann kann man in Extremfällen (ironische Aussage) durch die wortgetreue Wiedergabe einer Aussage deren Sinn völlig verfälschen.

Bei der raffenden Redewiedergabe kann man die Handlungsimplikationen von Aussagen durch *handlungsbezeichnende Verben* in den jeweiligen Vorspannsätzen wiedergeben (erklären, fragen, drohen, widersprechen, versprechen, besänftigen usw.). Je mehr man sich bei der raffenden Redewiedergabe vom Wortlaut der Primäraussagen entfernt, desto notwendiger wird es, den K I als Signal für zusammenfassende *Interpretation* und *Vermittlung* zu verwenden. Für die Behandlung dieser beiden Problembereiche bei der interpretierenden und raffenden Redewiedergabe eignet sich vielleicht folgender Text, der frei nach einer Parabel von Wilhelm Busch (Bewaffneter Friede) gestaltet worden ist.

FUCHS UND IGEL

Fuchs: Guten Morgen, lieber Igel! Weißt du eigentlich, daß du dich strafbar machst?

Igel: Wie kann ich mich strafbar machen, da ich niemandem etwas zuleide getan habe und niemandem etwas zuleide tun will?

Fuchs: Ja, so einfach ist das nicht, wie du dir das vorstellst. Man muß auch die Gesetze befolgen, die der König erlassen hat.

Igel: Das tue ich doch, wenn ich mich friedlich verhalte.

Fuchs: Nein, das tust du eben nicht! Da der König den Frieden schon lange verkündet hat, macht sich jeder schuldig, der weiterhin in voller Rüstung angetroffen wird. Sicher willst du nicht gerne vor Gericht kommen, deshalb ist es das beste, du übergibst mir sofort dein Stachelkleid. Ich werde dann den Fall auf sich beruhen lassen.

Igel: Sachte, sachte, lieber Fuchs! So schnell geht das nicht. Laß dir erst mal die Zähne ausbrechen, dann können wir uns wieder sprechen.

Wenn man an einem so einfachen Text die interpretierende und raffende Redewiedergabe geübt hat, dann kann man sich auch an einzelnen Dramenszenen versuchen. Mit Hilfe von Leseproben und Gesamtinterpretationen läßt sich dann erörtern, welche *handlungsbezeichnenden Vorspannsätze* für die Redewiedergabe angemessen sind und welche inhaltlichen Raffungen am zutreffendsten und prägnantesten sind. Daß dabei gleichzeitig die verschiedenen Formen des K I und des K II verfügbar gemacht werden müssen, versteht sich von selbst. Die komplexesten interpretatorischen und stilistischen Ansprüche an die Schüler ergeben sich, wenn sie Tonband- oder Videoaufzeichnungen von Reden oder Streitgesprächen gerafft wiedergeben sollen. Hier müssen sie sehr genau darauf achten, wie verbale und nicht-verbale Informationen aufeinander bezogen sind und wie man das bei der Redewiedergabe am besten berücksichtigen kann.
Die sprachlichen Schwierigkeiten, mit denen sich Schüler bei der raffenden Redewiedergabe von Äußerungen konfrontiert sehen, sensibilisieren sie zwangsläufig auch für die kommunikationsethischen Probleme, die mit Textumformungen zusammenhängen. Es kann deshalb auch recht leicht verdeutlicht werden, daß jede *Textumformung* zugleich eine *Textinterpretation* darstellt und daß mit den gleichen Mitteln (Informationsauswahl, Wahl der handlungsbezeichnenden Verben, Modi, Adverbiale) Primäräußerungen sehr prägnant aber auch sehr verzerrt wiedergegeben werden können.
Verfälschungen und Verzerrungen bei der Redewiedergabe müssen nicht immer bewußt vorgenommen werden, oft ergeben sie sich auch direkt aus der einseitigen und vorurteilsgesteuerten Wahrnehmung des jeweiligen Sprechers. Insbesondere bei emotional befrachteten Themen zeigt sich, daß die einseitige Wahrnehmung oft direkt in eine einseitige Wiedergabe übergehen kann. Ein solcher Nachweis läßt sich meist sehr leicht führen, wenn man verschiedene Redewiedergaben zu derselben Primäräußerung miteinander vergleicht.
Die einmalige Behandlung der kognitiven und kommunikativen Funktionen der Tempus-, Genus- und Modusformen sichert natürlich noch nicht den sicheren Umgang mit diesen grammatischen Mitteln. Deshalb muß bei allen Formen der Textinterpretation und Textproduktion immer wieder auf die sinnbildende Kraft dieser grammatischen Formen eingegangen werden.

ANMERKUNGEN

Zu Kapitel A:

1. Diesen Gesichtspunkt legt beispielsweise Wilhelm Schmidt konsequent seiner Grammatik zugrunde. W. Schmidt, *Grundfragen der deutschen Grammatik,* Berlin ^{4}1973.
2. H. Weinrich, *Sprache in Texten,* Stuttgart 1976, S. 11 ff. und 77 ff.
3. Jean Paul, *Werke in 12 Bänden,* Bd. 10, München 1975, S. 831. Levana § 131.
4. J. Trier, *Altes und Neues vom sprachlichen Feld,* in: *Wortfeldforschung,* hrsg. v. L. Schmidt, Darmstadt 1973, S. 459 ff.
5. H. Fränkel, *Grammatik und Sprachwirklichkeit,* München 1974, S. 147 ff.
6. W. Klafki, *Studien zur Bildungstheorie und Didaktik,* Weinheim / Basel 1975, S. 25 ff.
7. W. Klafki, a. a.O. S. 44.
8. H. von Hentig, *Linguistik, Schulgrammatik, Bildungswert. Eine neue Chance für den Lateinunterricht,* in: Gymnasium 73, 1966, S. 132 ff.
9. W. Guyer, *Wie wir lernen,* Zürich / Stuttgart ^{5}1967.
10. H. Roth, *Pädagogische Psychologie des Lehrens und Lernens,* Hannover ^{8}1965, S. 245 ff und 111 ff.
11. J. Piaget, *Theorien und Methoden der modernen Erziehung,* Frankfurt 1978. J. Piaget / B. Inhelder, *Von der Logik des Kindes zur Logik des Heranwachsenden,* Olten / Freiburg 1977. H.G. Furth, *Intelligenz und Erkennen. Die Grundlagen der genetischen Erkenntnistheorie Jean Piagets,* Frankfurt 1976.
12. M. Wagenschein, *Zum Problem des genetischen Lehrens,* in: Zeitschrift für Pädagogik, 12, 1966, S. 305 – 330. Vgl. auch W. Menzel, *Die deutsche Schulgrammatik,* Paderborn ^{2}1974. W. Menzel, *Sprachreflexion und genetisches Lernen,* in: Grammatik und Deutschunterricht, Düsseldorf 1978, S. 136 – 144.
13. W. Boettcher / H. Sitta, *Der andere Grammatikunterricht,* München / Wien / Baltimore 1978. W. Boettcher / H. Sitta, *Grammatik in Situationen,* in: Praxis Deutsch, H. 34, 1979, S. 12 – 21.

Zu Kapitel B:

1. Die Sprachhandlungstheorie bzw. Sprechakttheorie wird hier sehr vereinfacht in ihrem Grundansatz dargestellt. Zur genaueren Information: J.R. Searle, *Sprechakte, ein sprachphilosophischer Essay,* Frankfurt 1973. Die etwas sperrigen Termini *propositionaler Gehalt* und *illokutionäre Funktion* sind abgeleitet von lat. *proponere = vorlegen, darlegen* und von *illoqui = nicht nennen, nicht sprechen.*

Zu Kapitel C:

1. H.Weinrich, *Tempus,* Stuttgart ^{2}1971.
2. Augustinus, *Confessiones/Bekenntnisse,* München 1955, S.629, Kap. 11.14.
3. L.Mumford, *Technics and Civilization,* London ^{6}1947, S.14ff.
4. Vgl. D.Wunderlich, *Tempus und Zeitreferenz im Deutschen,* München 1970, insbesondere S.23ff.
5. D.Wunderlich, *Deutsche Grammatik in der Schule,* in: Studium Linguistik, 1980, S.105.
6. E.Cassirer, *Philosophie der symbolischen Formen Bd.1. Die Sprache,* Darmstadt ^{4}1964, S.175. Vgl. auch H.Jensen, *Der sprachliche Ausdruck für Zeitauffassungen insbesondere am Verbum,* in: Archiv für die gesamte Psychologie, 101, 1938, S.291ff.
7. A.Wellek, *Gestalt und Ganzheitspsychologie,* in: A.Wellek, *Ganzheitspsychologie und Strukturtheorie,* Bern/München ^{2}1969, S.49–81.
8. E.Cassirer, *Philosophie der symbolischen Formen, Bd.1. Die Sprache,* Darmstadt ^{4}1964, S.177.
9. J.Piaget, *Die Bildung des Zeitbegriffs beim Kinde,* Frankfurt 1974, S.280ff.
10. H.Weinrich, *Tempus,* Stuttgart ^{2}1971, S.244 und S.154ff.
11. H.Weinrich, a.a.O., S.190ff.
12. H.Gelhaus, *Sind Tempora Ansichtssache?* in: *Der Begriff Tempus – eine Ansichtssache?* Beihefte zur Zeitschrift ‚Wirkendes Wort', 20, Düsseldorf 1969, S.69–89.
13. H.Glinz, *Deutsche Grammatik I,* Frankfurt ^{2}1971, S.155. H.Weinrich, *Tempus,* Stuttgart, ^{2}1971, S.57ff. Vgl. auch H.Fränkel, *Grammatik und Sprachwirklichkeit,* München 1974, S.103ff.

14. J.Jensen, *Der sprachliche Ausdruck für die Zeitauffassungen insbesondere am Verbum,* in: Archiv für die gesamte Psychologie, 101, 1938, S.332.
15. H.Brinkmann, *Die deutsche Sprache,* Düsseldorf ^{2}1971, S.335.
16. K.Hamburger, *Die Logik der Dichtung,* Stuttgart ^{2}1968, S.65.
17. K.B. Lindgren, *Über den oberdeutschen Präteritumsschwund,* Helsinki, 1957.
18. W.Kluge, *Perfekt und Präteritum im Neuhochdeutschen,* Diss. Münster 1961, S.17ff. Vgl. auch H.Hempel, *Über Bedeutung und Ausdruckswert der deutschen Vergangenheitstempora,* in: Festschrift für Philipp Strauch zum 80. Geb., Halle 1923, S.15ff.
19. U.Hauser-Suida/G.Hoppe-Beugel, *Die Vergangenheitstempora in der deutschen geschriebenen Sprache der Gegenwart,* München/Düsseldorf 1972, S.84ff.
20. L.Saltveit, *Studien zum deutschen Futur,* Bergen/Oslo 1962, S.174ff. und 250ff.
21. H.Glinz, *Die innere Form des Deutschen,* Bern/München ^{6}1973, S.339f.
22. H.Brinkmann, *Die deutsche Sprache,* Düsseldorf ^{2}1971, S.330ff.
23. M.Ende, *Momo,* Stuttgart 1973.
24. Die logische Problematik ergibt sich dadurch, daß ‚alles' hier als Menge aller Mengen fungiert und deshalb auch die Flasche einschließt, in der sich die Flüssigkeit befindet.
25. D.Henkel (Hrsg.), *Tempus als Stilmittel,* Sprachhorizonte 5, Arbeitsunterlagen für den Sprach- und Literaturunterricht, Dortmund ^{4}1976. Vgl. auch P.A.Bloch (Hrsg.), *Der Schriftsteller und sein Verhältnis zur Sprache, dargestellt am Problem der Tempuswahl,* Bern/München 1971.

Zu Kapitel D:

1. W.Schröder, *Zur Passiv-Bildung im Althochdeutschen,* in: Beiträge zur Geschichte der deutschen Sprache, 77, 1955, S.1–76. H.Rupp, *Zum ‚Passiv' im Althochdeutschen,* ebenda, 78, 1956, S.265–286.
2. L.Weisgerber, *Die Welt im Passiv,* in: *Die Wissenschaft von deutscher Sprache und Dichtung,* Festschrift für F.Maurer zum 65. Geb., Stuttgart 1963, S.46ff.
3. H.Glinz, *Die innere Form des Deutschen,* Bern/München ^{6}1973, S.383.

4. H.Fränkel, *Grammatik und Sprachwirklichkeit,* München 1974, S.147ff.
5. B.L.Whorf, *Sprache, Denken, Wirklichkeit,* Reinbek 1963, S.44ff.
6. J.Grimm, *Deutsche Grammatik, Bd.IV,* Nachdruck Hildesheim 1967, S.3.
7. K.Boost, *Neue Untersuchungen zum Wesen und zur Struktur des deutschen Satzes,* Berlin [5]1964, S.26ff.
8. G.Helbig/F.Kempter, *Das Zustandspassiv,* Leipzig 1973, S.15ff.
9. K.K.Urban, *Zu einigen pragmatischen Variablen bei der Verwendung von Aktiv- versus Passiv-Konstruktionen,* in: Linguistische Berichte 66, 1980, S.69–82.
10. Die Bildgeschichte ist entnommen: K.Gerth (Hrsg.), *Bildergeschichten. Ein Arbeitsbuch für das mündliche und schriftliche Erzählen vom 4. bis zum 7./8. Schuljahr,* Hannover 1972.
11. Weitere Unterrichtsvorschläge zur Genusproblematik finden sich in folgenden Veröffentlichungen: Arbeitsgruppe Deutsch/Sek.I, *Unterrichtseinheit ‚Passiv',* Curriculum Konkret 1, 1974, S.18–69, W.Menzel, *Die deutsche Schulgrammatik,* Paderborn [2]1974, S.163–192.

Zu Kapitel E:

1. H.Weinrich, *Tempus,* Stuttgart [2]1971, S.244.
2. Die Unterscheidung von sachverhaltsbezogener und kommunikationsbezogener Modalität greift in etwas anderer Akzentuierung die Differenzierung von Admoni zwischen logisch-grammatischer Modalität, die objektiv fundiert sei, und kommunikativ-grammatischer Modalität, die subjektiv fundiert sei, auf. Vgl. W.Admoni, *Der deutsche Sprachbau,* München [3]1970, S.4ff. und S.198ff. Die hier benutzte Begrifflichkeit unterscheidet sich von der Admonis dadurch, daß Modalitätsstrukturen in jedem Fall auf die Darstellungsabsicht des Sprechers bzw. auf seine Wirklichkeitsinterpretation zurückgeführt werden.

3. Neben den Satzadverbialen und Prädikatsadverbialen lassen sich zur Not auch noch Adverbialadverbiale und Attributsadverbiale ansetzen. (Sie singt *sehr* schön. Der *sehr* schöne Gesang ...) Günstiger ist es aber wohl, diese sprachlichen Phänomene zu den Attributen zu zählen, da es jeweils Satzglieder 2. und 3. Ordnung sind, wie die Verschiebeprobe zeigt. Unbestritten bleibt dabei, daß man sie ebenso wie die Attribute als sachverhaltsbezogene Modalisierungsmittel ansprechen kann, obwohl sie keine Vorgänge, sondern Gegebenheiten präzisieren.
4. G.Kolde, *Zur Funktion der sogenannten Modaladverbien in der deutschen Sprache der Gegenwart,* in: Wirkendes Wort, 20, 1970, S.116–125.
5. W.Admoni, *Der deutsche Sprachbau,* München ^{3}1970, S.201 ff.
6. Zu den Modalpartikeln vgl. H.Weydt (Hrsg.), *Aspekte der Modalpartikeln,* Tübingen 1977.
7. F.Raynaud, *Noch einmal Modalverben,* in: Deutsche Sprache, 1977, S.1–30.
8. F.Raynaud, a.a.O., S.28.
9. H.Fränkel, *Grammatik und Sprachwirklichkeit,* München 1974, S.30 ff.
10. H.Brinkmann, *Die deutsche Sprache,* Düsseldorf ^{2}1971, S.368.
11. W.Schmidt, *Grundfragen der deutschen Grammatik,* Berlin (Ost) ^{4}1973, S.238. H.Brinkmann, *Die deutsche Sprache,* Düsseldorf ^{2}1971, S.366.
12. R.Hildebrand, *Der vorsichtige Conjunctiv,* in: Zeitschrift für den deutschen Unterricht, 3, 1889, S.545–554.
13. W.Borchert, *Das ist unser Manifest,* in: *Das Gesamtwerk,* Berlin/Darmstadt/Wien, 1965, S.283.
14. R.Musil, *Der Mann ohne Eigenschaften,* in: *Gesammelte Werke in 9 Bänden,* hrsg. v. A.Frisé, Bd.1, S.16.
15. R.Hildebrand, *Der vorsichtige Conjunctiv,* in: Zeitschrift für den deutschen Unterricht, 3, 1889, S.549.
16. M.Kartagener, *Zur Struktur der hebräischen Sprache,* in: Studium Generale, 15, 1962, S.39.
17. H.Brinkmann, *Die deutsche Sprache,* Düsseldorf ^{2}1971, S.373 ff.
18. R.Graf, *Der Konjunktiv in gesprochener Sprache,* Tübingen 1977, S.140 ff.
19. K.Bühler, *Sprachtheorie,* Stuttgart ^{2}1965, S.79 ff.
20. K.Boost, *Die mittelbare Feststellungsweise. Eine Studie über den Konjunktiv,* in: Zeitschrift für Deutschkunde, 54, 1940, S.289.

21. K.E.Sommerfeldt, *Zur Parteilichkeit bei der Wiedergabe vermittelter Äußerungen,* in: Zeitschrift für Phonetik, Sprachwissenschaft und Kommunikationsforschung, 25, 1972, S.366–395. Vgl. auch S.Luszczyk, *Zum Modusgebrauch in der indirekten Rede der Zeitungssprache der DDR,* in: Linguistische Studien, H.20, 1975, S.154–168.
22. N.F.Bravo, *Geschichte der indirekten Rede im Deutschen vom 17. Jahrhundert bis zur Gegenwart,* in: Deutsche Sprache, 1980, S.97–132.

LITERATURVERZEICHNIS

Admoni, Wladimir: Der deutsche Sprachbau. München: Beck [3]1970.

Arbeitsgruppe Deutsch/Sek.I (Bad Hersfeld): Unterrichtseinheit ‚Passiv'. In: Curriculum Konkret 1, 1974, S.18–69.

Augustinus: Confessiones/Bekenntnisse. München: Kösel 1955.

Augst, Gerhard: Welchen Sinn hat der Grammatikunterricht in der Schule? In: Diskussion Deutsch 29, 1976, S.227–243.

Bausch, Karl-Heinz: Modalität und Konjunktivgebrauch in der gesprochenen deutschen Standardsprache, Teil I. München: Hueber 1979. Heutiges Deutsch, Reihe I, Bd.9.

Bloch, Peter André (Hrsg.): Der Schriftsteller und sein Verhältnis zur Sprache, dargestellt am Problem der Tempuswahl. Bern/München: Francke 1971.

Boettcher, Wolfgang/**Sitta**, Horst: Der andere Grammatikunterricht. München/Wien/Baltimore: Urban und Schwarzenberg 1978.

Boettcher,Wolfgang/**Sitta**, Horst: Grammatik in Situationen. In: Praxis Deutsch. H.34, 1979, S.12–21.

Boost, Karl: Die mittelbare Feststellungsweise. Eine Studie über den Konjunktiv. In: Zeitschrift für Deutschkunde 54, 1940, S.284–294.

Boost, Karl: Neue Untersuchungen zum Wesen und zur Struktur des deutschen Satzes. Berlin: Akademie [5]1964.

Borchert, Wolfgang: Das Gesamtwerk. Berlin/Darmstadt/Wien: Deutsche Buch-Gemeinschaft 1965.

Bravo, Nicole Fernandez: Geschichte der indirekten Rede im Deutschen vom 17. Jahrhundert bis zur Gegenwart. In: Deutsche Sprache, 1980, S.97–132.

Brinker, Klaus: Das Passiv im heutigen Deutsch. Form und Funktion. Düsseldorf: Schwann 1971. Heutiges Deutsch, Reihe I, Bd.2.

Brinkmann, Hennig: Die deutsche Sprache, Gestaltung und Leistung. Düsseldorf: Schwann [2]1971.

Bühler, Karl: Sprachtheorie. Stuttgart: Gustav Fischer [2]1965.

Buscha, Joachim: Zur Darstellung des Konjunktivs in einer deutschen Grammatik für Ausländer. In: Deutsch als Fremdsprache 17, 1980, Teil I S.31–37, Teil II S.65–69.

Cassirer, Ernst: Philosophie der symbolischen Formen, Bd.1. Die Sprache. Darmstadt: Wissenschaftliche Buchgesellschaft [4]1964.

Diegritz, Theodor (Hrsg.): Diskussion Grammatikunterricht. München: Fink 1980.
Ende, Michael: Momo. Stuttgart: K.Thienemanns 1973.
Engelen, Bernhard: Überlegungen zur Syntax, Semantik und Pragmatik der Redewiedergabe. In: Linguistische Studien IV, Paul Grebe zum 65. Geburtstag, S.46–60. Düsseldorf: Schwann 1973. Sprache der Gegenwart, Bd.24.
Engelen, Bernhard: Zur unterrichtlichen Behandlung der indirekten Rede. In: Der Deutschunterricht 26, 1974, H.2, S.17–28.
Eroms, Hans-Werner: Beobachtungen zur textuellen Funktion des Passivs. In: Kritische Bewahrung. Festschrift für Werner Schröder zum 60. Geburtstag, hrsg. v. E.-J.Schmidt. Berlin: Erich Schmidt 1975.
Flämig, Walter: Zum Konjunktiv in der deutschen Sprache der Gegenwart. Inhalte und Gebrauchsweisen. Berlin: Akademie 1962.
Fränkel, Hermann: Grammatik und Sprachwirklichkeit. München: Beck 1974.
Furth, Hans G.: Intelligenz und Erkennen. Die Grundlagen der genetischen Erkenntnistheorie Piagets. Frankfurt: Suhrkamp stw 160, 1976.
Gelhaus, Hermann: Sind Tempora Ansichtssache? In: Der Begriff Tempus – eine Ansichtssache? Beihefte zur Zeitschrift ‚Wirkendes Wort' 20, S.69–89. Düsseldorf. Schwann 1969.
Gerstenkorn, Alfred: Das ‚Modal'-System im heutigen Deutsch. München: Fink 1976. Münchener germanistische Beiträge Bd.16.
Gerth, Klaus: Bildergeschichten. Ein Arbeitsbuch für das mündliche und schriftliche Erzählen vom 4. bis 7./8. Schuljahr. Hannover: Schroedel 1972.
Glinz, Hans: Deutsche Grammatik I. Satz – Verb – Modus – Tempus. Frankfurt: Athenäum ²1971.
Glinz, Hans: Die innere Form des Deutschen. Bern/München: Francke ⁶1973.
Grimm, Jakob: Deutsche Grammatik Bd.IV. Nachdruck. Hildesheim: Olms 1967.
Graf, Rainer: Der Konjunktiv in gesprochener Sprache. Tübingen: Niemeyer 1977.
Guyer, Walter: Wie wir lernen. Zürich/Stuttgart: Rentsch ⁵1967.
Hamburger, Käte: Die Logik der Dichtung. Stuttgart: Klett ²1968.

Haueis, Eduard: Grammatik entdecken. Grundlagen des kognitiven Lernens im Sprachunterricht. Paderborn: Schöningh 1981. Informationen zur Sprach- und Literaturdidaktik. Bd.27.

Hauser, Ulrike / **Hoppe-Beugel**, Gabriele: Die Vergangenheitstempora in der deutschen geschriebenen Sprache der Gegenwart. München/Düsseldorf: Hueber-Schwann 1972. Heutiges Deutsch, Reihe I, Bd.4.

Helbig, Gerhard: Zur semantischen Beschreibung des Passivs und anderer passivischer Formen. In: Probleme der Bedeutung und Kombinierbarkeit im Deutschen, hrsg. v. G. Helbig u.a. Leipzig: Enzyklopädie 1978.

Helbig, Gerhard / **Buscha**, Joachim: Deutsche Grammatik. Ein Handbuch für den Ausländerunterricht. Leipzig: Enzyklopädie 1979.

Helbig, Gerhard / **Heinrich**, Gertraud: Das Vorgangspassiv. Leipzig: Enzyklopädie 1972.

Helbig, Gerhard / **Kempter**, Fritz: Das Zustandspassiv. Leipzig: Enzyklopädie 1973.

Hempel, Heinrich: Über Bedeutung und Ausdruckswert der deutschen Vergangenheitstempora. In: Festschrift für Philipp Strauch zum 80. Geburtstag, Halle 1932, S. 1 – 29. Hermea Bd. 31.

Henkel, Dieter (Hrsg.): Tempus als Stilmittel. Textheft. Sprachhorizonte, Heft 5. Dortmund: Crüwell – Konkordia [4]1976.

Hentig, Hartmut von: Linguistik, Schulgrammatik, Bildungswert. Eine neue Chance für den Lateinunterricht. In: Gymnasium 73, 1966, S. 125 – 146.

Hildebrand, Rudolf: Der vorsichtige Conjunctiv. In: Zeitschrift für den deutschen Unterricht 3, 1889, S. 545 – 554.

Jäger, Siegfried: Der Konjunktiv in der deutschen Sprache der Gegenwart. Untersuchungen an ausgewählten Texten. München/Düsseldorf: Hueber-Schwann 1971. Heutiges Deutsch, Reihe I, Bd. 1.

Jäger, Siegfried: Empfehlungen zum Gebrauch des Konjunktivs in der geschriebenen deutschen Hochsprache. Düsseldorf: Schwann [2]1971. Sprache der Gegenwart Bd. 10.

Jensen, Hans: Der sprachliche Ausdruck für Zeitauffassungen, insbesondere am Verbum. In: Archiv für die gesamte Psychologie 101, 1938, S. 289 – 336.

Klafki, Wolfgang: Studien zur Bildungstheorie und Didaktik. Weinheim/Basel: Beltz 1975.

Kartagener, Manes: Zur Struktur der hebräischen Sprache. In: Studium Generale 15, 1962, S. 31 – 39.

Kaufmann, Gerhard: Die indirekte Rede und mit ihr konkurrierende Formen der Redeerwähnung. München: Hueber 1976. Heutiges Deutsch, Reihe III, Bd. 1.

Kluge, Wolfhard: Perfekt und Präteritum im Neuhochdeutschen. Diss. Münster 1961.

Kolb, Herbert: Das verkleidete Passiv. In: Deutsche Gegenwartssprache, hrsg. v. P. Braun, S. 263–295. München: Fink 1979.

Kolde, Gottfried: Zur Funktion der sogenannten Modaladverbien in der deutschen Sprache der Gegenwart. In: Wirkendes Wort 20, 1970, S. 116–125.

Kroeger, Hans: Zeitbewußtsein und Tempusgebrauch im Deutschen. Frankfurt am Main: Haag und Herchen 1977.

Lindgren, Kaj B.: Über den oberdeutschen Präteritumsschwund. Helsinki: 1957. Annales Academiae Scientarum Fennicae Ser. B, Tom. 112,1.

Ludwig, Otto: Ein Vorschlag für die semantische Analyse des Präsens. In: Linguistische Berichte 13, 1971, S. 34–41.

Ludwig, Otto: Thesen zu den Tempora im Deutschen. In: Zeitschrift für deutsche Philologie 91, 1972, S. 58–81.

Luszczyk, Stanislaus: Zum Modusgebrauch in der indirekten Rede der Zeitungssprache der DDR. In: Linguistische Studien 20, 1975, S. 154–172.

Menzel, Wolfgang: Die deutsche Schulgrammatik. Paderborn: Schöningh ²1974, UTB 155.

Menzel, Wolfgang: Sprachreflexion und genetisches Lernen. In: Grammatik und Deutschunterricht, S. 136–144. Düsseldorf: Schwann 1978. Jahrbuch des Instituts für deutsche Sprache 1977.

Mumford, Lewis: Technics and Civilization. London ⁶1947.

Musil, Robert: Gesammelte Werke in 9 Bänden, hrsg. v. Adolf Frisé. Reinbek: Rowohlt 1978.

Paul, Jean: Werke in 12 Bänden. München: Hanser 1975.

Piaget, Jean: Theorien und Methoden der modernen Erziehung. Frankfurt am Main: Fischer 1978.

Piaget, Jean: Die Bildung des Zeitbegriffs beim Kinde. Frankfurt am Main: Suhrkamp stw 77, 1974.

Piaget, Jean/**Inhelder**, Bärbel: Von der Logik des Kindes zur Logik des Heranwachsenden. Olten/Freiburg: 1977.

Raynaud, Franziska: Noch einmal Modalverben. In: Deutsche Sprache 1970, S. 1–30.

Roth, Heinrich: Pädagogische Psychologie des Lehrens und Lernens. Hannover: Schroedel ⁸1965.

Rupp, Heinz: Zum ‚Passiv' im Althochdeutschen. In: Beiträge zur Geschichte der deutschen Sprache 78, 1956, S. 265–286.

Saltveit, Laurits: Studien zum deutschen Futur. Bergen/Oslo 1962. Årbok for Universitetet i Bergen, Humanistik Serie 1961, No. 2.
Schmidt, Wilhelm: Grundfragen der deutschen Grammatik. Eine Einführung in die funktionale Sprachlehre. Berlin: Volk und Wissen ^{4}1973.
Schoenthal, Gisela: Das Passiv in der deutschen Standardsprache. München: Hueber 1976. Heutiges Deutsch, Reihe I, Bd. 7.
Schröder, Werner: Zur Passiv-Bildung im Althochdeutschen. In: Beiträge zur Geschichte der deutschen Sprache 77, 1955, S. 1–76.
Searle, John R.: Sprechakte. Ein sprachphilosophischer Essay. Frankfurt am Main: Suhrkamp 1973.
Sommerfeldt, Karl Ernst: Zur Parteilichkeit bei der Wiedergabe vermittelter Äußerungen. In: Zeitschrift für Phonetik, Sprachwissenschaft und Kommunikationsforschung 25, 1972, S. 366–395.
Trier, Jost: Altes und Neues vom sprachlichen Feld. In: Wortfeldforschung, hrsg. v. L. Schmidt. S. 451–464. Darmstadt: Wissenschaftliche Buchgesellschaft 1973. Wege der Forschung Bd. 250.
Urban, Klaus K.: Zu einigen pragmatischen Variablen bei der Verwendung von Aktiv- versus Passiv-Konstruktionen. In: Linguistische Berichte, 66, 1980, S. 69–82.
Wagenschein, Martin: Zum Problem des genetischen Lehrens. In: Zeitschrift für Pädagogik 12, 1966, S. 305–330.
Weinrich, Harald: Tempus. Besprochene und erzählte Welt. Stuttgart: Kohlhammer ^{2}1971.
Weinrich, Harald: Sprache in Texten. Stuttgart: Klett 1976.
Weisgerber, Leo: Die Welt im Passiv. In: Die Wissenschaft von deutscher Sprache und Dichtung. Festschrift für Friedrich Maurer zum 65. Geburtstag, hrsg. v. Siegfried Gutenbrunner, S. 25–59. Stuttgart: Klett 1963.
Wellek, Albert: Ganzheitspsychologie und Strukturtheorie. Bern/München: Francke ^{2}1969.
Weydt, Harald (Hrsg.): Aspekte der Modalpartikeln. Tübingen: Niemeyer 1977.
Whorf, Benjamin Lee: Sprache, Denken, Wirklichkeit. Beiträge zur Metalinguistik und Sprachphilosophie. Reinbek: Rowohlt rde 174, 1963.
Wunderlich, Dieter: Tempus und Zeitreferenz im Deutschen. München: Hueber 1970. Linguistische Reihe Bd. 5.
Wunderlich, Dieter: Deutsche Grammatik in der Schule. In: Studium Linguistik 1980, S. 90–118.

Deutschunterricht konkret

Herausgegeben von
Johannes Anderegg und Klaus Gerth

Bisher sind folgende Bände erschienen:

Rüdiger Krohn; Werner Wunderlich
Mittelalterliche Literatur
in der Sekundarstufe I. 1983. . . . . Best.-Nr. 39 200

Elke Austermühl
Lyrik in der Sekundarstufe I. 1982.
2. Auflage 1984. . . . . Best.-Nr. 39 201

Klaus Gerth
Elemente des Erzählens. 1983. . . . . Best.-Nr. 39 202

Wilhelm Köller
Funktionaler Grammatikunterricht. 1983. . . . . Best.-Nr. 39 203

Kaspar H. Spinner
Moderne Kurzprosa
in der Sekundarstufe I. 1984. . . . . Best.-Nr. 39 204

Gerhard Haas
Handlungs- und produktionsorientierter Literatur-
unterricht in der Sekundarstufe I. 1984. . . . . . Best.-Nr. 39 205

Horst Spittler
Textauszüge in der Sekundarstufe I und II. 1985. Best.-Nr. 39 206

Wolfram Buddecke/Jörg Hienger
Fernsehunterhaltung in der Sekundarstufe I. 1986. Best.-Nr. 39 207

Friedrich Hassenstein
Die deutsche Ballade
Grundlagen u. Beispiele (Sekundarstufe I). 1986. Best.-Nr. 39 208

Walter Henze
Dramen lesen – Dramen spielen
(Sekundarstufe I). 1987. . . . . Best.-Nr. 39 209

Harald Frommer
Lesen im Unterricht
Von der Konkretisation zur Interpretation
(Sekundarstufe I und II). 1988. . . . . Best.-Nr. 39 210

Brigitte Seidel
Wörter im Sprachbewußtsein
Sprachkunde in der Sekundarstufe I. 1989. . . Best.-Nr. 39 211

Horst Spittler
Literaturepochen in der Sekundarstufe II. 1989. . Best.-Nr. 39 212